潘懋元肖像油画（魏楚予画）

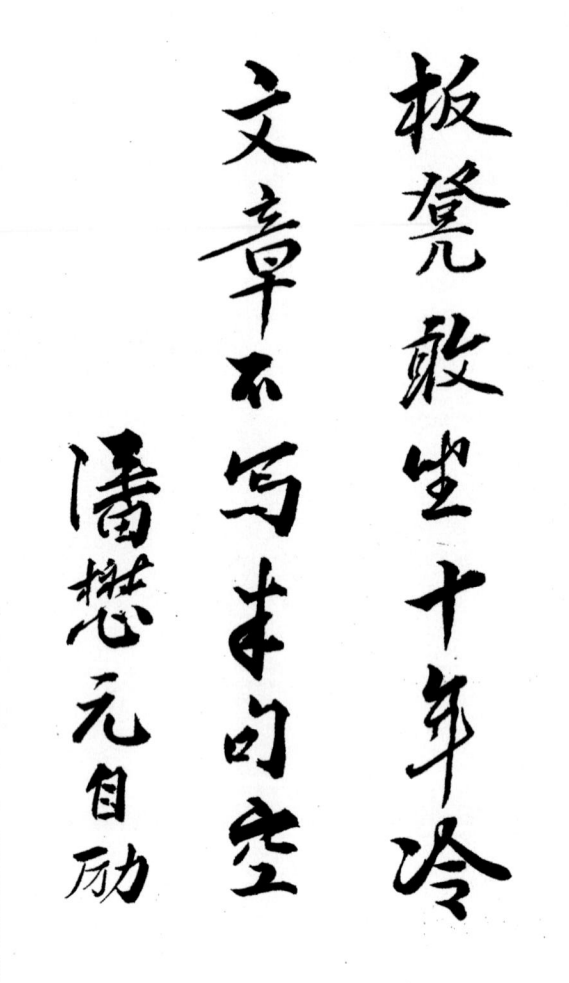

板凳敢坐十年冷

文章不写半句空

潘懋元自励

2006 年题铭自励

潘懋元 ◎ 著

潘懋元文集

卷一·高等教育学讲座

广东高等教育出版社
GUANGDONG HIGHER EDUCATION PRESS
·广州·

图书在版编目 (CIP) 数据

潘懋元文集. 卷一, 高等教育学讲座 / 潘懋元著 . —2 版 . —广州:
广东高等教育出版社, 2020. 6

ISBN 978 - 7 - 5361 - 6745 - 2

Ⅰ.①潘⋯　Ⅱ.①潘⋯　Ⅲ.①潘懋元—文集 ②高等教育—中国—
文集　Ⅳ.①C53 ②G649.2-53

中国版本图书馆 CIP 数据核字（2020）第 060391 号

PANMAOYUAN WENJI JUANYI GAODENGJIAOYUXUE JIANGZUO

出版发行	广东高等教育出版社
	地址：广州市天河区林和西横路 /510500
	营销电话：（020）87554153
	http://www.gdgjs.com.cn
印　　刷	佛山市浩文彩色印刷有限公司
开　　本	787 毫米 ×1092 毫米　1/16
插　　页	2
印　　张	17.5
字　　数	281 千
版　　次	2010 年 9 月第 1 版　2020 年 6 月第 2 版
印　　次	2020 年 6 月第 2 次印刷
定　　价	78.00 元（全套定价：1388.00 元）

《潘懋元文集》编辑委员会

谨以本书庆贺潘懋元先生百岁华诞暨从教八十五周年

编 辑 说 明

　　潘懋元，1920年出生于广东汕头，厦门大学文科资深教授。现任厦门大学教育研究院名誉院长，教育部人文社会科学重点研究基地厦门大学高等教育发展研究中心名誉主任；中国高等教育学会顾问、高等教育学专业委员会终身名誉理事长。兼任教育部教育发展研究中心、国家教育行政学院、南京大学、华中科技大学、华南师范大学、华中师范大学、广西大学、深圳大学等十多所研究机构和大学的客座或兼职教授。曾任厦门大学副校长、顾问、教务处处长、高等教育科学研究所所长、海外教育学院院长，国务院学位委员会教育学科评议组召集人，中国高等教育学会副会长，高等教育学专业委员会理事长，等等。

　　潘懋元先生是中国高等教育学科的奠基者和创始人。作为著名的教育理论家，潘懋元先生教育理论研究硕果累累，为创建我国高等教育学科，丰富和发展我国乃至世界高等教育理论体系做出了重要贡献。作为杰出的教师，他培养了大批高层次教育学人才，桃李满天下，为建设我国高等教育学科骨干教师队伍和研究队伍做出了重要贡献；作为一位优秀的教育活动家，他对我国若干重要教育改革决策提出了许多宝贵的意见和建议，为我国高等教育宏观决策科学化做出了重要贡献。

　　潘懋元先生从1935年15岁开始从事教育工作，在15岁之前就已经进行创作和发表。涉及范围从最初的文学创作，到后来从事教育史研究、教育学研究，开创高等教育学科以及长期从事高等教育研究等，时间跨度长达80多年，内容精彩，成果丰硕，卓有建树，其中尤以高等教育研究成果为最。

　　这套《潘懋元文集》收录了潘懋元先生的绝大多数成果，约550万字。根据潘懋元先生创作及研究成果的特点，我们进行了分类整理，一共有9卷11册。各卷名如下：

卷一·高等教育学讲座

卷二·理论研究（上、下）

卷三·问题研究（上、下）

卷四·历史与比较研究

卷五·序文

卷六·讲课录

卷七·昔年作品及其他

卷八·潘懋元教授纪事年表

卷九·潘懋元教育口述史

　　上述 9 卷基本上反映了潘懋元先生学术人生的全貌。其中，卷一是潘先生作为高等教育学科奠基人的奠基之作，1983 年 5 月在人民教育出版社出版第一版，1985 年、1992 年分别出版第二版、第三版。2010 年广东高等教育出版社出版《潘懋元文集》时，将此书收入作为卷一。本书虽然个别地方的表述与现在说法稍有出入，但为了尊重历史和潘先生奠基性的贡献，力求保持原貌。卷二至卷四集中反映了潘先生对教育特别是高等教育方方面面的研究成果，包括理论研究和问题研究。卷五是潘先生为学者们的教育研究专著所作的序言，话题宽泛。卷六是最新版讲课内容，是潘先生给 2019 级博士生讲授"高等教育学专题研究"课程内容的实录。卷七包括潘先生早年的学士学位论文和文学作品、散论等，最早的作品作于 16 岁。卷八包括各个时期个人生活、学术活动等内容的照片和教学、科研及学术活动纪事。卷九以教育口述史的形式，以时间为主线，以思想为专题，生动地反映了潘懋元先生的教育人生。该卷由北京师范大学出版社于 2007 年出版，这次收入文集时略有修订。

　　在对书稿进行编辑加工的过程中，我们对一些时间概念、专有名词、数据、注释等做了规范处理。为方便选择和阅读，每卷每册开头都编排了编辑说明、代序，末尾编排了潘先生的百岁感言和编者的后记，特此向读者说明。

编　者

2019 年 10 月 28 日

代　序

潘懋元：中国高等教育研究的奠基人[①]

［加拿大］许美德（Ruth Hayhoe）

潘懋元教授，1920 年出生于粤东沿海的汕头市，家境贫寒。在这样的家庭中，能获得基础教育就相当不容易了。但他对教育的热爱却使得他在 1941 年抗战时期考入当时迁于福建长汀的厦门大学，随后他的教育生涯就与厦门大学的历史结下了不解之缘。厦门大学位于福建省东南沿海的厦门（厦门旧称 Amoy，与台湾隔海相望），有着独特的发展历史。

在我涉足中国高等教育之初，了解到潘懋元教授很早就在该领域从事重要的工作。1988 年秋，我在南京大学召开的高等教育改革会议上首次聆听他的报告。第二年我移居北京，做加拿大驻中国大使馆的文化参赞。其间，我荣幸地接受了潘懋元教授的邀请访问厦门大学，了解到厦门大学在高等教育研究领域所做的工作。我为这滨海校园之美所打动，它的建筑风格成功地糅合了中西方的特点。

---

① 许美德. 思想肖像：中国知名教育家的故事［M］. 周勇，等译. 北京：教育科学出版社，2008. 许美德教授是国际著名的比较教育专家，多年来她对我国高等教育研究投入了大量的精力，成果丰硕。她对潘懋元教授的地位和贡献给予了高度的评价。本次出版《潘懋元文集》，我们征得许美德教授本人同意，将此文章作为文集的代序（少数地方根据现在的出版或文字规范稍有删改）。

更为重要的是,我获知了很多厦门大学高等教育科学研究所(以下简称"高教所")的工作,它是潘懋元教授于 1978 年创办的,源头则要追溯到潘教授自 20 世纪 50 年代在厦门大学所做的工作。

1997 年 11 月,我再次有机会访问厦门大学高教所,拜访潘懋元教授,并邀请他讲述自己的人生故事。此前我已定居香港,时任香港教育学院院长。本文的主要资料就来源于那一年的两次长谈。① 我也有幸看见他每周六晚在自己家里为研究生们举办的学术沙龙,由此领略了他的教学风格。

潘懋元教授住的是一栋两层楼的房子,位于厦门大学校园内的一座小山上。二楼是宽敞的斯巴达式的书房,里面整齐地排放着书架,桌子和沙发点缀其间,还准备了许多客人来访坐的小凳子。当晚来了 12 名研究生,我能感受到他们对于沙龙的热情和期待。潘教授寥寥数语先起了个头,介绍了晚上所要讨论的主题。当晚的主题是一位研究生的论文涉及的论题,她在此之前曾写过一篇论文,与南京的一位著名学者提出的教育社会观进行商榷。这位研究生认为,南京学者的那篇文章的理论前提完全忽视了高等教育作为独特领域而发挥的功能。南京学者于是又发表了一篇文章与她反商榷,这位研究生正在准备她的再次应答。于是学生们围绕着这个问题给她提供各自的意见,他们分成两派,充当论辩中的不同角色。在热情生动的争论中,几个小时不知不觉过去了,学生们在争论之中探讨了高等教育方方面面的社会功能。潘教授不时插入几句简短的评论,以免出现跑题的现象,但辩论主要由学生自主进行。我入迷地观察着整晚的沙龙,亲眼见识到了潘教授的教学风格和对学生和蔼

---

① 对潘懋元教授的访谈时间是在 1997 年 12 月 6 日和 8 日。

可亲的态度，而这是此前在相对正式一点的场合中我所从未见过的他。

本文中我所描绘的潘懋元形象主要基于他的那次自述，还有自己所拜读的他在高等教育领域的部分研究成果。我从厦门大学开始讲起，自 1939 年直至现在，这是他为生、为师以及成为学校管理者和教授的地方。

1920—1949 年在中国东南地区的成长

1920 年，潘懋元出生于广东东部沿海毗邻福建厦门的汕头市。由于贫困，家里无法供他上学，所以他的早期教育是不正规和断断续续的，由兄长和父亲在家教他认字。8 岁时，他被送到当地的小学插班读三年级。他记得所学课程的主要内容都是传统经典。启蒙教育的内容是《三字经》，接下来是儒家经书和古代历史书籍。虽然 1919 年爆发了五四运动，新文化运动提倡采用接近口语的白话文，但潘懋元接受的仍然是传统教育，学的是文言文，直到后来才接触现代汉语。

小学毕业后，由于家庭无力支持，少年潘懋元无法继续上学。他的父亲希望他留在家中帮助碾米做一些发糕来卖。非常幸运的是，小学校长杨雪立在阅读毕业试卷时发现了潘懋元的中文写作才能。得知他待在家中，不能继续上学，杨校长帮助其减免一半的学费，使他得以上初中学习。就读的那所中学是一所非常传统的中学，称为时中中学。在那里他主要学习了 3 年的中文。潘懋元的很多老师参加过封建时期的科举考试，有的甚至考中举人。后来，他感觉到传统经典的学习给他的一生奠定了一个很有价值的基础。他回顾说，最为重要的是他学会了如何做人。

潘懋元 15 岁时，知道家里不可能再资助他上学了。但他得到一个到小学当教师的机会，他满腔热情地投入到工作中，但很快发现，教小学生并不是想象中那么容易。他每上一堂课要备课数个小时。初次讲课，备好的课讲不到半小时便无话可说，站在讲台上，面对乱哄哄的课堂不知所措。不甘失败的他决定想办法到师范学校学习，学习如何当老师，同时也找一些教育书籍来读。

他首先找到的是浙江大学庄泽宣教授的《教育通论》，这成了他的启蒙书。潘懋元发现这本书理论复杂，学问深入，他读不太懂，这更加坚定了他要找机会去师范学校读书的决心。1936 年，终于有机会到海滨中学高中师范科做旁听生，学习了教育心理学、小学教材教法和教育行政等几门课程。当时，他已能通过教夜校和赚稿费维持生活。在海滨中学学习期间，他写过几篇短篇小说和许多散文，有一些已发表。

1937—1939 年，潘懋元在农村小学教书。那时正是日本侵华战争时期，战争使得民不聊生。潘懋元热爱教书，但他越来越多地投身于抗日的洪流中，参加抗日宣传活动，组织民众起来抗日。他加入了汕头地下党组织的青年抗敌同志会，揭发敌人的罪恶行径，鼓舞民众的抗日激情。1939 年 6 月，日军侵占了汕头，在其后的几个月里，潘懋元不得不辞去热爱的教学工作，参加抗日军队，全身心地投入到抗日运动中。

出于多种缘故，1940 年，潘懋元决定离开家乡。离家的一个原因就是去接受进一步的教育，以便能做一个称职的老师。那一年他 19 岁，战争的局势日渐恶化。他翻山越岭，艰苦跋涉，一个星期之后，终于来到福建长汀，厦门大学于 1937 年迁移至此。他参加了厦门大学的入学考试，虽然他的中文很优秀，但由于事先未做充分准备，英语和数学未合格，结果名落孙山。为了读师范，他考入一所中等师资养成所学习了一年。次年，他终于考入厦门大学教育系。

潘懋元回顾说，1941—1945 年在厦门大学的学习生活对他是很大的锻炼。当时在厦门大学担任教授的多是留美学者，其中教育系主任李培囿是杜威的学生，翻译了杜威的一些著作。另一名在教育系工作的知名学者陈景磐教授，于 20 世纪 30 年代在多伦多大学获得博士学位，其博士论文是关于孔子生活的背景和为师之道。① 通过这些年的学习，潘懋元成为杜威著作的敬慕者，并对陶行知把杜威的理论运用到中国教育实践特别欣赏。陶行知的教育实验在中国有很大的影响，虽然杜威 1921 年来华时仅在福建有过短暂访问（Keenan，1977），陶行知的实验工作也主要是在南京和上海，但他的思想在福建却备受推崇。②

为了糊口，在厦门大学读书期间，潘懋元先在一所小学担任兼职教师，接着又在一所中学做兼职教师。大学四年级时，他还担任了一所县立中学的教务主任，从而可以将自己所学的知识用于实际的教学当中。1945 年大学毕业后，潘懋元在江西省的两所中学任教一段时间。与此同时，厦门大学也迁回厦门市。1946 年，他收到厦门大学校长和教育系主任的邀请，要他担任厦门大学附属小学的校长，并在厦门大学教育系兼做助教。这期间，他发现陶行知的理论对他主持校长工作的帮助很大，虽然他很遗憾没有机会与陶行知会面。在这一点上，潘懋元与李秉德的认识是一致的，后者也认为陶行知的理论最符合中国教育的实际需要。

---

① CHEN J P. Confucius as a teacher: philosophy of Confucius with special reference to its educational implications ［M］. Beijing: Foreign Languages Press, 1990.

② 刘海峰，庄明水. 福建教育史 ［M］. 福州：福建教育出版社，1996：422－438.

新方向与新事业：社会主义时期

对潘懋元来说，1949年的革命胜利意味着新教育生涯的开始。中华人民共和国成立后，他继续留在厦门大学当讲师。1951年秋季，他被派到中国人民大学进修研究生课程，学习教育。一年后，李秉德也在此学习。潘懋元发现，在众多学友中，一些是和他一样的研究生；另外还有一些年长的教授，他们在此学习马列主义的理论知识，目的是为了更好地胜任未来的教育领导岗位。在潘懋元学习的班上，有好几位学者后来都成了北京师范大学的知名教授，包括教育哲学家黄济、教育学家王策三和王天一、心理学家章志光。1952年初，因为院系调整，这项进修计划从中国人民大学转到了北京师范大学。

潘懋元对在中国人民大学的学习至今记忆犹新，他记得有4位苏联教授给他们上马列主义的课程，还有苏联教育理论，他甚至还记得4位教授的名字，但是，对所学的那点儿俄语则记得甚少。当时的教学是有翻译协助的。学习给他留下了深刻的印象，他当时感受到苏联的课程组织的方式和教学计划的制订都非常严谨，能够达到有效的控制。

在北京学习一年之后，1952年夏，潘懋元便被厦门大学校长王亚南召回，协助厦门大学的教学和课程改革。他被任命为教学改革办公室的负责人，负责指导大学的各专业制订新的教学计划。他曾经非常推崇杜威的教育思想和美国的其他教育理念，感觉富有活力而且极具灵活性，但在控制严格的民国时期（指1912年1月1日至1949年9月30日，下同），实践这些理念是十分困难的。两者相比，他感到苏联的教育计划能够较好地使学生获得系统的知识，打好扎实的基础。特别是在诸如工程和自然科学等领域，这些对于社会主义建设是十分重要的。

潘懋元感到，事实上苏联的高等教育模式根植于欧洲大陆模式，特别是法国模式，与英美模式区别很大。他觉得苏联模式和中国自己的知识传统相对应，强调知识基础厚，存在一种中心化、系统化的知识方法。潘懋元特意提到著名的北京大学校长蔡元培，认为他是民国时期最杰出的大学校长。蔡元培在自己的高等教育思想中融合了德国、法国、中国的理念，他采用德国学问之道，特别是在研究和教学上，这得益于他在柏林大学和莱比锡大学的经历。蔡元培极力效仿法国模式的高等教育体系，因为其管理结构十分理性，并按地理区域均匀分布。在教育哲学方面，蔡元培陶醉于中国传统的自学之路，特别是对书院情有独钟，学生可以自主掌握学习进程。蔡元培极力提倡将学校分为从事理论知识研究的综合性大学和担负为国民经济各部门训练高级人力资源的专门学院。潘懋元认为 20 世纪 50 年代早期的改革，出现了大量的专门学院，同时只保留了数量相对较少的综合性大学，是较符合当时国情的，适应了中国发展的需要。[①]

但对于 20 世纪 50 年代初的院系调整，将一些民国时期优秀的综合性大学的系科进行削减，形成像苏联模式那样的综合性大学，潘懋元持保留意见，他觉得这些是完全可以避免的。他对按高等教育区域进行院系调整发表了看法，以自己所从事的教育领域为例，他认为，中心区按地理分布强调更多的是政治因素而非教育因素，这就导致了反常现象的出现。在南部的中心区里，位于广州市的中

---

① 潘懋元. 潘懋元论高等教育 ［M］. 福州：福建教育出版社，2000：521－560.

山大学，其师范学院实力雄厚，1953 年与其他教育系合并组建了华南师范学院。然而，华南师范学院当时只是不受重视的省级院校，经费和师资都受到限制，以致影响教育学科的进一步发展。

总的来说，潘懋元认为受苏联模式影响的院系调整在当时是起了积极作用的，为中国 20 世纪 50 年代国民经济建设培养了一批人才。在 1956 年中国共产党第八次全国代表大会上，周恩来强调了要尊重知识分子。① 如果一直贯彻这一项政策的话，潘懋元相信中国也许能够同日本和东亚其他地区一样经济快速发展。

苏联模式的高等教育有很多薄弱环节，但他感到，完全能够用一种平衡、理性的方法来解决。问题之一是对学生在不同领域能力的认识和实践强调得不够，常常希望学生通过刻苦专注的学习来达到课程所规定的较高的学术标准，而不是将更多的注意力放在教和学过程的研究上。另一个问题是过于迷信翻译过来的苏联资料，其实并不是所有的材料都适合中国国情。

1954 年对潘懋元来说是十分重要的一年。他得知厦门大学教育系被并入福建师范学院，他很想前往，专心于教育史的研究和教学。然而，王亚南校长却舍不得他走，决定把他留在教务处，继续管理厦门大学的教学工作。他决心留下来，此举为一门新学科的诞生创造了条件，也由此改变了他日后的工作和生活的方向。

潘懋元感觉到在教育研究、学校教学和担任学校领导的生涯中，他所学的教育知识与高等教育领域的联系很少。大学层次的学生需要一个全新的教育理论，以及高等教育课程发展和教学制度。

---

① ZHOU E L. On the question of intellectuals［M］//BOWIE R R, FAIRBANK J K. Communist China 1955—1959: policy documents with analysis. Cambridge, Mass.: Harvard University Press, 1962: 128 - 144.

总体来说，高等教育是一个一直被教育理论者所忽视的知识和研究领域。到那时为止，不只是中国，苏联和西方国家也是这样。他曾为捷克一位教授在教育科学会议上所做的讲演所感，这个讲演认为教育理论仅仅关注普通学校，很少关注高等专业院校。潘懋元随后写了一篇题为《高等专业教育问题在教育学上的重要地位》的文章，发表在 1957 年厦门大学《学术论坛》上。同年，他与几位同事合作写出《高等学校教育学讲义》。这本书随即在中国的综合性大学和师范大学内广泛流传，作为课程改革和教学计划发展的资源。① 尽管这本书从未正式出版，但它却是中国高等教育研究领域内最早的学术书籍。

潘懋元着力将此发展为一个新的研究领域，并兴奋地发现，这能为高等教育系统、课程发展和教学计划的制订提供重要的学术基础。然而，1957 年是一系列政治运动的开端，他所希望的研究和发展几乎是不可能的。因出身贫寒，他并未受到 1957 年"反右"运动的影响，但他悲伤地看到，厦门大学的一些老教授虽然做出了杰出的学术贡献却被打成右派，从学术研究工作中被隔离出来。随后的 1958 年"大跃进"，同样侵扰着潘懋元。当时大量的教材都是从苏联翻译过来的，他认为这样的教材更加应该中国化。他同时感觉到，建立中国传统中医学院意义重大，因为中国传统医学把人体看成一个整体，发展起了不同于西方医学的中医方法，它是一笔巨大的遗产，不应该丢失。

就总体而言，潘懋元认为 1958 年的教育革命是个误导。1958年前，他在厦门大学教务处，参与了当时所有的课程变革。他感到

---

① 忻福良. 当代中国高等教育家［M］. 上海：上海交通大学出版社，1995：199.

很多想法都未经过细致思考，不过是一种政治运动口号罢了，对教育缺乏真正的理解。在潘懋元看来，让学生代替教师编写教学大纲和教材，这样做显然超过了学生的能力范围，因为他们大多数并没有足够的学科知识来做这些工作。改革强调增加学生参加生产活动实践的机会，然而这大都是出于政治目的，并没有多少教育价值。总之，过多的政治活动以及体力劳动引起很大的混乱。他记得，学生真正听学术课程的时间，一年之中只有 70 天。潘懋元认为，所谓"开门办学"的思想在某些方面固然有一定的可取之处，但是它无法替代对科学知识的系统教学，而中国的发展又需要这些科学知识来培养各行各业的专门人才。

潘懋元对高等教育作为一个研究领域逐渐有了兴趣，同时对中国高等教育系统在更大范围内发生的变化也给予了密切关注。社会上的学习机会一下子增加了许多，大量的所谓的"红专大学"的开设，给很多个人背景条件稍差的青年人提供了学习机会，但是这些学校根本没有足够的资源用于真正开展高等教育工作，大多数在几年内就关闭了。如江西新建的许多共产主义劳动大学，没有合格的师资，根本无法生存。然而另外有些新成立的院校，比如福州大学，是省内唯一的一所工科院校，被认为对本省经济发展起着至关重要的作用，因此得到省政府支持。

1961 年的"困难时期"过后，20 世纪 50 年代初期的那种学术氛围开始恢复，学术质量受到特别的重视。潘懋元再次希望能有机会发展高等教育这一研究领域。然而，1966 年开始的"文化大革命"又使他的希望落空了。

建立一门新学科

1977 年，邓小平复出。潘懋元准备开始他事业的一个全新阶段，他过去当过厦门大学的教务处处长，现在他致力于建立一门新学科——高等教育学，先是在厦门大学，再推广至全国。我们知道，在 20 世纪 50 年代中期他已经开始此项研究，并于 1957 年发表了一篇题为《高等专业教育问题在教育学上的重要地位》的论文。随后到来的政治运动和混乱年代让他更深刻地体会到研究这一领域理论的重要性，他认为这项研究将使人们对高等教育与社会、经济、政治、文化发展的关系有更深刻的理解。20 世纪 50 年代至 70 年代后期，高等教育发展中最严重的问题是缺少能给高等教育的政策制定提供理论支持的系统理论研究。随着邓小平时代的到来，全国积极响应邓小平提出的"教育要面向现代化，面向世界，面向未来"的号召，潘懋元最终找到了追求自己理想的舞台和时机。

1978 年，潘懋元在厦门大学建立了高等学校教育研究室，很快发展成为一个全国高等教育研究的中心。1983 年，高等教育学被教育部认定为教育学的二级学科，有资格建立硕士点和博士点。厦门大学高等教育科学研究所招收全国第一批高等教育专业的硕士和博士。到 1998 年庆祝高教所成立 20 周年时，已经有 20 个博士生和 75 个硕士生毕业于此[1]，他们已在全国各地的大学工作，为这一领域的进一步发展贡献着力量。高教所承担了高等教育各个领域的主要研究课题，举办了十多次全国和国际学术会议。

虽然北京大学、华中科技大学、华东师范大学等其他大学都有

---

[1]　刘海峰. 厦门大学高等教育科学研究所建所二十周年工作报告［C］//建所二十周年纪念活动专集. 1998：33－35.

高等教育学的研究及相应的研究生培养，但是厦门大学高教所于2000年9月被评为该领域全国唯一一所国家级研究中心，被评为文科重点研究基地，国家提供数量相当的发展基金。这是政府支持人文社会科学研究项目的一部分，其目的是要使一些研究中心能够达到世界同等水平，使其能积极开展国际研究交流活动。厦门大学能排除地理上的相对劣势获得国家的认可，是非比寻常的。当然，这与潘懋元先生用毕生的精力致力于建立高等教育学这门新学科所做的贡献是分不开的。同时也表明，尽管在1949年中华人民共和国成立后的30年，中国政策和社会环境有许多束缚，但一个忠诚的教育家还是能有所作为的。

　　1978年以后，潘懋元又把工作重心放在学术研究上，他在厦门大学进行教学和研究工作。每周六晚上，他在家里开沙龙，与研究生们聊学习、聊生活，是一个和蔼可亲的长者。然而，他还想推动这门学科在全国范围内发展，希望中国高等教育学作为一门学科能够对国际学术发展做出贡献。1979年，他和上海市高教局及其他7所大学的学者召开了第一次全国高等教育研究会议。1981年，他组织编写了第一部高等教育学著作《高等教育学》，并于1984年出版。[①] 这是1983年教育部确立这门学科后的第一本高等教育学著作。在随后的这些年里，潘懋元仍然是这一领域中富有远见的领导者，他启发新思想、新的研究方法，鼓励其他人做研究，写作和发表论文，他自己也在这一领域中发表了大量文章，出版了大量著作。

　　潘懋元工作的中心是想通过建立坚实的理论基础、清晰的概

---

① 潘懋元．潘懋元论高等教育［M］．福州：福建教育出版社，2000：96.

念，以及研究方法来确保这门新兴学科的发展。1983 年，中国高等教育学会成立时，潘懋元感到高等教育学被认为只是一个研究领域，而不是一门学科。于是，1992 年，他在厦门大学组织了一次学术会议，提出要把高等教育学作为一门学科来研究。次年，在上海召开的高等教育学会议上，成立了一个新的组织——高等教育学研究会，它把高等教育学作为一门学科来研究，挂靠在中国高等教育学会之下。此后，会议定期召开。潘懋元在一篇回顾该学会前三次会议进程的文章中，列出了这一新学会的目标、工作范围，并鼓励进行理论争鸣与探讨。

高等教育学研究会的主要任务是要为理解中国的高等教育建立一个系统性的理论基础。工作范围主要有以下 5 个领域：理论、历史、高等教育的当代实践、未来发展以及研究方法。[①] 潘懋元对一些理论的观点和看法，使得这些会议开得活跃而有趣，对中国高等教育给予了深刻的关注和洞察。其中一个关键的理论问题是高等教育的功能问题，对其与社会、经济与政治体制的关系展开讨论。与此相关的是高等教育的目的，国内的研究者普遍认同以下 3 点，即培养人才，发展知识，为社会服务。然而，第三个目的在近年来受到了强烈的质疑，主要是由于许多大学通过各种形式的咨询服务或与企业的直接关系进行着大量的"创收"活动。有人认为，这些活动将会使大学远离学术追求。由此，一些中国学者们建议，高等教育应有以下 6 个目的：教学、继承知识、传播知识、发展知识、社会批判、对社会实施监督。[②] 这将激起高校对社会的特殊使命；大学将与社会经济和政治力量建立互动关系，而不只是对社会的发展

---

① 潘懋元. 潘懋元论高等教育 [M]. 福州：福建教育出版社，2000：86.
② 潘懋元. 潘懋元论高等教育 [M]. 福州：福建教育出版社，2000：87.

做消极的应对。

另外一个生动的议题是潘懋元在第二篇论述该学科发展的文章中提到高等教育的个体功能和社会功能问题。一派学者认为，人是教育的主体，教育的基本功能在于促进人的自我发展，达到个性的全面发展；与此相对立的观点是，教育是一种社会活动，按社会发展的需要塑造人，教育的基本功能在于满足社会的需要，促进社会的发展。① 如此公开著文承认个体发展的重要性及对自我价值的追求是十分有意义的，它使我们思考新儒学教育观"为自我而学习"，以及儒家哲学中所说的个人价值发展的重要性。尽管在 20 世纪 50 年代初期计划经济体制下，个人选择的自由受到很大的限制，五六十年代的政治运动给很多人造成了巨大的伤痛，但中国传统教育的价值观仍然保留着它的生机和活力。

在对高等教育学作为一门学科做全面综合研究时，潘懋元看到了两个理论挑战：第一，必须界定高等教育与政治、社会、经济、文化系统的关系，探索这些系统与高等教育系统的相互关系；第二，对高等教育内部各系统之间的关系——如学术与职业、通才教育与专才教育、教学与科研的关系等进行研究。

在发展这门学科的过程中，潘懋元感到既具挑战性又令人兴奋的重要原因在于它的开拓性。与学术体系和学习过程有关的教育学理论有着一百多年的历史，而高等教育学不仅在中国而且在全世界都是一门比较新的学科。在中国，基础教育和学校教育的理论建构受到欧美西方思想和苏联的重大影响，这一点潘懋元在早年的教育研究中就已经意识到了。然而，高等教育学作为一门学科就不再如

---

① 潘懋元. 潘懋元论高等教育［M］. 福州：福建教育出版社，2000：101.

此。回顾在中国建立这一学科的这些年，潘懋元强烈地感到中国所做的独特贡献，同时又感到很骄傲，因为在中国发展起来的这些思想和观点不是别人的派生产物，而是稳稳地扎根于中国自己的知识社会和文化土壤，近几年才开始对国外高等教育的理论有所引进。

潘懋元鼓励他的同事们为世界高等教育研究的发展做贡献，并指出中国学者在发展这个领域承担重要角色的4个原因。其一，中国有着在亚洲历史上颇具影响的古老的学术文化。其二，中国是全世界最大的高等教育体系之一，其规模超过俄罗斯，接近美国。它不仅是一个非常庞大的系统，而且近年来随着社会主义市场经济的成功发展，它经历了快速而且巨大的变化，在这个过程中出现了许多有意义的问题，对高等教育提出了挑战。其三，中国有着一支庞大的高等教育研究队伍，从事这一领域研究的学者可能比其他任何国家都多。其四，中国高等教育发展成为一门学科，靠的是学者个人和地方院校的创造和努力，因此它更具灵活性和自主性。这与中国的其他大部分学科不同，它们多是由自上而下的行政决定建立起来的。中国的高等教育理论可以说是"本土理论"，因为这些理论来自对中国近年来正在进行的高等教育改革中出现的实践问题的研究。①

潘懋元非常重视中国的传统文化，他的一篇文章对中国传统文化的特点以及文化对中国现代化进程的贡献进行了比较深入的探讨。潘懋元指出，现代化不能等同于工业化或西方化，它影响社会各个方面发展的过程。不同的文化背景塑造不同的现代化。文化的传承和创新是高等教育的功能，它塑造发生在不同社会中的现代化

---

① 潘懋元．潘懋元论高等教育［M］．福州：福建教育出版社，2000：107－110．

的不同特征。潘懋元否定那种认为西方社会已经进入"后现代时期"并建立了一套后现代的标准。他建议要对现代化概念本身做全面的理解，必须首先考虑中国现代化发展的轨迹。他还认为这一论点同样适用于正在经历现代化进程的其他非西方国家。①

潘懋元对现代化进程的定义是把"文化价值"放在核心地位，他认为现代化应该是人类共同追求的一个价值，其终极目标是实现"人"的价值，包括个人、集体和社会价值。这个共同追求会导致产生整个人类共同文化遗产，这是一种吸收了不同文明的多样化的遗产。② 中国传统教育的许多因素对中国的快速发展做出过积极的贡献，也应该是这一共同文化遗产的重要组成部分。这些思想使我们联想到联合国致力于文化之间对话的观点："把重点放在人类文化、精神层面，放在人类的相互依存和人类的多样性上。"

结语：集多种传统之大成

当被问到什么因素对他的教育事业影响最大时，潘懋元开玩笑地回答道：受益最大的是"文化大革命"中批判的三种意识形态"封""资""修"。他早年学习中国古典文学，从中获得了受益终身的良好道德基础，一生的教育经验使他感到儒学的确是适应任何时期的一种哲学。他在大学时代学习过美国的教育思想，特别是杜威的理论，他从中得到了对改善学校、获得生动的教学方法以及课程设置的很多有用的思想。20世纪50年代，他曾广泛接触苏联的教育理论和模式，慢慢理解并重视苏联模式中全国统一的学术标准，结构严密的教材和教学工作中精细备课的价值。在思考影响了

① 潘懋元. 潘懋元论高等教育［M］. 福州：福建教育出版社，2000：229－241.
② 潘懋元. 潘懋元论高等教育［M］. 福州：福建教育出版社，2000：231.

他思想的两种国外传统时，他感到，基于欧洲理性主义的苏联教材和教育方法，比美国的更加适应中国的环境，因为中国有着集中知识模式的传统，也因为苏联模式更符合当时中国发展的现实需要。

1997年，我曾两次有幸与潘教授进行深入交谈。当我问到他对中国高等教育未来的看法时，他说他感到当前面临最大的挑战就是要进行教学改革，必须要考虑学生的多样性，最大限度地发掘他们的才能。这反过来又强调了高等教育对优秀师资的迫切需要。总的来说，他对过去15年研究生教育所取得的进步感到高兴和满意。很多素质高的年轻人进入大学教师队伍，但他强调这些教师应该得到足够的支持。他感到高等教育改革应该把重点放在教学和研究的质量上，而不是放在管理结构的改革上，因为后者牵涉到政治改革的重大问题。

对于中国的高等教育体系，潘懋元觉得它将更适应未来世界发展的趋势，强调知识的广度和适应性，注重毕业生总体的德育和智育质量。他认为，终身学习是一种趋势，因为中国人会慢慢发现，为了跟上社会的快速发展，必须经常更新他们的知识。潘懋元相信，在中国快速走向高等教育大众化的时代，为了满足社会发展的需要，私立高校将会起到越来越重要的作用。

2000年，在庆祝潘懋元教授八十寿辰时，他的同事和学生们在厦门大学举行了一系列特殊的庆祝活动。其中之一是收集出版了他有关高等教育学的最重要的理论著作。[①] 然而，这并不是一个退休告别会，潘懋元仍然是一个积极的学者、教师，继续活跃在进一步发展高等教育学的工作中。他在2001年出版的新著《多学科观点

---

① 潘懋元. 潘懋元论高等教育 ［M］. 福州：福建教育出版社，2000：727.

的高等教育研究》就是企图以新的方法论来推进高等教育学的理论建设。是什么使这位来自贫苦家庭的谦谦君子，保持着发展一门新学科的热忱和忠诚，50 年来从不言悔？潘教授谈到早年所受的中国传统教育时说的一番话也许能给我们答案。他可能从没掌握过一门外语，在数学和自然科学中也并没有很高的造诣，但在他早期所接受的教育中，首先学会了怎样做人，同时也学会了用汉语表达自己的思想，他把对文学的热爱转化成了从事教育工作的关键财富。最后，他学会了把从各处学来的有用知识融入他学生时代形成的知识框架中。

目录

CONTENTS

第五讲　高等教育专业培养目标和教学计划

第六讲　高等学校的教学过程

第七讲　高等学校教学原则（上）

第八讲　高等学校教学原则（下）

第九讲　课堂讲授

第十讲　高等学校教学方法的改革

第十一讲　高等学校德育过程与原则

第一讲 潘懋元文集
PANMAOYUAN WENJI

高等教育学的
研究对象和任务

在泰山（20 世纪 70 年代末）

一、高等教育理论研究的必要性

教育学的研究对象，应当包括一切培养人的社会活动，即教育活动。它的研究任务是揭示一切教育活动共同的客观规律，探讨概括教育实践经验的普遍性原则。但是过去的教育学，无论中外，它的研究对象一般只是普通学校教育，从学科分类上来说，应有以普通学校教育为研究对象的"普通教育学"和以一切教育为研究对象的"教育学"之分，现在师范院校的"教育学"，大多应当正名为"普通教育学"或"普通学校教育学"。

对于高等院校教育工作者来说，学习普通教育学是否合适，是否有用？我认为有用，但不够。为什么说有用？首先，普通教育和高等教育都是教育，有共性。它们最基本的原理、原则是一致的。例如，教育的本质、作用，党的教育方针，教学过程的基本原理，思想政治教育的基本内容等都有共性。其次，普通教育中的一些原则、方法，即使我们不能直接应用，但还是有参考价值、启发作用的。如中小学要讲美育，开美术课、音乐课，这些课程在艺术院校是专业课，在其他类型的大学不开设或作为选修课，但美育的原理、原则，对大学生进行美育时是有参考价值的。为什么说不够？因为高等教育有它自己的特殊性，高等学校有许多特殊的问题。对于这些特殊问题，普通教育学或者是没有谈到，或者是虽然有所论述，但内容与要求很不相同。如普通教育学就没有一章一节讲到专业设置、专业培养目标，而这对高等学校教育来说却是重要的，属于基本的问题。至于科学研究、生产实习、毕业论文这些重要内容，普通教育学更不可能讲到。在普通教育学中，有些标题同高等教育学中的标题相同或基本相同，但内容和要求却很不相同。如普通教育学要讲思想政治教育，要讲德育，所讲的方法对于少年、儿童是合适的，但用于青年就不一定合适，如果照搬，效果就不好；课堂教学，在大学和中小学中都是教学的基本形式，但二者大不相同。大学、中学都有实验课，但大学的实验课绝不能搬用中学的那一套方法。至于学校组织管理更是大不相同，中小学的行政机构一般只设两处（教导处和总务处），而大学就复杂得多了。诸如此类的问题还有很多。如果将普通教育学照搬到高等教育中去，不仅不够，有时还会出现差错。

在 20 世纪 50 年代，我们就"照搬"过。例如，在大学里也搞"课堂提问"。尽管课堂提问在中小学教学中是行之有效的方法，但在大学教学中，课堂提问应给予怎样的评价？如果还可用的话，在什么情况下可用？有什么不同的形式和方法？这都大有学问。当时还有一些提法，如"当天功课当天清""在课堂上基本解决问题"等，这些对高等学校就不适用。

综合大学有培训师资的任务，20 世纪 50 年代许多本科专业的教学计划设置教育学、分科教学法和教育实习等课程。当时还提倡干部要变外行为内行，要学点教育学，我们就开了"教育学"。可是学生有意见，干部也有意见，因为没有讲到怎样教大学生。就是在这样的情况下，我们感到需要研究高等教育理论，写出以高等学校教育为研究对象的高等教育学来。为此，厦门大学就曾写过一本交流讲义《高等教育学讲义》，但只印了一次，就没有再版了。据了解，有的大学图书馆还有这本讲义。1958 年之后连普通教育学、心理学都挨批判了，综合大学也取消这些课程了，还谈得上什么高等教育学？此后我们虽还做了一些研究，但是得不到什么支持。

20 世纪 50 年代后期，国外兴起对高等教育理论的研究。高等教育理论研究在世界范围内形成热潮是近三十多年来的事情，即 50 年代后期以后。而高等教育学形成一个学科研究领域则基本上是在 70 年代。比如说，1976 年，美国阿尔特巴赫写了《比较高等教育》一书。列举世界各国（主要是欧美及其他英语国家）高等教育研究著作的目录，可达 3 000 种之多，有的是研究高等教育管理学的，有的是研究高等教育经济学的，有的是研究高等教育原理的，等等。美国从 1960 年起，就大量开设高等教育课程和设置高等教育专业。如在 1964 年，有 87 所高等学校总共开设了 560 门左右的高等教育理论、历史和管理的课程，1969 年有 53 所高等学校设置高等教育博士学位（包括教育学博士和哲学博士两种学位），注册的研究生达 3 000 名，当年至少有 700 名获得博士学位。苏联 70 年代出版了许多专著，如《苏联高等学校教学过程》《高等学校教育学、心理学以及教学论问题》《高等学校教育学原理》《高等学校教育学讲义》《高等教育经济学》等。其他一些西方国家，如加拿大、英国、澳大利亚，苏联和东欧的波兰、匈牙利、罗马尼亚，以及一些发展中国家如墨西哥、哥伦比亚、印度等，也先后设置了硕士或博士学位，开设了高等教育课程。① 苏联高等教育部，还在全国 120 所高等学校设置了教师进修系，颁布了《高等教育原理》课程大纲，作为全国培训高等学校教师和干部之用。

高等学校早就有了，为什么研究高等教育理论在 20 世纪 50 年代后期才兴起呢？最基本的原因是世界上的发达国家和部分发展中国家的高等教育在 50 年代有了很大的发展。有一些数据可以说明：一是学生数增加得很快，入学率提高。整个欧洲在 60 年代前几年大学生年平均增长率超过 10%。在 1961—1970 年这 10 年中，美国大学生年平均增长率为 8.27%，联邦德国、苏联、日本的大学生均已达到适龄青年的 20% 以上，美国则达到 50% 以上。所以有人把这一时期称之为高等教育"普及化"时期。当然，是否达到了"普及"那是另外一回事，但数量的确增长很快。只是到了 80 年代，由于资本主义经济发展的停滞和适龄青年的减少，数量的增长已经逐渐减慢以至停滞了，但大多数发展中国家大学生数量仍在继续增长。二是办学形式多样化。我们是提倡"两条腿"走路的，但很长时间却只用"一条腿"走路。而世界各国，高等教育却早就发展为"多条腿"，多种形式，如短期大学、社区学院、函授大学、电视大学、开放大学，等等，还有只注册不上课的大学，其学习时间不受限制。受教育的不只是青年，还有许多中年人，在职的或失业的。因而，出现了许多新的概念，如终身教育、继续教育、回归教育等，还办了老人大学。

以上是从数量方面看，下面再从质量方面看：一是教学内容革新快。20 世纪 50 年代，美国提出了国防教育方案，要求大学加强三门课（数学、自然科学、外语），称为"新三艺"，力求使教学内容及时反映现代科技发展。二是培养了更多的高于大学本科水平的专门人才（研究生）。从 50 年代后期至 60 年代，研究生的增长速度在许多国家比本科生的增长速度要快得多。如果说大学生是成倍地增加，那么研究生在许多国家则是成十倍地增长，还出现了"博士后研究生"。有的国家是"硕士满天飞""博士排成队"。

---

① 胡振敏. 世界高等教育研究的历史、组织、课程、文献、课题和方法 [D]. 厦门：厦门大学，1992.

　　总之，20 世纪 50 年代后期，世界高等教育在量和质两方面都发展得很快，其原因是经济发展的需要，也是科学技术发展的需要。第二次世界大战后，特别是资本主义世界经过一个经济恢复时期之后，有一个相对稳定的经济发展时期。经济发展促进了科学技术发展，科学技术发展又促使生产现代化，生产现代化就需求更多的科技人才和管理人才。这些人才不能仅靠中等职业学校培养，因此要大力发展高等教育。

　　在西方国家里，发展教育，特别是发展高等教育，被之为人才开发、智力投资。现在我们也引进这些有积极意义的概念。20 世纪 70 年代，西方经济学家认为教育投资是最有利可图的。所以，他们发展了一门新学科，叫教育经济学，主要是研究如何以最少的教育投资获得近期的和长远的最高的经济效益。目前，计算投资收益的公式和方法很多，尽管计算出来的收益不尽相同，但一致认为教育投资的利润率是相当高的。以美国为例，1972 年，美国布鲁克林研究所向美国国会写了一份报告书，报告了 1948 年到 1969 年美国经济增长的各种因素。统计分析的结果认为：量的因素占 41.5%（量的因素指增加工人或工时和扩大固定资产），质的因素占 58.5%（质的因素主要指科技的进步和管理的改善，工人教育水平和技术熟练程度的提高）。由于采用了新的科学技术和科学的管理方法而增加的收益达 30%，由于工人的教育水平的提高和技术水平的提高而增加的收益占 11%，两者合起来共占 41%，这都是依靠教育所取得的结果。可见，教育同增加工人和设备起同样大的作用，而高等教育又在其中起了主要作用。这是 60 年代之前的情况，至于 70 年代之后，依靠教育投资所取得的经济效益更高。这就是为什么资本主义社会愿意大量投资搞高等教育的实质性原因。一句话，就是为了获得最高限度的利润。为此，就有许多问题要研究。例如：如何改革教学内容，如何改革教育体制，如何改进学校管理，使得高等学校能够更快更好地培养适应社会需要的科技人才和管理人才。高等教育理论研究就是在这种形势下发展起来的。由此可见，经济发展促使科技发展，科技发展促使高等教育发展，高等教育发展促使高等教育理论研究的开展。所以，高等教育理论在 50 年代后逐渐受到重视，到了 70 年代就成为研究的热门，归根结底，是经济发展的产物。

　　西方国家研究的高等教育理论对于中国来说是否适用呢？从方向来说，

是不同的。但是在适应社会需要、讲究经济效益、提高培养科技人才的质量上，有其共性。所以，在这方面有许多理论就值得我们借鉴。

在我国，重视高等教育理论的研究只是近几十年来的事情。说得确切些，是党的十一届三中全会以来的事。还只能说在一定程度上被重视。各地重视程度不同，各级教育部门的重视程度也不同，甚至教育理论家的看法也不同。有的人囿于传统成见，认为教育理论就是教育理论，分什么高等教育理论，是标新立异的。但更多从事高教工作的同志认为，由于过去违反教育规律，办学走了弯路，吃过苦头，应该进行探索；更由于在"四化"建设中发展高等教育遇到了一些新情况、新问题，觉得只凭老经验无法解决，必须从理论上弄清楚。如高等学校的战略与规划、体制、管理、结构、思想政治教育、智能培养等都要进行改革，要改革就得进行科学研究，从理论上来弄清楚。当然，有些问题已经有经验，但经验是否对？有些方面已有资料，但资料如何使用？都需要研究。拿招生制度来说，通过考试能否达到"择优录取"的要求，如果不够准确，有什么形式可以代替或补充？又如拿学位问题来说，学士、硕士、博士，这些学位的水平有没有客观标准？有没有国际标准？还有更多的、经常性的、具体的问题，如教学计划如何制订、课程如何编制、教材如何编写、课怎样讲才好、如何指导学生自学、考试怎样命题与评分、如何在传授知识的同时培养学生的智能、如何建设校园文化，等等，这些实际问题都需要从理论上弄清楚。类似的问题在高等教育中有很多，过去往往凭经验去解决，但光凭经验不行。何况许多新情况、新问题无老经验可凭。正因如此，近年来我国也开展了高等教育理论的研究。据不完全统计，全国现有700多所高等学校有高等教育研究组织，有的是研究室，有的是群众性的研究会，数量最多的是工科大学。已出版的高教研究刊物共400多种，大多数是内部刊物，每年发表的论文一万多篇。各省、直辖市、自治区，各业务部委成立了高等教育学会，还有许多专业性研究会。中国高等教育学会所属的学会、研究会就有70多个。各种专著、译著，如高等教育学、高等学校管理学、高等学校教学论、大学生学习学、高等教育经济学、青年心理学、高等教育发展史、比较高等教育等方面的研究成果，每年出版数以百计。

上面谈的是高等教育理论研究的问题，下面再谈谈学习的问题。我们都知道，干部要专业化，教育干部也要专业化。教育干部怎样才算专业化？前些时候，有些人认为老干部没有念过大学，才有专业化的问题，请一位教授来当学校领导，似乎专业化的问题就解决了。他开过课，搞过科学研究，学术水平很高，请他来当校长，是不是就专业化了呢？是不是就是内行了呢？事情并不是这样简单。实践表明，这些教授担任领导工作也会产生很多业务工作上的困难，甚至在一定期间困难更大。多年来，我们的两支队伍都有所欠缺：一支是老干部队伍，新中国成立初期曾提出变外行为内行，办起工农速成中学，让许多20多岁的青年干部去学习，但多数并没有进一步到大学去学习。因为后来说外行领导内行是规律，又何必辛辛苦苦去变外行为内行呢？这样，就使得我们的干部长期没向专业化发展。另一支是知识分子队伍，如大家所知，知识分子长期以来不可能搞领导工作，至多当个不太管事的系主任，有一个时期也有几个当过挂名的副校长，但缺乏管理经验，也没有机会提高管理能力，一下子当上领导，这能说专业化吗？一支队伍缺少专业知识，一支队伍缺少管理经验，我认为这都不符合专业化的要求。领导干部的专业化应该包括必要的专业知识和管理经验。

我们曾翻译了一些资料，是研究加拿大高等学校校长资历的。加拿大很重视校长的学术地位，大学校长有80%是博士；同时，加拿大也很重视校长的工作经验，大学校长平均每人有10.6年的教育行政经验，有53%是当过教务长，36%是当过系主任的。可见国外对选拔高等学校的领导人，是既重视学术水平又重视实践经验的。

同时，无论是有经验的干部还是有学术水平的知识分子，作为教育管理干部来说，都有一个学习管理科学、学习教育理论的问题。为什么必须学习管理科学？这个问题，在经济管理部门，我相信是被大家所承认了的。现代化的工农业生产、现代化的服务性行业已经证明，管理是一门十分复杂的科学，这门科学的本身绝不比其他科学简单。但在教育管理部门，管理科学还不怎样被重视，大多数还是凭经验来管理高等学校。应当指出，管理经验是管理干部专业化的必要条件，但不是充分条件。要积累、总结管理经验，还必须学习、研究管理科学。

那么，如果有了某门学科的专业知识，又有了管理科学知识、管理经验和管理才能，是不是就算实现了高等学校干部专业化？也还不够。为什么？因为这个专业化，是指高等学校管理干部的专业化。它要求干部能领导、组织、管理好高等学校的工作，而不是在工厂、农场、科学研究机关担任领导和管理工作。我们常说，任何工作都要按客观规律办事。工厂的生产要按工厂的生产规律办事，学校教育也要按学校教育的规律办事。当一个学校的管理干部，当然不能用管理军队的办法来管理学校，也不能用管理工厂的办法来管理学校。当然，也不能用管理学校的办法去管理军队和工厂。它们各自都要按自身的规律办事，才能把事情办好。因此，高等学校的各级干部除了需要一定的专业知识以及领导、管理的知识、经验和才能外，还必须懂得教育规律，必须按教育规律办教育。如果不按教育规律办教育，常常会把好事变成坏事。举例说：当前我们所进行的教育体制改革和教学改革，就是好事，也是大事，党中央为此做出了专门决定，指明了改革的方向，制定了改革的方针、方法以及重大措施。这件好事如何办好，这就要靠各级干部尤其是领导干部来领导、组织、指导和评价改革工作。根据什么原则来进行这些工作呢？当然，中央的决定是基本的依据。但中央的决定不可能列举一切具体的改革措施，还是要根据教育规律来领导、组织、指导和评价的。有的人以为改革只要敢想敢干就行，什么规律、什么原则，都是束缚改革的条条框框，都要打破。这是不对的。现在许多管理干部是把经济体制改革和管理制度方法那一套生搬硬套到高等学校来，要求高等学校办成经济中心，以"创收"为改革的目的，以经济效益为评估办学成绩的唯一标准，这也是违反教育规律的。中央的决定指出："在教育体制改革中，必须尊重教育工作的规律和特点，坚持实事求是，一切从实际出发。"现在全国各地的体制改革、教学改革，绝大多数是既适应经济发展、科技革命的新形势，又符合社会主义方向、符合教育规律的好事；但也有不少并不符合社会主义方向与教育规律，有点迷失方向了。改革工作如此，平时工作也如此，都要求高等学校管理干部要懂得管理科学和教育规律，教师也属于干部范畴，也有一个专业化问题。从他所教的学科来说，应该承认他是专业化了。即使是助教，也应该是学有专长的，只不过专业化的程度各有不同而已。如果仅从这个角度来说，所有受过高等教育的教师，专业化应当是不成问题的。但是高等学校教师的工作主要是培养人才，不但要会教书而且要善于育人，还要进行科学研究和必须懂得教育规律，并且善于运用教育规律去教育学生。如果从这方面要求来看，应当承认，目前能够达到这些要求的，我们的大学教师不是少数，而是多数。至今不少教师仍在沿用"满堂灌"的教学方法，这是不符合教育规律的。还有不少教师是教书不教人，这也是不符合教育规律的。有相当多的教师，在教学工作中，只注意传授知识，不重视培养学生的智力、能力，也不注意在教育过程中培养学生的思想政治和道德品质。从这些教师的情况看，能说他们已经专业化了吗？显然不能。人民教师应当具有以下条件：一是要有比较渊博的知识；二是要认真掌握教育科学，懂得教育规律；三是要有高尚的道德品质和崇高的精神境界。这三点要求，对于所有的教师（包括大学教师在内）都是适合的。在我们高等学校里，历来有个偏见，认为一个大学教师，只要有学术水平就行了，至于学不学教育学，懂不懂教学法是无关紧要的。我们当然不否认学术水平的重要性，这是当好教师的最重要、最基本的东西。但是，教师的基本任务是培养学生，要把自己的学术水平转化为学生的学术水平，把自己的知识和能力转化为学生的知识和能力。如果转化不过去，教师的学术水平就反映不到教学效果上来。在这种情况下，即使教师的学术水平很高，但却培养不出高水平的学生，其结果只能是如同一支仅供人欣赏的好箭，射不出去或射不中的，这箭又有何用呢？一个教师要将自己的知识和能力转化为学生的知识和能力，单有学术水平是不够的，他必须懂得教育规律，讲究教学方法。

总之，高等教育工作者（包括干部和教师），根据专业化的要求，为了做好本职工作，都有必要学习、研究高等教育理论。

二、高等教育的基本特点

上面已经讲过，高等教育对比普通教育，有许多不同的特点。如培养目标、教学计划、教学方法、科学研究、师资结构、学校组织与管理以及德育、智育、体育的要求与方法等等。那么，在众多的特点中，什么是基本的特点呢？高等教育不同于普通教育的基本特点，一个是性质、任务不同，它是高等专业教育；一个是培养对象不同，在我国，全日制普通大学本科或专科，一般来说是 20 岁左右的大学生，有其身心发展的规律。其他众多的特点是由这两个基本特点所派生的。

（一）高等教育是建立在普通教育基础之上的高等专业性教育

高等教育在性质上不同于普通教育，而在程度上又高于中等专业教育。可以用"高"与"专"两个字来概括。普通教育是基础教育，在理论上，它是每个公民必须接受的基础教育，也是每个专门人才所必须具备的基础性教育。它的任务是提高公民一般的科学文化水平，培养一般的劳动人才，而不是特殊部门的劳动人才；中等专业学校以及技术学校、技工学校，是培养特殊部门、特殊工种的劳动人才；但高等教育不是培养技术工人，而是培养"家"或"师"，如工程师、农艺师、会计师、统计师、医师、教师（在发达国家，小学教师也要从高等学校培养出来）等等。

高等教育这一性质、任务，反映在社会主义高等学校培养目标上，就是培养社会主义现代化建设所需要的高级专门人才。它除了同普通教育一样以"培养德、智、体等方面都得到发展的社会主义建设者"为目的之外，还必须在总的教育目的指引下，根据国民经济各部门以及上层建筑各领域在社会主义建设中的需要，制订自己特殊的专业培养目标，以造就某种专门人才。大学生应该以普通劳动者的身份参加社会主义建设，但就其科学文化和专业知识来说，决不能说成"与普通工人、农民画等号"，抹杀专业培养的特点，否定社会分工，无视各部门需要较高水平的专业人才，否定专业培养目标。

今后的高等教育，是否还具有专业性，是否还要以高级专门人才为高等学校培养目标？现在西方资本主义国家，尤其是美国，流行"通才教育"；我国也有人写文章主张以"通才教育"代替"专才教育"，主张取消专业，甚至取消系科。这是一种误解。"通才教育"，并不是一个新的概念，现在重新提倡"通才教育"，有了新的、积极的含义。在科学技术迅速发展的现代社会，知识面较宽、能够融会贯通地运用多种学科知识的人才，比那种知识面很窄、只会钻牛角尖的人才，具有较强的社会适应性，事业成功率较高，这就是所谓"通才取胜"。但是，不能将其理解为社会对于高级人才，只求其"通"，不求其"专"。只"专"不"通"，分析问题、解决问题不能融会贯

11

通，适应性、成功率不高；只"通"不"专"，每门学科都懂一点，但都浅尝辄止，那也很难在科学技术上有所成就。当然，既博又精，门门精通，那是最为理想的，但却不是在一定学习年限中所能达到的目标。20世纪50年代，我们按苏联当时的模式（后来苏联的模式也在发展变化），强调"专才教育"，批判"通才教育"，是有片面性的。但如果走另一极端，否定"专才教育"，以"通才教育"代替"专才教育"，也是不足取的。学科有相对的领域，职业有适当的分工。高等教育，在一定学习年限中，还是应当以一两门专业为主，力求比较精通。但应借鉴"通才教育"的合理之处，提高专门人才的文化素养，把基础适当加宽加厚，引"文"入"理"与引"理"入"文"，学点横向学科的知识，着重发展学生的智能，培养社会适应性较强、具有专门知识技能，又能融会贯通地运用若干基础学科知识的高级专门人才。所以，专业性仍然是高等教育的基本特点之一。

高等教育这一性质，反映在教学计划上，就要求教学内容要有一定的广度与深度。既要打好宽厚的基础，又要掌握一定的专业知识与技能。因此，必须正确处理一般基础课、专业基础课、专业课的关系，课堂教学与实习、设计、撰写论文的关系，理论与实践的关系。在教学大纲与教材上，必须正确处理当前需要与长远需要的关系，基础理论与科学技术最新成就的关系，学科系统性与专业针对性的关系。正是高等专业教育这一性质，要求大学教育的学术水平和师资结构必须与之相适应。大学教师不仅要具有较扎实的科学文化基础，而且要在某一学科领域里具有很高的学术水平，还要有科学研究的能力。由于高等学校拥有在各个学科领域中学术水平高和科研能力强的大学教师，又有较好的仪器设备，所以，高等学校有可能也有必要承担国家的科学研究任务，成为科研力量的一个方面军。更由于高等学校既有各种专业性的教学任务，又有科研任务，同国家经济、政治、科学文化各部门、各方面有着紧密的联系，使得高等学校的领导、组织和管理远较普通学校复杂、多样。

总之，建立在普通教育基础之上的高等专业性教育这一高等教育的特点，是形成其他许多特点的基本特点之一。

（二）培养对象是20岁左右的知识青年

我国高等学校的培养对象一般是20岁左右的知识青年，他们处于青年中、晚期，他们的生理、心理具有不同于中小学生的特征；他们受过普通教育，又有一定的生活经验。所以，大学生不同于中小学生，但也不同于已经成熟了的成年人。

近年来，发达的资本主义国家有部分大学生入学年龄较高，他们大多数在工厂做了几年工再上大学，是属于"继续教育"的，而一般以十八九岁居多。入学年龄太高，除非是属于"继续教育"的需要，否则不利于早出人才；入学年龄太低，十四五岁当大学生，是不是就很好呢？我并不反对个别天才少年很早就进大学，并采取某种特殊的教育方法（如中国科技大学办的少年班），但就一般的人来说，并不是越早越好。18 岁左右是比较合适的大学入学年龄。大学入学的最佳年龄，不是可以凭主观任意定的。第一，要根据青年的身心发展情况确定。大体说 18 岁（有的材料说是 17 岁），大脑皮质发育基本成熟，意味着可以从事复杂的、高度抽象的思维活动，可以承担大学的理论学习任务。有人认为，随着社会物质生活的改善、文化的进步，青年人的身体发育较快，心理发展也较快，不能再以过去生理学、心理学的老皇历为依据了。是不是现代青年生理、心理的成熟期提前了？提前多少？这有待于生理学家和心理学家的研究。第二，要有一定的知识积累和社会经验。如上所说，高等教育是建立在普通教育基础上的高等专业教育，而普通教育的全过程一般要经过十一二年。从六七岁入小学，到高中毕业，也就是 18 岁左右了。特别是读政法、管理、师范的，没有一定的社会实践经验，要领会和运用某些理论知识是较为困难的。所以作为高等教育培养对象的大学生，一般以 20 岁左右的青年为宜。还有一点需要说明的：随着高等教育的发展，高等教育结构有多个层次，办学途径有多种形式，高等教育的对象，不只是20 岁左右的青年了，可以是中年的、在职的。如我国当前发展得很快的成人高等教育，就有不少是年龄大、在职的学生。但从我国实际情况出发，作为高等教育的主要形式的全日制普通大学，绝大多数学生是本科生和专科生；非全日制普通大学的培养对象，主要的也是高中毕业不久的青年。所以，至少在可见的 10 年、20 年内，作为高等教育主要的培养对象，仍然是 20 岁左右的青年。我们高等教育工作者所要掌握的，主要也是这个年龄阶段的青年的身心发展特征。

下面就简要地谈谈 20 岁左右的青年的身心发展特征。

第一，生理上的特征。十七八岁以上的男女青年，生理发育已经基本成熟（一般来说，女青年较早些，男青年较迟些，同时，也存在个别差异），包括骨骼、肌肉、循环系统、呼吸系统、神经系统的发育基本成熟了。十七八岁以前，是身体发育的第二高峰期，到了十七八岁之后，发育就放慢了，但还有缓慢的发育，如身高还可能继续增长一二厘米。到了二十一二岁，身体发育就基本停止了。身体的发育与生理功能的发展是相对的。如果在这个年龄阶段，得到适当的、合理的锻炼，胸围、握力、肺活量等，都可能有显著的增大，各个生理系统，也可以发展得更为健康与完善。

十七八岁的青年生理上的主要特征是性的成熟。性激素的分泌旺盛，对男女青年的身体和心理影响很大。如果保护、指导得当，不但有利于增进身体健康，而且使他们感到充满着青春活力、乐观自信；如果保护、指导不当，会引起许多疾病；也可能形成悲观、忧郁的心情或产生骄傲、放纵的心理。必须根据男女青年的特点，发挥青春活力在教育、生活上的作用而避免产生不良影响。

与教学关系最大的是中枢神经、大脑皮质发育的基本成熟，大学生具有从事复杂的、高度抽象的思维活动的生理基础了。如果给予良好的培养、训练，可以迅速而有效地充分发展大学生的抽象思维能力。但如果不进行良好的培养、训练，例如，要求他们呆读死记，就很可能压抑他们的智力、能力的发展。十七八岁以前是身体发展的第二高峰期，需要充分的营养、休息与锻炼；十七八岁以后，是思维发展的黄金时期，也需要知识的营养与智能的锻炼。

第二，心理上的特征。由于大学生的中枢神经活动和大脑皮质的发育已经成熟，又在普通教育过程中受过系统的抽象思维训练，并积累了一定的基础知识和生活经验，使大学生的感觉和知觉比中学生精密和深刻，定向注意力能够持续达 160 分钟之久，逻辑记忆能力有了较大的提高，对许多学习内容，逻辑记忆逐步取代机械记忆。逻辑推理能力已经加强，善于运用联想、推理以掌握事物的内部联系，因而喜欢根据自己的观察对事物独立下判断。观察和分析能力也比中学生强，能抓住事物的主要方面和深入事物的本质。

由于抽象思维能力的发展，他们能够比较容易地接受抽象概念，开始按辩证逻辑来进行思维活动。他们往往觉得高等数学并不比初等数学难理解，许多大学生对于哲学上的人生观、价值观等许多抽象问题感兴趣，喜欢从事抽象问题的思考与争辩。这是智育上的有利条件。应当要求大学生的思维活动达到更高的抽象水平，更强的概括能力，以便完成复杂、艰深的学习任务，并为从事科学研究打下基础。

必须指出，在今天的高等学校中，有计划地采取有效的方法来培养学生抽象思维能力的工作是做得很不够的，填鸭式的讲课和死记硬背的考试比比皆是（当然某些公式和生词的背记还是必要的）。这就是说，教师还不善于充分利用大学生思维上的有利条件，发挥其潜力，更好地完成智育任务。

在培养大学生抽象思维能力上，还应注意到问题的另一面。大学生的社会经验毕竟有限，科学基础也不够深广。他们观察事物、对问题下结论往往带主观片面性，不够全面周密，有时缺乏足够的根据就下结论。对理论学习的兴趣很高，但易于脱离实际，有教条气味。针对这些缺点，应当加强对学生思想方法的训练，引导他们全面地、辩证地思考问题，引导他们参加社会实践，重视实际工作经验的积累。

从大学生思维的优点与缺点来看，在高等学校的教育和教学工作中，应贯彻理论联系实际的原则，加强学生分析问题、解决问题的训练，对培养学生独立思考能力、创造能力有重大意义。因此，应赋予高等教育理论研究以重大的任务：必须充实和发展普通教育学所总结的教学原则、教学组织与教学方法。例如，启发式教学必须更多地调动学生逻辑思维的积极性，自学、做作业以及实习，必须具有更多的独立思维、独立工作的因素。普通学校的课堂教学结构，一般不适合大学生的上课要求。由于思维能力的提高与定向注意力的持久，高等学校的课堂教学结构，不需要太多的教学方法上的变换，可以两个学时或更长一些稳定地持续用一种教学方法。教师的讲授要更多地注意教学内容的内在联系和逻辑结构，引导学生深入理解事物的本质，培养学生的逻辑思维方法。普通学校中许多教中小学生的教学方法不用或少用了；适应大学教学内容与大学生学习心理的教学方法增多了，如写读书报告、学习笔记或摘要，查文献、做卡片、进行社会调查等；另外一些教学形式与方法则赋予了新的内容与要求，如课外作业、实习、实验和调研等。同时，课堂活动时间减少，课外自学时间增加。

上面所谈的是大学生的抽象思维的心理特征。下面再谈一些个性心理特征。个性的心理特征，对智育有重要的影响，对德育的影响更大。个性心理特征有兴趣、理想、情感、意志、性格以及自我意识等。这里只能举例简谈某些特征。

青年人的兴趣爱好很不一致。有的比较广泛，有的比较集中。但都不像儿童、少年那样容易转移，也都不像中老年人那样不易转移。在其接受专业教育的过程中，如果引导得好，能够使大学生的兴趣越来越集中于与专业有关的学习和活动上，这是推动学习的有利条件。新生入学后，往往有许多人专业思想有问题，这是完全可以理解的，因为他报考大学前对专业并没有接触。有的是听人家这么说、那么说，就选择了某个专业作为志愿；有的是凭自己的主观设想；有的甚至连主观设想也没有，只找录取分数线较低的。只有进大学之后同专业接触多了，同专业老师和同学接触多了，才认识到将来要为人民服务，必须学会专业的知识本领。引导得好，他们的兴趣就会越来越集中在专业上。当然，也有少数学生在专业学习上存在难以克服的困难，如果转专业，可能学习得比较好些。我们过去读大学，同学中就不缺这种转系科而成才的例子。应当放宽转专业的限制，并把审核批准权下放给了解学生个性与能力的班或系。当然，不能片面强调兴趣，放任自流，要有指导，要有适当的条件。

专业兴趣的集中，对培养专门人才来说是有利的。但也要避免兴趣过窄过偏，对非专业性的政治活动、社会活动以及同专业无直接联系的科学文化知识、学术活动毫无兴趣的。大学生是社会的一员，要过社会生活，应当有丰富多彩、生动活泼的文化生活。较为广泛而又相对集中的兴趣，是青年人健康成长所必要的。

兴趣，表现为个人的心理活动，在很大程度上受社会影响，如家庭、学校以及社会舆论、风尚等影响；同时，个人的兴趣，也将对社会起一定的影响。所以，对于兴趣问题，不能完全认为是个人的"私事"而忽略。专业兴趣是培养人才、发挥人才作用的不可忽视的因素。

　　兴趣和理想有密切的联系，但又不是一码事。兴趣所在不一定都是理想所在，理想如果没有一定的兴趣支持是很难实现的。大学生的理想，不同于儿童、少年的理想，儿童、少年也有理想，但往往只是一些朦朦胧胧的远景，而大学生的理想，能够同政治认识、专业目标以及个人的能力、兴趣结合起来。当前，不少青年人的理想更多地受社会环境、家庭条件所制约。青年人的理想，能够建立在一定的现实基础上，不像儿童、少年那样往往是脱离现实的幻想，但也容易受社会、家庭中某些不良风气影响。如片面追求物质享受、讲求实惠、向钱看齐，在社会上五光十色的物质和精神的诱惑面前，一些大学生迷失人生方向，失去青年人本来应当具有的远大理想。有的对国家前途命运漠不关心，而把理想摆在为个人谋私利上。如何帮助青年树立为国家前途、为社会发展、为人民服务的远大理想，是培养社会主义专门人才带有根本性的德育任务。

　　树立远大理想，关键在于要有革命的人生观。人生观教育是对青年进行德育的核心。一个青年，有了革命的、为人民服务的人生观，那么，他就容易接受党的理论方针政策以及组织纪律、艰苦奋斗教育。如果一个青年，他的人生观是享乐的、颓废的，对他进行艰苦奋斗，为祖国、为人民、为人类谋幸福的崇高理想的教育，他是很难听得进的。大学教育阶段，是人生观确立的时期，到了中年以后，人生观基本定型了，就很难改变了。某一个青年的理想、人生观，是这个青年的个性心理；而社会上一般青年的理想、人生观，就不只是青年的"个人问题"，而是整个社会兴旺发达或者衰败没落的严重的社会问题了。在对外开放的新形势下，如何树立青年的共产主义远大理想和革命人生观，是当前思想政治工作的根本性问题。

　　再谈一下同德育、美育以及智育关系密切而往往为教育者所忽视的情感问题。青年的情感，是丰富而又往往是比较脆弱的。当然，大学生由于思维能力的发展，自我意识调节作用的加强，相对来说，对于情感已经有一定的控制能力，但比之成熟的成年人往往较易激动并引起情绪的波动。对于青年的情感教育，过去往往认为是个人私生活问题，重视不够，或者引导不得其法，收效较微。

　　应当培养青年对祖国、对社会主义、对人民群众热爱的感情。同时对青年生活中必然要出现的情感生活也应当重视，引导他们向健康方面发展而又不挫伤他们的信心。有两种情感生活，在青年中显得特别重要，应当慎重处理。一是友谊，一是爱情。

友谊在青年的情感生活中占有很重要的位置。我们曾对部分大学生进行心理测验，不少被试者对某些问题表露了友谊在生活中的意义。如对"苦恼"的联想，回答是失掉友谊；对"请说出一个人最需要的一件事"，回答是在孤独时最需要友谊；对"请想象一件最危险的事情"，回答是失掉友谊和信任；等等。青年的友谊是比较单纯、坦率的，但比少年时期的较为稳定。不少终身的好友就是在青年时期形成的。健康的友谊是应该允许的。人与人之间，总有几个人谈得来一些，来往较多一些，这是情感生活中的正常现象。但要注意某些不健康的现象，如有的把友谊摆在集体之上，几个好朋友搞在一起，带有明显的狭隘性与排他性，在集体中闹不团结；有的把友谊看得比原则性还高，对朋友提出过分的要求，或无原则地迁就，如考试时不顾违反纪律，帮助考不好的同学作弊，便是大学里常见的现象。不幸的是这种违反纪律的现象，被认为"勇于助人"的行为，不受舆论的谴责。这说明对青年人必须帮助他们分清原则与友谊的关系。

爱情是青年身心发展至一定时期必然要出现的情感生活。对正当的健康的恋爱不应认为不利于德育，也不一定会影响大学生的学习。男女朋友之间的相互鼓励，能起积极的作用。但是，在青年的爱情生活中，往往出现一些不健康的、错误的思想行为，这就要求教育者对他们给予及时的劝告、指导，化不利因素为有利因素。有人认为应当禁止大学生谈恋爱，以免分心，影响学习。以前也曾经禁止过，但事实证明禁止不了。学校禁止，他们就搞地下活动，照样谈。为什么禁止不了，因为这是青年身心发展必然出现的现象，这种规律性的东西是禁止不了的。错误的恋爱观对德育不利，爱情生活处理不当也会影响学习。这恰恰说明不应回避而应关心和指导。学校回避了，他们实际上仍在谈，而学校却无法做指导工作。要面对现实，做好指导工作。例如，教育青年树立正确的恋爱观；正确处理恋爱与学习、爱情与友谊的关系；对于当前有些年龄太小的大学生，可以劝其不要急于谈恋爱，但简单化地禁止或指责是解决不了问题的。青年的爱情生活，是一种复杂而敏感的心理活动。能够劝说大学生暂缓谈恋爱，我也赞成。但如果出现了，与其简单化地指责，不如关心指导，引导他们向健康方向发展。总之，我认为应当是，一不提倡，二不禁止，三要指导。现在，公开禁止的不多了。但把大学生谈恋爱作为道德品质的缺点，从而使争取入党、争取当三好学生的同学感到有压力，仍是普遍现象。对于这个问题，教育者的看法分歧很大，我的看法不一定对，仅供参考。

大学生个性心理特征，还有意志、性格、气质等，特别是青年的自我意识值得重视，因为它同德育方法——思想教育方法关系很密切。大学生的自我意识已充分发展，高年级大学生的自我意识一般已达到成熟水平，能够对自己的思想行为起调节作用，实行自我认识、自我评价、自我监督和自我控制。调节作用虽然往往不如成年人那样完善，但显然不能够也不愿意完全依靠父母和教师的调节了。"我已经不是小孩子了。这是我自己的事！"这句话包含了青年对于自我意识的自信心和自尊心。教育者（包括父母和教师）认识青年自我意识发展水平是很重要的，必须采取恰当的方法来引导、启发青年人调节自我的思想行为。思想教育的效果很大程度取决于能否调动青年的自我意识以起积极的调节作用。

青年的个性心理还有许多值得研究的问题。这是"青年心理学"或"大学生心理学"所要研究的东西。以上只是举例说明高等教育工作者，必须掌握大学生生理、心理特征，按照他们的身心发展规律来进行教育，而不能按照自己的主观愿望来对他们进行教育。同时，以上所讲，只是一般的特征，不论是思维能力或个性心理，都存在个体差异，且受社会的影响。一般规律要掌握，但还必须调查研究当前大学生的思想实际，研究个别差异，才能有针对性地做好教育工作。

三、高等教育学的基本体系和内容

高等教育学是一门正在形成的新学科，还没有成熟的科学体系；但由于高等教育学与普通教育学都是研究教育基本理论的，有共同的一面。因此，高等教育学的基本体系同普通教育学的基本体系有共性。关于普通教育学的体系，现在有许多争论，这里不能详细介绍。但到目前为止，公开出版的教育学，一般还是由三个部分组成。所以高等教育学的体系大体上也可以由三部分组成。第一部分是总论。包括高等教育的性质、任务、培养目标、大学生的身心发展特征，以及大学教师的职责、任务等，这是它的基本原理部分。第二部分是分论。社会主义的全面发展教育要通过德育、智育、体育以及美育来实现，所以在分论里面包括了德育论、智育论、体育论以及美育论，分别论述对大学生进行德育、智育、体育、美育的任务、原则、方式、方法。这是总论的展开。因为智育主要通过教学来实现，教学的基本任务是进行智育，所以智育论一般融合在教学论中。当然，教学论不等于智育论，德育、体育也可以而且必须通过教学来实现。有的教育学教材就把这一部分分为两个部分，前一部分分别论述德育、智育、体育以及美育，后一部分论述教学。在逻辑上是符合概念划分规则的，但在实际上智育论和教学论很多重复，所以目前一般仍把智育论和教学论融合在一起。第三部分是学校的体制和组织管理，是实现全面发展教育的组织保证。每一本普通教育学著作的具体编排可以各有特点，每一本高等教育学著作具体怎么编，也可以各自有所不同。这里只能把我们几位同志合编的、由人民教育出版社和福建教育出版社联合出版的《高等教育学》这部著作的基本体系和内容作为例子说明一下。

《高等教育学》除在绪论中阐明该学科的研究对象和任务之外，如上所述，分为三个部分和一个附加部分，也可以说是四个部分或四篇。不言而喻，每一部分所着重研究的都是"高等教育"这一领域一般的规律、共同的规律以及规律的运用。但考虑到读者多数未学习过教育原理或普通教育学，所以在着重研究高等教育理论的同时，适当阐述教育学的一般原理。

下面简介各部分的内容。

第一部分：总论

这一部分共四章，第一章"高等教育的性质和任务"和第二章"高等学校培养目标"，所阐述的是教育的外部关系和内部关系的基本规律，及其对高等学校教育的作用。第一章阐述的高等教育的地位、作用以及高等学校的社会职能，实质上就是论述高等教育与经济、政治、科学文化的关系，高等教育在社会发展中的作用。对我国来说，就是高等教育在社会主义两个文明建设中的地位与作用。这些是教育的外部关系的规律。第二章简述马克思主义的全面发展学说，德、智、体、美诸育的关系，社会主义的教育目的到阐述高等学校培养目标。这些是教育内部关系规律最基本的问题。第三、第四两章，论述教育活动主体的两个方面——教师和学生。对于作为受教育者的大学生，着重研究他们的身心发展特征和教育的关系，指出高等学校必须根据大学生身心发展规律进行教育，才能收到实效；对于作为教育者的大学教师，着重阐明他们的社会地位与作用、职责与任务、培养与提高以及合理的师资队伍结构。应当特别说明的是，这里的教研室作为本章的一节而不是作为学校管理体制的组成部分，因为教研室本来是教师教学、科研的集体而不是行政基层组织，更不是什么科级行政单位。社会主义高等学校不仅要充分发挥教师个人的作用，而且要充分发挥教师集体的作用，通过集体更好地完成教学、科研与师资培养任务。要纠正把教研室作为管理人、财、物的一级行政组织的做法，否则只会削弱它发挥教学、科研的作用。

第二部分：分论

如上所讲，分论是分别论述全面发展教育的各个组成部分的原理、原则、内容、方法、组织形式等。从第五章到第十二章，共八章，约占全书近半篇幅。但各论不是平均分配篇幅的。学校教育以智育为中心，初等、中等、高等教育主要是根据智育的任务与程度来划分的，智育主要通过教学过程来实现，学校工作以教学为主。所以，在这一"分论"部分中，教学论是主要部分。包括第五章至第九章共五章。第五章是教学论的"总论"，从一般教学过程的原理、原则谈到高等学校教学过程的特殊性，这是教学论中最基本也是最重要的一章，也是《高等教育学》的重点之一。以下各章是教学论的"分论"：第六章"课程论"论述教学一般内容。第七章为"高等学校的教学形式和教学方法"。普通教育学往往把教学组织形式和教学方法分章论述，难免重复。高等学校的教学形式与教学方法，是融合在一起的，某种教学形式也就有其相应的教学方法，所以不可能也没必要分为两章，而是根据高等学校的教学实践活动，分为课堂教学、现场教学、自学指导、科研训练等节。学业检查与评定，实质上也是教学组织形式与教学方法之一，但由于它具有与其他组织形式与方法不同的特点，内容比较复杂，所以作为第八章专章论述。

第九章"教学手段"，指教学过程中所使用的物质工具，包括一般直观教具、电化教学手段和实验室设备等。第十章至第十二章是德育论与体育论。其中第十章论述德育的意义、任务、内容、原则、途径、方法和德育队伍等。这一章也如第五章一样，是《高等教育学》的重点之一。根据青年的心理特征，用集体活动和集体舆论，会对他们有着强大的教育作用。对儿童、少年来说，受家长、教师的影响很大；对青年大学生来说，受集体的影响往往超过家长、教师的影响，所以，把"大学生集体组织与教育"作为专章来写，即第十一章；第十二章则是论述高等学校的体育与卫生工作。"分论"部分，本来还应当有美育论专章，由于过去高等学校对美育重视不够，现在经验还不成熟，所以只在总论和分论的有关部分涉及，待修订时将增加这一章。

第三部分：体制

高等教育体制，包括学校体制和管理体制。这是高等教育活动的组织制度的保证。具体的规章制度是很多的，并且现在正在改革之中，高等教育学只能概括地论述重要的制度及其理论根据。这一部分共四章，即第十三章至第十六章。第十三章"高等学校教育制度"和第十六章"高等学校的领导与管理"，就是分别论述学校体制与管理体制的。由于这部《高等教育学》是在1984年春付印的，所以中共中央《关于教育体制改革的决定》还来不及反映在这两章中。高等教育结构，从形式结构看有：普通全日制高等学校（包括职业大学）和成人高等学校。本书的研究对象主要是普通全日制高等学校。成人高等教育的理论根据是"继续教育"，教育对象是成人，并且多是在职学习的，它有许多特殊的问题，要写成"成人教育学"或"继续教育的理论与实践"等专书来论述，在《高等教育学》中只能概述它的学制。高等教育结构，从层次结构看有：专科、本科、研究生。本书的研究对象以本科为主，一般也适用于专科。研究生教育有许多特殊的问题必须有所阐述。作为第十三章的一节，过于庞杂，因此引申出第十四章专门论述研究生教育。特别应当说明的是第十五章"科学研究"，为什么作为体制的一章？高等学校的科学研究，既是培养高级专门人才的组成部分，也是学校的重要的社会职能。前者主要体现于教学过程，即教学与科学研究相结合的原则，已在第五章中论述了；后者主要体现于学校管理体制，第十五章就是从组织与管理方面来论述作为高等学校社会职能的科学研究。

《高等教育学》的基本体系就是以上的三个部分。但这部书还编写了第四部分：历史和方法。

第四部分：历史和方法

历史，也就是把过去的东西做一个总结。那么是不是到此为止呢？现成的理论只能给我们一般性的原理、原则，如何解决具体问题还得进行研究，如何把具体的研究成果回过头用来丰富高等教育的理论，也是需要开展科学研究的。所以最后要讲高等教育学的研究方法，表示学习告一段落而研究正在开始。同时，一般教科书，往往在绪论中就讲研究方法，那只能是"学习方法"。深入讲研究方法，总要在对基本知识已经有了准备之后才谈得清楚。

《高等教育学》的基本体系和内容，大致如此。这个体系是按普通教育学基本体系结合高等教育特点构成的，与其说是从学科的逻辑结构出发所建构的体系，不如说更多地考虑到读者的学习进程与应用需要。因而它的学科逻辑结构是不够严密的。如何根据高等教育的特点与结构，建构高等教育学的科学体系，现在已有许多高等教育理论工作者正在研究，并提出种种的构思方案。但有一点人们似乎还不太明确：作为学科的科学体系，与作为著作尤其是教材的内容顺序，是有所不同的。前者遵循的是科学的内在逻辑结构，而后者则必须考虑学习进程与实际应用的需要。后者归根结底要根据前者的逻辑结构，但允许做某些改动。同时高等教育在发展，研究高等教育的科学也在发展。我国近年来已有不少高等教育的科研成果，尤其是许多基础性的理论研究成果，如关于人才观、教育价值观、教学原理、教育经济学等的新成果，不但丰富了高等教育学的内容，深化了高等教育学的理论，对于高等教育学的学科体系也会产生某些影响。总之，学科体系，只能在高等教育研究中不断地趋于完善。

四、高等教育研究方法中的若干问题

高等教育的研究方法同教育科学的研究方法一样，有调查法、观察法、测量法、实验法、统计法、个案法、历史法、问卷法等。而研究态度最根本的就是实事求是的科学态度和严肃认真的负责精神。这里只谈谈有关高等教育研究方法中的若干问题，并无高深之处，所以不妨摆在这里先谈。

（一）定性研究与定量研究

自然科学研究越来越从定性研究走向定量研究；社会科学研究，如经济研究，多年来只重视定性研究，不重视定量研究，结果主观设想多，缺少客观的科学根据，缺少准确的统计材料，所以只做定性研究不大可靠，还必须要进行定量研究。近年来，经济研究已逐渐注意定量研究。我们教育科学也必须重视定量研究，不能只停留在定性研究上。有一些论文，谈感想，谈看法，然后举几个个别例子来论证。以往多从经典著作中找出几句话作为引证，近年来则更多是从西方的编著中找几句话来论证，从"党八股"走向"洋八股"，这样的论文起码在科学性上是不值得称道的，应该尽可能有统计材料，以大面积的调查材料作为依据，而不能仅仅依靠一般观察或个别事例来进行主观想象或以偏概全。

例如搞质量的分析，召开座谈会来听取意见是必要的，是不是还可以搞点调查，让更多的教师、学生填个表，也可以拿 1966 年前的、国外的同等难度的考题来考现在的大学生，然后用统计方法来求得数据。这样质量分析的结论，就比较科学了。当然，教育上的问题，如质量评估、教育效益，要进行定量分析是比较困难的，但在一定程度上还是可能的。现在已经有不少高等学校进行这方面的研究，尤其是关于教育评估的量化问题的研究。但进行定量分析不等于不要定性分析。定量只能提供数据，只能比较全面、准确地看到事物的现象，在定量分析的基础上再进行定性分析，才能深入到事物的本质，进而得出比较中肯的结论。国外高等教育研究，历来比较注重定量研究，有的研究成果很有科学价值，但也有不少研究文章，只是罗列数字，不能说明问题。总之，只定量或只定性，都不够完善。有许多问题（不是一切问题）的研究，要在定量的基础上进行定性，才有较高的科学性。

（二）关于经验总结的意义及其局限性

总结经验很重要，理论必须建立在经验或实验的基础上。但是经验本身还不是理论，还不是规律，要在总结经验的基础上向理论方面提高。轻视经验固然不对，但是经验有一定的局限性和主观性。经验是一定时期内、一定条件下的产物，在另一个时期碰到新的情况，原来的经验就不一定顶用。思想政治工作，如果现在完全照搬 20 世纪 50 年代的经验，就不一定能达到同样的效果。还有的经验只不过是一时有效，而从长远观点看并不可取。如高考搞复习提纲，猜考题，你说有效吗？如果没有效，大家为什么如此热衷于此？肯定还是有一定效果的。有的居然也猜对了，会猜考题的教师吃香得很。但这样搞不仅压抑了学生智能的发展，而且还会把学生引导到侥幸取胜的邪路上。所以，从长远观点看是不足取的。

还有个典型经验问题。解剖麻雀是一种很好的研究方法，在教育科学上叫作个案法。但典型总结对典型的选择必须很好地进行研究。人们对典型一般有两种理解：一种是树榜样，大家向典型学习，这当然要有意地选最好的当典型；一种是科学研究中的典型，通过特殊典型来寻找一般规律，从特殊走向一般。这就不应凭主观找最好的或最坏的作为典型。报纸上有的报道往往是只举极端的事例，这样做报道宣传可能有作用，但作为科学研究工作就不能这样做。提出一个问题就找极端的典型，这样的苦头我们吃得太多了。你说好，我就找一个好事例来满足你的要求；你说坏，我就找一个坏事例来满足你的要求，都是说真话，都满足了你的要求。但作为研究来说是不科学的。据此去制定政策，指导工作，岂不误事？

近年来，也出现了一种相反的倾向。鄙薄经验，认为我们的教育经验，不是"左"的违反规律的东西，就是传统的不适应时代潮流的一套，在教育改革中，没有什么值得重视的。有些同志的研究工作，满足于套理论条条，引名人"语录"，搞公式、模型。而这些条条、公式等，多半不是从我国教育实践中提炼出来的，而是从外国的书本上抄来的，或是从某些非教育科学的原理推出来的，有些是人云亦云、赶时髦抄来的，不顾中国教育实际情况，没有也不可能通过教育实践检验。西方的理论条条、学者的"语录"，可以做参考，其中有不少有价值的东西。但一定要动动脑筋，想想是否适合中国国情；公式、模型应当搞，尤其是在现代化的管理上要搞，但须知这些东西即使是正确的，也只是客观事物的抽象，不可能充分反映事物丰富的内容和复杂的关系，不可能解决在实践中如何因时间条件而灵活运用的问题。满足于这些抽象的东西，不联系实际，就只能是纸上谈兵，解决不了实际问题。这就是为什么有些研究结果，虽然写成文章发表了，但在高等教育改革中实际影响很小，或无法应用的缘故。

（三）搞点实验

自然科学离不开实验研究，社会科学在可能条件下，也应搞点实验。例如，大家设想了许多培养智能的方法，但多半是设想而已，最好要通过自己的亲自实验。根据实验的原则与方法，把成果作为论证的材料，其结论就比较可靠可信，具有科学价值。现在中小学的教育研究开始比较重视实验了，但在高等教育理论研究中，实验方法用得不太多，所以结论的信度与效度必然也不会高。在高等教育理论研究中，我们除了应该按照一般实验原则外，还应当注意以下两点。

第一，实验不能专找最好的教师、最好的学生和最好的条件。实验成果是所有实验因素互相作用的结果，如果多种因素都在起作用，就很难判断某个因素作用有多大。这样的实验，还有什么价值呢？所以实验工作要在正常状态下进行，要注意到其他条件是同等的。苏联教育理论家赞可夫搞实验来论证他的理论，就是找一个刚从师范学校毕业出来的新教师。

第二，要尽可能搞点对比实验，控制实验因素，进行比较，才能得出明确并正确的结论。社会科学研究的对象是社会现象，教育科学研究的对象是人不是物。人有思想，会用脑，所以要更多地运用观察法，并且要进行长期观察，忠实记录，追踪研究。如果只靠短期观察，又没有忠实地记录，凭我所需，那就不可靠。总之，研究工作要用比较科学的方法，研究的结果才有科学价值。

谈这些问题，无非是说，高等教育的研究是必要的，现在各方面正在陆续开展，不过还远远谈不上已经搞得很好了。希望大家不只是学习现成的一般理论（说实在的，理论尚不成熟），还要结合自己的工作与条件，开展研究工作。研究是更好的、更深入的学习。其研究成果，也可以不断地丰富、发展高等教育理论。

第二讲

教育的基本规律及其对高等教育的作用

在东山岛海滨（1995 年）

一、教育基本规律与教育方针、教育目的、培养目标的关系

1977 年之后，人们反思中华人民共和国成立以来的成功与挫折、经验与教训，认识到必须按客观规律办事，要按经济规律办经济，按教育规律办教育。于是，许多同志就提出，请你们搞教育科学研究的说说，什么是教育规律？教育有哪几条规律？这些问题很难用几句话说清楚，因为一般"教育学"，并没有明确写出几条规律来。实际上，整本"教育学"除了一些具体问题的叙述、解释之外，应该说基本上都是教育规律的阐述，是各个层次规律的论证及规律的运用。不过没有像政治经济学那样标明资本主义经济、社会主义经济都有哪几条规律而已。规律是多层次的，有外延很宽的，也有外延较窄的；有制约全面的，也有只制约某一方面的。教育基本规律是制约一切教育工作的，这是第一层次的规律。教学方面有教学过程的规律，是制约教学工作的；德育方面有德育过程的规律，是制约思想政治、道德品质教育的；学校组织与管理方面有科学管理规律，是学校行政工作所应遵循的，这些是第二层次的规律。第二层次之下还有更低层次的规律。如教学方法方面有知识与智能关系、循序渐进种种规律；德育方法方面有认识、情感与行为的一致性，家庭、社会与学校的一致性等，这是第三层次的规律。不过这些低层次的规律常被写成原则、关系、联系等，如果它是反映客观必然性的东西，那它就是规律的阐述。问题不在于它的高低，而在于它是否反映客观必然性。规律是客观存在的，理论、原则是主观对客观的认识。原则有的是正确反映客观规律的，有的是错误的或不完全地反映客观规律的主观认识。

既然教育规律是多层次的，在一次讲座中，显然不可能把各个层次的规律都讲，只能讲两条基本规律，并在必要时联系谈及一些第二、第三层次的规律。

教育的第一条基本规律是指教育与经济、政治、文化的关系，即教育这种社会活动与社会的其他活动的关系。社会有政治活动、经济活动、文化活动等，最基本的是经济活动。第一条基本规律就是指教育活动同这些活动，特别是经济活动之间所存在的必然联系。

教育活动与政治活动、经济活动、文化活动之间的联系，从整个社会来说是内部联系，从教育来说是外部联系，所以这种联系叫作教育的外部关系的规律，简称为教育的外部规律。人的全面发展规律，是一切教育活动应遵循的，它是第二条基本规律，即教育内部的基本规律。这里所说的"外部关系"，是指教育这个社会子系统与其他社会子系统的关系；"内部关系"，是指教育系统内诸因素的关系。这里并不是指事物的本质关系或现象关系。后者的准确用词应当是"内在"或"外在"，不宜混淆。

关于这些规律的关系有以下两点说明。

（一）下位规律（特殊规律）必须符合上位规律（一般规律），上位规律要通过下位规律来实现

基本规律制约下一层次的规律即下位规律；而下一层次的规律必然符合于上一层次的规律即上位规律。如果下位规律和上位规律是相矛盾、相抵触、相违反的，那就不是真的规律，而是主观错误的认识。上位规律必须通过下位规律来实现，否则，上位规律就是空的。全面发展是教育内部的基本规律，它制约着整个教育过程。如果我们总结出的一些教育经验，提出的一些教育原则，跟这一规律相抵触的话，那就不是真的规律。例如，用过重的负担来使学生多获得知识，以至影响身体健康，这样的做法不管你提到怎样的理论原则上来说，也是主观的、错误的认识；用注入式来多灌输知识，虽然知识的灌输多一些，但是它阻碍了学生智力的发展，所以不能认为它是符合规律的，这也是一种错误的认识和做法，抑制了学生能力的发展。

（二）教育的外部规律制约着教育的内部规律，教育的外部规律必须通过内部规律来实现

教育同经济、政治、文化的关系，是教育要为经济、政治、文化服务。教育如何为经济、政治、文化服务呢？要通过培养人来为经济、政治、文化服务。社会主义社会要培养全面发展的人。所以，这条外部规律的实现要通过内部规律来起作用，通过培养全面发展的人来为社会服务。但是外部规律是制约着内部规律的，只有在一定经济、政治、文化条件下，即社会主义制度、大工业生产、高度科学水平等条件下，教育才能彻底实现人的全面发展。

教育规律同教育工作方针、教育目的有什么关系呢？教育方针、教育目的如果是正确的，它应当是根据客观规律并联系一定历史时期的实际情况来制定的。方针、目的是人所制订的，如果它是正确的话，应该是反映客观规律的必然性，而又联系着一定历史时期的任务、条件的。教育的方针、目的同教育规律的关系是：规律是客观存在的，方针、目的是主观制订的。正确的方针、目的是正确地反映了客观的规律，并联系一定历史时期的实际，用一定的形式和立法手段规定下来的。我们现在宪法也没有写上这一条，因此，对教育方针有种种提法。虽然具体提法有不同，但我同意有的同志所说的，即精神实质基本上是一致的。当然，最好在一个时期，有一种统一的提法，以免产生歧义。

一般来说，教育工作方针，反映教育外部基本规律；教育目的，反映教育内部基本规律，当然，这只是相对的。各级各类教育除了共同的总的目的之外，在总的教育目的之下应该还有各自的培养目标。普通学校教育、高等学校教育都各有自己的培养目标。所有的培养目标都要根据总的教育目的来制订，符合总的教育目的；总的教育目的又必须通过各级各类教育的培养目标来实现。这是教育目的和培养目标的关系。因此，可以形成这样一个概念：教育外部规律制约教育工作方针，教育工作方针和教育内部基本规律制约教育目的，教育目的制约着培养目标。也可以这样认为：高等教育培养目标是根据总的教育目的制定的，总的教育目的是根据教育工作方针和教育内部基本规律制定的，教育工作方针反映了教育的外部规律。这就形成了一个相互联系、相互制约的基本原理体系。

二、教育的外部关系规律

教育的外部关系规律是指教育与经济、政治、文化的关系。这条规律可以这样表述："教育必须与社会发展相适应。"也就是："社会主义教育必须与社会主义社会发展相适应。"适应，包含两个方面意义：一方面教育要受一定社会的经济、政治、科学文化所制约；另一方面教育必须为一定社会的经济、政治、科学文化服务。所以，这条规律也可以表述为："教育必须受一定社会的经济、政治、科学文化所制约，并为一定社会的经济、政治、科学文化服务。"我们谈的是社会主义的教育规律，就可以把"一定社会"换作"社会主义社会"，具体地表述为："社会主义教育必须受社会主义经济、政治、科学文化所制约，并为巩固无产阶级专政，建设社会主义现代化、发展国民经济服务。"这就是社会主义教育的外部规律。它一方面"受制约"，一方面"为之服务"，二者之中"受制约"是前提，"为之服务"是方向。教育要受社会的经济、政治、科学文化所制约。如果不受制约，就违反规律，违反规律就行不通，就谈不到为之服务。

（一）教育受政治制约

社会主义教育要受无产阶级专政的制约，要受"四项基本原则"所制约，必须从理论上予以肯定。如何从理论上予以肯定，谈起来是比较复杂的。简单来说，教育是上层建筑，从教育的整体说是上层建筑，或说教育观点、教育制度是上层建筑，而某些内容和方法是非上层建筑（即所谓"两部分论"），人们总得承认方向性的、决定性的观点和制度是上层建筑，而不能说成是像劳动力、生产工具那样的生产力。既然教育是上层建筑（或所谓部分是上层建筑），就得受经济基础所制约并为经济基础服务，而政治是经济的集中表现，就得受政治所制约并为政治服务。在处理具体问题上，就必须按这个规律办事。例如，有的外国人想来中国办学校，这种学校，由他们出钱办，他们领导，按照外国教育方针政策办理，不受中国的教育方针、政策、法规所约束。在中国招生，在中国培养，看起来好像是为我国培养人才，这样做行吗？有的人颇为赞同，有的人觉得不太好，又说不出道理。我看是不行的。因为办教育和办工厂不同，办工厂生产的是物，办教育所造就的是人，物没有思想，人有思想，人要受政治所制约，这关系我们的教育方针、教育目的的问题；我们可以吸收外资办学校，请外籍教师来教学。但他们只能出钱、出人，不能由他们决定办学的政治方向。不能改变学校的教育方针、教育目的，不能宣传资产阶级自由化，不能改变社会主义教育的性质。理论根据就是，社会主义的教育必须受社会主义的政治所制约。其实，任何社会的教育实际上都要受当时占统治地位的政治所制约的，只不过有的制约得了，有的制约不了。我们的社会主义教育要坚持"四项基本原则"，不允许教育改变社会主义的方向。

（二）教育受经济发展制约

首先，教育发展的规模与速度要受经济发展的速度与水平所制约。太快了，国家财政负担不了，培养出来的人才也用不完；太慢了，要拉经济发展的后腿。这两方面我们都有经验教训。20世纪50年代前期，我国的高等教育平均每年的递增率达到18%左右，这在当时，基本上是经济发展所允许的，所以，教育能比较稳步而快速地发展。1958年到1960年"大跃进"时期，教育的发展贪多求快，想摆脱经济的制约，一下子办起许多不够大学水平的"大学"，当时一股风，很多人都进各种各样的学校，影响了农业劳动力，同时也没有那么多钱办学，超出了财政的负担，以致后来不得不降下来，形成大起大落，平均每年递增率反而低于1958年以前。1978年制定教育规划，提出了指标，在几年间就要办多少"万人大学"。这也是由于当时对整个经济发展速度的估计错误，从而导致对整个教育发展的速度也做了错误的估计，当然行不通。想叫教育不受经济制约，必然行不通。国外也有这种情况。印度、斯里兰卡、巴西的高等教育发展很快，还有埃塞俄比亚大量地投资于高等教育，结果培养出大量的大学生用不了。因为他们的工业发展水平容纳不下这么多的专门人才，其他方面也容纳不了，形成严重的失业问题，只好大量毕业生外流，或改行从事不需要受过高等教育的工作。单纯发展高等教育，结果，花了国家大量的资源和财产，培养出了一些人才又没有地方去。我曾到曼谷参加联合国教育、科学及文化组织（以下简称"联合国教科文组织"）所召开的一个亚太地区高等教育会议，主题是高等教育如何为社会发展服务。许多国家的代表最关心的，是如何解决大学生毕业后的就业问题。这个问题是很复杂的，有高等教育发展太快，毕业生超出劳动力市场所能提供的高级专门职位额度，是过剩性的失业；有高等教育的结构与社会所需要的人才结构失调，同时出现"人找工作"和"工作找人"的现象，属于结构性的失业；还有由于人事、地理等条件而不愿到某个地区，从事某种职业，属于选择性失业。解决大学生毕业后的就业问题，不单是教育问题，也是整个社会各种因素所造成的问题。

我们当前的主要问题是高等教育的发展数量与质量赶不上经济改革开放的需要，应在可能范围内较快地发展。由此可见，教育的发展速度是要受经济发展速度所制约的。

其次，教育结构要受经济结构所制约。特别是高等教育结构，归根结底是要反映经济以及上层建筑各领域的结构特点的，不受制约，就会造成比例失调。我国曾出现中等教育的比例失调，造成整个社会普通中学毕业生太多，压力很大，各种产业部门用人又得不到有技术的劳动力，经过十年的调整，现在与社会的结构关系比较合理。在高等教育结构上也有不合理的地方。从层次结构上说，专修科这一层次比例原来太低，如1983年在校专科生仅占在校本专科生总数的23%。按照我国当前的生产水平来说，大专这一层次所培养的人才应多于本科这一层次所培养的人才才比较合理。这样既适应需要，也较为节约。这个问题，由于近年来成人高等学校猛增，并增设了许多短期职业大学，这些学校绝大多数是专科水平的，所以从总体的比例上看，基本上已调整过来了，普通高校和成人高校合计专科生每年招生数已经远远超过本科生。但从科类结构比例上看，却很不平衡。工科、农科的专科学生比例显然太低，而工农业是需要大量专科水平、有实际操作技能的大学毕业生的。当然，我们也不可以忽视较高级人才的培养。我曾就这个问题同某个发展中国家的国家经济建设与发展局的负责人交换过意见。这位负责人说："我们不需要培养搞设计的高级工程师，只要管理人员和技术操作人员。设计是一次性的，需要时可到国外聘请；而管理与操作却是经常性的工作。"这可能是从他们的实际情况出发所打的经济算盘。我们是一个以自力更生为主的独立国家，又是一个大国，争取外国的帮助是必要的，但不应长期依靠外国的高级工程师。所以我们不但要重视本科这一层次的人才培养，还要逐步发展研究生这一层次的人才培养。

资本主义社会的教育结构直接受劳动力市场的支配。比如说，某些科系毕业生大量失业，找不到工作，新招的或在校的大学生自然要改学别的科系。但是这种做法是被动的，缺少远见，往往要等到社会上出现大量的大学生结构性失业，然后才来调整，对发展经济不利。我们的教育结构既要引进人才市场机制，但又不能只靠当前劳动力市场来支配，要根据教育外部规律、人才需求预测来制订和执行高等教育培养专门人才的规划。我们的教育结构一定要符合当前和相当一个时期经济发展的需要。邓小平同志说："我们培养训练专门家和劳动后备军，也应该有与之相适应的周密的计划。我们不但要看到近期的需要，而且必须预见到远期的需要；不但要依据生产建设发展的要求，而且必须充分估计到现代科学技术的发展趋势。"① 我们在制定规划时，一定要调查当前以及若干年内我们的经济结构和上层建筑各部门的需要，制定一个最佳的结构。这个结构不仅是理、工、农、医、文、法、财经等大学科的比例协调，还要预测具体的专业。从事这样的调查和预测工作的，有一门专门学科叫作"教育未来学"。当然，"教育经济学"也要研究高等教育的结构问题。但预测、估算总会有些误差，因此，除了规划外，在培养中还应考虑使学生毕业后的适应性强一些，能从这个专业转到相近的专业而不感到有太大的困难。

（三）教育受科学文化发展制约

显然，教育内容要受科学文化发展制约。例如，有些国际上的最新科学成就，就限于我们的师资、设备条件，不能充分纳入教学内容。又如，尖端科学的学科设置也受到科学文化发展的制约，若大量去培养尖端科学人才，大家都学尖端科学、前沿科学，就会超出我们的科学发展对人才的实际需要。我这样说，并不是说不应该搞尖端科学，只是不要大家一哄而上，赶时髦。培养研究生也有这个问题。当然，培养研究生有利于发展科学技术，但在师资、设备不够的情况下，如果发展太快，势必和培养本科生有矛盾。有计划地逐步发展研究生教育，不但有利于国家科学的发展、文化的提高，而且对于本科生的培养质量也有促进作用。但如果太快太急，不仅会降低研究生的质量，还有可能降低本科生的培养质量。

还有一个重要方面，高等教育发展要受师资与设备的制约。师资与设备的制约不能都归结为经济的制约，也属于科学文化制约。社会上不了解学校的师资与设备的增长是有一个过程的，不是今天给钱，今天就能招生的。1984 年全国全日制普通高等学校的正副教授、讲师、助教为 30 多万人，学生140 万人，按教师的工作量算，起码还可以多招几十万名大学生。但实际上不行。因为一个大学教师不是一个普通劳动力，不是今天叫他推车，明天就可

---

① 邓小平. 邓小平文选：第二卷［M］. 北京：人民出版社，1984：108.

以叫他挑水。现在，财经、政法专业很吃香，这些专业急需多招学生，不但要招本科生、专科生，还要举办各种短期培训班。但是这些短线专业，师资也是短线的。一个教授、副教授、讲师成长不是那么快的，比造房子的周期要长得多。所以说高等教育的发展不是凭主观愿望或行政命令所能决定的，而要认真研究各方面因素，应用系统工程的理论和方法来解决了。

教育必须与社会发展相适应所包含的意义的另一方面是：教育要为一定社会的经济、政治、科学文化发展服务，社会主义教育，要为社会主义经济和社会发展服务。

《中共中央关于教育体制改革的决定》指出："教育必须为社会主义建设服务，社会主义建设必须依靠教育。社会主义现代化建设的宏伟任务，要求我们不但必须放手使用和努力提高现有的人才，而且必须极大地提高全党对教育工作的认识，面向现代化、面向世界、面向未来，为90年代以至下世纪初叶我国经济和社会的发展，大规模地准备新的能够坚持社会主义方向的各级各类合格人才。"为此，要"使高等学校具有主动适应经济和社会发展需要的积极性和能力"。

教育为经济服务，为生产服务，是指教育是劳动力再生产的手段。也就是说，教育使人获得一定的劳动技能、技巧，能从事某个部门的生产，成为特殊的劳动力。这个意思还包括使人掌握一定的科学知识，能革新和创造生产工具，推动生产力的发展。总之，教育的这种社会功能起着把生产经验、劳动技能、科学知识转化到具体的人的身上去，使其成为能参加生产活动的劳动者；同时也通过教育培养出科学家、技术人员来把科学知识转化为生产工具。这两种转化都需要教育做中介，所以教育是生产发展必不可少的条件。

教育为政治服务，当然指的是在阶级社会中，统治者为了维护统治阶级的利益，巩固他们的统治，维持社会秩序，必须对年轻一代进行道德教育。在封建社会称之为"伦理教育"，在资本主义社会称之为公民教育，在社会主义社会称之为思想政治教育。不过社会主义社会的思想政治教育是维护劳动人民利益的。所有这些都是为了维护一定社会制度，维护一定的社会秩序而对年轻一代进行道德教育的。其实即使在无阶级社会中，社会制度、社会秩序仍是客观存在的，教育也必然有这一方面的功能，当然不叫政治教育，而是维持社会秩序的道德教育。否则社会生活无法维持，社会生产也无法进行。因此，教育同社会生活、社会生产永远是一起存在的。只要社会存在就必须有这两方面的教育。

教育的这两方面的功能反映了人类社会的生产方式，即反映了生产力和生产关系这两个方面。任何社会的生产都存在着这两个方面，这两个方面是相互联系，相互制约的。因此，教育的这两个方面的功能也是存在着内在联系的，不能把两者截然分开。上面分开讲只是为了讨论问题的方便。因为进行社会生产就需要政治制度、社会秩序，若不进行政治教育、道德教育，连起码的公共道德、组织纪律都没有，生产就无法进行。对这个问题的认识具有现实意义。一方面，如果只看到教育为政治服务这一功能，就会导致政治冲击业务，冲击教学，科技人员就培养不出来，生产就受影响，无产阶级专政的巩固也会受到危害，对此我们是有教训的。另一方面，若只看到教育为经济、为生产服务这一功能，也不行。前一段时间，在宣传方面有偏向，只重视钻研业务，掌握技术，只鼓励发家致富，放松了思想政治工作，有的青年学生对政治不关心，有的甚至厌烦政治学习，以至于辨不清方向，怀疑"四项基本原则"，甚至国家法律、公共道德、组织纪律都不管了，只要物质文明，不要精神文明，这样培养出来的人能否从事社会主义建设就成为问题，经济这个中心的发展也难以保证。

教育为科学文化服务，这是不言而喻的。首先，教育最基本的任务就是传递人类所积累的科学文化知识，如何高效率地传递人类最有价值的科学文化知识永远是教育所要研究的中心课题。其次，教育也是发展人类科学文化的基本途径。思想家、科学家、艺术家……的发明、发现、创造如何推广，成为人类社会的文化财产，靠的是广义的教育，尤其是狭义的有计划、有系统的学校教育。至于高等学校，则不仅起着传递与推广科学文化知识的作用，它本身也以发明、发现、创造来推动科学文化的发展。特别是在当前科学技术革命的浪潮中，在社会主义现代化建设中，教育同科学文化的发展关系更为密切。这就是在社会主义现代化建设中，"科学是关键，教育是基础"的意义。

各级各类教育，都要按这条教育外部关系的规律办事，处理好教育同经济和社会发展的关系。尤其是高等学校，更为重要。因为高等学校培养出来的是专门人才，与国家的经济、政治、科学文化的关系更密切、更直接。高等学校所培养出来的人才在各个部门是要起骨干作用的。一个国家科学文化的发达，最终取决于高等学校培养出来的人才的数量和质量；一个国家国民经济的发展在很大程度上也取决于高等教育所培养出来的人才的数量和质量；一个国家国力的强弱，除了经济、军事力量外，人才资源也是一个极重要的方面。

教育这一外部规律还必须通过内部规律起作用，就是说还要看培养什么样的人和如何培养人来实现这条外部规律。以下就讲教育内部关系的基本规律。

三、教育内部关系的基本规律

如果说，教育的外部关系，主要是指与经济、政治、科学文化的关系，而且与经济的关系是最基本的，对此，人们历来就比较明确，认识比较一致，但对教育内部哪些关系是最基本的，则认识很不一致。因为教育内部的因素很多，关系复杂，从不同的角度揭示它的基本矛盾，掌握它的基本关系，至今并没有一致的认识。我们可以从人的全面发展中的德、智、体诸多关系揭示基本矛盾，也可以从教育者与受教育者（师生）的关系、个体与社会的关系、教学过程中诸因素的关系揭示基本矛盾，还可以从教育体制、教育结构、教育管理的角度揭示基本矛盾，因而对于教育内部基本规律的认识与表述，见仁见智，各持己见。这是一个有待探讨的理论问题，将来的结论可能是一个多维的观点。这里只从这个角度出发：教育系统区别于其他社会系统的特点是人的培养，而社会主义教育就其目的来说是培养全面发展的人，全面发展教育的组成是德育、智育、体育、美育等，因而德育、智育、体育、美育之间的本质联系是最为基本的内部关系。所以，教育的内部基本规律可以这样表述：社会主义教育必须培养全面发展的人，或者说：社会主义教育必须通过德育、智育、体育培养全面发展的人，当然也可以加上美育。这条规律是教育内部的基本规律，教育内部总的规律。这条规律制约着各级各类的教育和一切教育过程。"培养德、智、体全面发展的社会主义事业建设者和接班人"这个教育目的，就是根据这条内部基本规律所制定的，是符合这条内部基本规律的。关于教育目的，教育工作者是很熟悉的，而且学习过很多次了，不必从头谈起。这里只就全面发展的一些问题谈一谈个人的看法。

对全面发展的提法有三种：一种叫作智力、体力全面发展；一种叫作德、智、体全面发展；一种叫作德、智、体、美全面发展。究竟哪一种提法是准确的？实际上也就是说全面发展的含义是什么？第一种提法，是指智力和体力的全面、充分、和谐的发展。这种提法是有根据的，是马克思的著作里提到的。马克思认为，劳动者必须是智力和体力全面发展的。马克思这个提法对不对呢？对的。但是，马克思当时谈全面发展主要是在他的经济著作里谈的，主要是从生产的角度来谈的。也就是说，把人作为生产力的因素，从这个角度来谈全面发展的。作为大工业生产的生产力因素的劳动力，必须是体力劳动与脑力劳动相结合。所以我们要从当时特定的时间、条件、背景来理解这个提法。同时，马克思也是针对着当时资本主义社会机器的生产存在的问题来谈的。在资本主义社会中，机器的生产把人的发展肢解了，使人片面地发展，特别是对童工的教育非常差。当时，马克思是在大工业生产不断发展的条件下出发，从未来劳动者体力和脑力结合的要求来谈这个问题的，也是从共产主义社会最终要消灭脑力劳动和体力劳动的差别这个理想来谈这个问题的。我想如果把人作为劳动力来看待，的确就是脑力和体力相结合；人作为一个自然的人来说，也就是精神和身体两个方面。所以，从这个角度来论述人的全面发展，着重论述智力和体力的发展是正确的，在当时是必要的。他当时为什么没有谈德育这个问题，1866 年马克思在他的一次发言中说得很清楚："学校不可能给予那种教育，这应当从成年人那里去学习。"[①] 人们时常引用马克思这样的观点：我们把教育理解为以下三件事：第一，智育；第二，体育；第三，技术教育。有的人还把它作为马克思对教育所下的定义。这是离开了一定的历史背景、时间和条件来理解马克思的话。把马克思在特

---

① 马克思，恩格斯. 马克思恩格斯全集：第 16 卷［M］. 中共中央马克思恩格斯列宁斯大林著作编译局，译. 北京：人民出版社，1960：656.

殊历史条件下，在特定范围内作为合法斗争而提出的观点做为共产主义教育的一般原理。马克思在写给格尔曼的一封信中对他的指示要点曾经作了这样的说明："我故意把纲领局限于这样几点，这几点使工人能够直接达成协议和采取共同行动。而对阶级斗争和工人组成为阶级的需要则给以直接的滋养和推动。"① 这就是说，为什么马克思只说智育、体育、技术教育，因为他是针对资本家所办的工厂中的教育来谈这个问题的，至于阶级斗争教育，是要在斗争中和工人运动中来进行的。

第二种提法是德、智、体全面发展，这是从我们的教育目的提出来的。如果说，马克思当时是着重于从生产的角度提出智力与体力全面发展，那么我们的教育目的所提的德、智、体全面发展就是从教育的政治与经济两方面的社会功能全面地提出来的。只有培养德、智、体全面发展的人，才能符合这两方面功能的需要。从上面所说的外部规律来看，内部规律明确德、智、体诸育关系是符合外部规律的，是比较全面的提法。

现在争论较多的是第三种提法：德、智、体、美的全面发展。美，是不是人的全面发展的组成部分，是不是全面发展教育的组成部分，是不是一个必要因素？这些问题有争论。如何理解这些问题，要从整个社会发展的目的来谈。

前面谈到教育的外部规律时说过，教育是通过培养人来为经济、政治、科学文化服务，为社会发展服务的。那么，经济、政治、科学文化的发展，社会发展的最终目的是什么？前些时候，经济学界讨论生产的目的，认为生产的目的不是为了更多的生产，更不是为了仓库而生产。生产的目的，正如斯大林所提出来的：是为了人及其需要，即满足人的物质和文化的需要。所以社会主义社会的基本经济规律是为了保证最大限度地满足人民群众日益增长的物质和文化的需要；革命的最终目的在于解放全人类，使人的个性能够得到全面的、充分的发展。所以，就一定意义来说，教育培养全面发展的人是为国民经济建设、为无产阶级政治服务的；而就整个社会的发展来说，国

---

① 马克思，恩格斯. 马克思恩格斯书简［M］. 2 版. 中共中央马克思恩格斯列宁斯大林著作编译局，译. 北京：人民出版社，1973：24.

民经济建设、无产阶级政治，又是为了人的全面发展。人的全面发展和社会的发展是一致的。我们不应当离开社会的发展来抽象地谈所谓人的"自我发展"，人只有在改造客观世界的同时才能改造主观世界，人在为社会发展服务之中才能达到自身的全面发展，体现自身的价值。马克思把教育与生产劳动相结合作为改造社会强有力的手段，也把教育与生产劳动相结合作为造就全面发展的人的唯一途径，也就是把社会的发展和人的发展统一起来。

生产与政治是社会生活的主要内容。教育为生产服务，就要对学生进行科学技术教育；为政治服务，就要对学生进行思想政治教育。但是，社会生活并不只有生产与政治，还有其他内容，例如文化生活。如果从这个角度来看，我比较倾向于提德、智、体、美全面发展，使我们培养出来的学生既有高尚的道德品质、较高的文化修养、熟练的劳动技能、健康的身体素质，又有美的情操和审美能力。如果把社会生活理解为只有生产和政治，那么美育的确很难摆进两方面功能之中去。艺术院校培养一个音乐家、美术家，是从事阶级斗争呢？还是从事生产斗争？当然，可以摆到生产斗争中去，更可以摆到阶级斗争中去，对两者都可以起作用的，如激发生产热情，增强战斗意志。但这样总是比较勉强。普通中小学开音乐、美术课程，课外学习唱歌跳舞，把学生带出去郊游，是为了生产斗争的需要还是为了阶级斗争的需要呢？人的社会生活是多方面的，政治生活、生产斗争是主要的社会实践，但社会生活除了政治生活、生产斗争以外，还有没有别的内容？特别是青年还有没有别的生活内容？社会关系是多方面的，生产关系是最主要的，但是，还有没有其他的社会关系呢？马克思既把人当作生产力，也把人叫作社会关系的总和。青年有强烈的发展欲望，比如说，他们有求知欲，这是好事；他们有理想，这更是好事；他们喜欢艺术享受，你说这是对的还是错的？我说这是对的。青年应该得到艺术享受，学校应该满足他们对艺术享受的要求。青年有情感生活，教育应该满足、指导。也就是说，教育应该满足青年全面发展的需要，因此我认为，教育应该有美育，因为生活有美的方面，人类有美的需要。我们现在为什么提倡"五讲四美"，为什么不把"四美"分别归之于道德、知识、健康等方面，而要叫作"四美"呢？因为，美能够协调德、智、体的关系，美能够提高人的精神境界，美有助于发展人的智力，美可以使人感情升华。总而言之，美能够使人们的生活美好，精神高尚。所以人的全面发展如果缺乏美的因素，总好像有点欠缺。至于在教育目的上是否要写明，可以写也可以不写。不写，不等于美育就不存在。但是，无论如何，作为一个教育工作者，应当重视青年的美育。对于美育，我们学校教育，特别是高等学校是不太重视的。我们常常只听到说政治与业务有矛盾，要解决；学习与健康有矛盾，要解决；但从未听说过美育与什么有矛盾，要解决。这是因为美育根本没有被提到议事日程上来。过去高等学校对大学生进行美育是可有可无的，如果有的话，也只不过是几个爱好戏剧、音乐、美术的学生自己在课外搞些活动。只是把它看作是共青团、学生会的事。有人会问：既然美育在高等教育中是必要的，为什么你主编的《高等教育学》没有"美育"这一章？这个问题问得很好。编写大纲中本来有这一章的，但是，当时写不出来。为什么写不出来？理论来自实践，教育理论来自教育活动的经验总结。高等学校美育的活动太少、太贫乏，总结不出多少经验来，写不出来，只好暂缺。近年来，高等学校对美育比较重视了。经验也有一些，虽然仍不丰富，只有一些。这本书的修改稿，已经补写出美育这一章了。在补写中，我们深刻地感到：美，也是需要教育者来引导、指导、培养的。青年人有美的需要，你不引导、教育他，不但不能提高他的审美能力、欣赏能力，他甚至有时会辨别不清什么是美，什么是丑；把庸俗、丑陋、腐朽、灰暗的东西当作美来追求。我在这里对这个问题之所以要多说几句，意思无非是说，对于培养具有高度精神文明的大学生来说，美育应该引起学校领导和教师的重视。

刚才说过人的全面发展是社会主义教育的基本规律，各级各类教育都应遵循这条规律，不能违反。下面简略地谈一下，按这条规律办教育中的一些问题。

从消极方面来说，我们要防止只抓某一个方面，而忽视另一个方面，甚至妨碍某一个方面。比如，加强政治思想教育是非常重要的，这个道理大家都懂，不必多说。但不应当重复过去政治冲击业务的种种做法，因为那会削弱、妨碍智育。又如强调智育，提高教学质量是正确的，不应该再扣什么"资产阶级质量观"的帽子。我也不赞成动不动就批评学校"重智育，轻德育"。前一段时间，学校的思想政治教育有所削弱，不是因为强调智育的缘故。前一段时间比较强调智育了，这是完全必要的。现在要强调，将来还要强调。并不是我们的智育太强调了，抓多了，而是还没有抓好。不要把智育和德育对立起来，认为"轻德育"就是因为"重智育"的缘故。但是，如果采取的方法不对，或是只片面鼓励学生钻研学业，以至于像前一段时间那样，宣传上出现片面性，宣传科学家就是高度近视眼、驼背、不修边幅，就是不参加政治活动、社会活动，不关心政治。这样的宣传不好，但这不是因为强调了智育，而是强调的方法不对。如果这种方法影响了德育、体育、美育，那就不好了。强调德、智两方面，还要不要强调体育？要，现在强调不够，学生体质有所下降，患各种慢性病的很多。举例说：有一个抽样调查的统计材料。1980 年 18 岁男青年新生的平均身高为 169.5 厘米，平均体重为 55.4 公斤；而 1956 年同年龄的新生平均身高 166.59 厘米，低于 1980 年的学生，其平均体重为 57.22 公斤，重于 1980 年的学生。其他各年龄和女生也有类似情况。又如国家体育研究单位 1979 年抽查 10 所大学 1 326 名在校大学生，有近视占 39.59%，有失眠、神经衰弱占 27.14%，有胃病、消化不良占 24.36%，女大学生有妇科病的占 16.7%。这是应该引起重视的。但是，强调体育，加强体育，应该在两个"全面"的思想指导下进行。一个就是要有"全面发展"的观点，不要突出体育，而妨碍了德育、智育；认为运动员学习差些，自由散漫些也无所谓；再一个就是要"全面照顾"，也就是说，把主要力量用于大力开展群众性体育运动，要求全体学生都提高身体素质，而不单是培养几个运动员拿奖牌。奖牌是要拿的，如果它是建立在群众性体育活动之上，从群众性体育中选拔出拔尖体育人才，这种奖牌反映的是整个学校的体育水平，为什么不拿呢？现在有一种做法，招生之前，派人到中学物色运动员，降低高考分数，录取入学，然后开小灶，加工培养，替学校拿几个奖牌，就说这个学校的体育办得好，以此来评价学校的体育。这种做法是违反教育基本规律的。现在大家都这么做，一个学校不做还不行，压力很大。但是，希望领导部门不要以此来作为评价一个学校体育工作好坏的主要标准。一个学校体育搞得好不好，应该看这个学校全体学生的身体素质如何，达标率多少。体育的目的是什么？是锻炼身体，增强体质。但是，我们现在的体育课是以运动竞技为纲。运动竞技对身体健康有无好处？有好处，但它毕竟不完全是按照身体发育的规律组织体育活动的。所以，遵循教育规律，实现教育目的应当全面，不应当认为强调一方面就可以削弱另一方面。

从积极方面来说，任何教育活动都要考虑如何有利于全面发展。举例来说，评价一个大学生的操行，必须把学习态度，参加体育活动的积极性作为评价的重要内容。这样，抓德育就有利于智育和体育。在进行教学的过程中，不能只单纯地传授业务知识，还要进行思想政治教育，注意提高学生的思想觉悟，这就有利于德育。对学生进行体育，也应当有全面发展的教育观点，应当像毛泽东同志在《体育之研究》一文中所说的："至于强筋骨，因而增知识，因而调感情，因而强意志。"就是说，体育不只是强筋骨。我们进行体育时，直接的是强筋骨，增强体质，但是，还要看到它可以增知识，有利于智育；可以调感情，有利于美育；可以强意志，有利于德育。在进行体育活动中，思想上要考虑它与德育、智育之间的相互关系，不要单打一。至于如何进行全面发展教育，这是整个学校教育工作的问题，是整本"教育学"的内容，要通过下面第二层次、第三层次的规律学习来解决这个问题，这里不可能详细谈了。

高等学校的
社会职能

在杭州西湖游艇上（1997 年）

一、高等学校社会职能的历史演变

在高等教育与社会发展的关系中，高等学校如何为社会发展服务？对社会发展起什么作用？应当负有哪些职责？为什么必须负起这些职责？这是高等教育的一个基本问题。这个问题叫作高等学校的社会职能问题。高等学校只有明确了自身的社会职能，才有可能明确办学方向和具体任务。对此问题过去虽已有不少论述，但多数只是就某一个社会职能而言，却很少全面阐述这些职能的产生与演变的历史及其相互的关系。而全面论述这个问题是十分重要的，因为它在理论上体现着高等教育外部关系的基本规律；在实践上关系高等学校体制改革和发展战略的指导思想、方向、方针等问题。当前高等教育体制中存在的不少问题，都或多或少与职能不明有关。教育体制改革，说到底，无非是为了更好地完成学校所应承担的任务，更好地实现学校的职能。由于这个问题的重要性，1985 年我曾指导研究生专门对此进行了资料的收集、整理和研究，取得了一些成果，写成了学位论文。下面我所谈的，不少是利用其中的资料，有些论点，也是首先提出或一起讨论得到的共识。

高等学校应当具有哪些社会职能呢？比较一致的看法，应当具有以下三个主要的社会职能。第一个职能是培养人才。第二个职能是发展科学，这里需要说明，以前一般认为高等学校第二个职能是科学研究，我主编的《高等教育学》就是这样写的。后来研究生提出，这种提法不妥：科学研究是发展科学的活动，高等学校之所以要开展科学研究活动，是为了达到发展科学的目的，因此，高等学校的第二个职能应当是"发展科学"而不是"科学研究"，正如第一个职能叫作"培养人才"而不叫作"教学"一样。第三个职能是直接为社会服务。例如社会上急需某种专门人才，高等学校就为此办某种培训班；社会上需要解决某些科技问题，高等学校就为之提供科技咨询服务，这些都是高等学校直接为社会服务。

当前多数人认为高等学校应该具备上述三个社会职能，只是说法上稍有不同（如第二个职能称"科学研究"，第三个职能称"社会服务"），但有些人对此持不同意见。有的人认为，高等学校只有两个社会职能。其理由是所谓第三个职能——"直接为社会服务"，无非就是把高等学校所培养的人才和科学研究的成果推广到社会上去应用，是第一、第二个职能派生出来的，不能算作一个独立的职能；另有一些人认为，高等学校应当具有四个主要的社会职能，即除了上述三个职能外，还有一个进行国际文化交流的职能。例如，高校请外国学者来讲学，派留学生到国外学习进修，接受外国留学生来我国高校学习，以及其他形式的国际文化交流活动等，有人把这些活动统称为高等学校的第四个职能。

高等学校究竟应该具有几个社会职能呢，我认为不妨从高等教育发展的历史看或从当前社会发展的需要看，三个主要社会职能的提法是比较正确的。理由是要通过下面的历史叙述与逻辑论证才能说清楚的。不过针对上面所提的不同意见，可以作简要的说明。从广义上说，高等学校培养人才、发展科学，都是为社会服务。但这两者一般说是长期的、间接的。人才只有在毕业后走上工作岗位才能为社会服务，科学技术只有转化为社会生产力（社会实践）才能取得社会效益。而社会还要求高等学校为当前的生产、生活的需要做即时的、直接的服务。这种直接的社会服务随着生产力与科技的发达、社会的发展显得越来越重要，并且具有相对独立的性质。为区别于广义的社会服务，所以叫作"直接为社会服务"。直接为社会服务的基本意义可以表述为高等学校的智力资源直接地、迅速地转化为社会生产力（社会实践）。至于国际文化交流，在培养人才、发展科学以及直接为社会服务上，确有其重要性，尤其是对于改革开放，有现实意义，但它不是一种独立的社会职能，而是与三个主要职能密切相关的活动内容。

高等学校这三个社会职能是经历了较长的历史发展过程所形成的，并不是自从有了高等学校就一下子有了这三个职能；也不是自从有了高等学校，人们就认识到它应当具有这三个职能。而是随着高等教育的不断发展，人们对高等学校的职能的认识才逐步加深。如上所述，直到今天，人们对这个问题的认识还存在某些分歧，这是不足为怪的。以下打算着重论述高等学校三个社会职能产生和发展的历史，以及人们对这三个职能认识过程的历史，从历史的回顾中，我们可以清楚地了解高等学校三个职能的地位和作用，同时，对于研究我国当前和今后的高等教育改革也有重要的现实意义。

现在，就让我们回顾一下高等学校这三个社会职能的产生与发展。

高等学校三个社会职能中，"培养人才"这个职能是从近代大学产生时就有的，也是在近代大学产生时就为人们所认识的。这里所说的大学，是指起源于中世纪而在近代资本主义萌芽以后发展起来的传统大学。至于历史书上所写的，在此之前的"大学"，严格来说并不能算大学，例如古代希腊的"雅典大学"，那里是学者们及其追随者交流学问和辩论的场所，并没有明确的培养人才的目的和严格的学制。又如中国春秋战国时代的稷下学宫，还不能算大学，至今美国的海德公园和法国的沙龙之类也属于这种自由讨论的场所，不能算大学。近代大学是一个有计划、有组织，以培养人才为主要职能的场所，它源于欧洲中世纪大学。至于中国古代的太学、国学、国子监等算不算大学？我们认为它们已有近代大学的某些因素，但也还不是大学。因为古代的太学、国学等，有的是皇亲及宗室大臣的子弟求学的地方，有的虽然比蒙学、社学、私塾等水平高些，但没有严格的层次之分，没有区分小学、中学、大学，也很少学科化，并不是建立在普通教育基础上的专业性教育。

中世纪大学所培养的人才，起初大体上是四种人：官吏、法官、牧师、医生。在现存最古老的几所大学中，例如巴黎大学，当时科类设置是最完整的。它所设置的四科：除文科具有普通教育性质、专业培养目标较宽泛外，法科主要培养法官；医科，主要培养医生；还有一个神学科，培养牧师和神职人员。这是因为，当时社会需要这几种人。后来随着社会的发展和科学进步，逐渐重视培养自然科学人才，其后才重视培养社会科学人才，最后才重视培养工程技术人才。近代大学在培养人才上，大致经历了这样一个过程。在近代大学发展过程中，人们很长时间不重视培养工程技术人才。至今还有少数传统大学，对培养工程技术人才的大学仍持有偏见，不承认它们是大学，最多只承认它们是专科学校，这说明人们对高等学校职能的认识，经历了很长的过程。

直到 18 世纪，大学的主要职能还只是单一培养人才。当然，在此之前，个别教授也偶然从事过某些研究活动，但大学的科学研究还不普遍，不经常，一般不作为大学的计划内任务，只是纯粹的个人活动。因而"发展科学"还没有成为高等学校的社会职能。至于直接为社会服务，这在当时的大学看来是不屑一顾的。大学是被视为高居社会之上的"学府"，是超然物外的"象牙之塔"。高等学校如果直接为社会服务，将被世人认为是低贱的事，为人所不齿。比较高等教育家 P. G. 阿尔特贝奇在总结高等学校的形式和制度的转变时说："十七八世纪科学研究不属于高等学校体系的组成部分，而且很少教授是具有创见的学者。在这创造性的历史时期，大学并不包括在重大的学术进展之中。"① 这与当时的学习条件和中世纪"经院哲学"的传统思想的束缚有关。欧洲印刷术的落后，使上课时只能照本宣科地念，学生一字不漏地死记硬背，而"经院哲学"的传统思想使教授们很难成为有创见的学者。当时的大学与学术上的重大进展基本无关，因此直到 18 世纪，大学只有"培养人才"这一个职能。

19 世纪初，德国新人文主义教育家洪堡倡办了柏林大学，提出"学术自由"和"教学与研究相统一"的原则，作为柏林大学办学的指导思想。学校要求教师不仅要向学生传授现成的知识，而且要传授教师自己的创造性思想和新的研究成果。在教学方法上，洪堡提倡用研究班的形式，通过研究进行教学。参加研究班学习的学生必须有自己的材料和观点，必须与其他学生一道讨论或辩论问题，这一教学方法促使教师和学生都必须进行科学研究。有人说，洪堡首先把科学研究引进教学过程，这话是有一定道理的。柏林大学的这一创举，引起当时德国的许多大学纷纷效仿，走上了教学与研究相结合的道路，并取得了显著成效，大学的学术水平提高很快，并因而促使德国的科学水平得到较快的提高。自然科学史家 W. C. 丹皮尔在写 19 世纪自然科学发展史时，讲过两句很精辟的话："法国的科学中心在科学院，德国的科学中心在大学。"② 从当前美国和苏联的情况看，我们也可以这样说："苏联的科学中心在科学院，美国的科学中心在大学。"这种概括基本上是符合实际情况的。

在十七八世纪的欧洲各国中，德国的经济是比较落后的，远不如英国、法国等国的发达。但是在进入 19 世纪后，德国科学发展很快，从而，它的经济也发展迅速，工业总产值很快就超过了英国和法国。追本溯源，这一结果

---

① 阿尔特贝奇. 高等教育的形式和制度的特点 [J]. 廖国辉，译；廖华扬，校. 世界教育文摘，1983（1）：30 – 39.

② 丹皮尔. 科学史及其与哲学和宗教的关系 [M]. 李珩，译；张今，校. 桂林：广西师范大学出版社，2001.

与德国大学广泛重视科学研究是有一定关系的。有的同志认为，柏林大学把科学研究引进教学过程之中，仍只是为了培养适应科学发展需要的人才，不能认为柏林大学已经把发展科学作为自己的社会职能。从洪堡当时的指导思想说，可能如此，但它的实践结果，超出了原先的动机，所以一般人仍认为德国大学是"发展科学"这一社会职能的首创者，并在社会上取得明显成效。这一情况引起了各国极大的重视，群起效仿。特别是美国，首先是霍普金斯大学，其后是许多新建大学，就按德国模式办学；一些较古老的大学（如哈佛大学）也按照德国办学模式对本校进行了改造。

从历史发展的过程看，高等学校直接为当时当地社会服务的这个职能形成得更晚，一般认为是从 19 世纪后期的美国威斯康星大学创始的。这所大学最先确定把直接为社会服务作为该大学的办学指导思想，采取许多有效措施，并且在美国迅速推广开来。为什么？这与美国当时的国情和价值观有关。

18 世纪末至 19 世纪初的美国，工业发展很快，农业比较落后，为了迅速提高农业生产水平，必须培养大批科学技术人才，特别是为发展农业服务的科技人才。于是在 1862 年，由美国总统林肯签署了一项法案——《莫雷尔法案》，规定美国各州凡有一名国会议员者，可以划给 3 万英亩（约合 12 140.57 公顷）土地兴办高等学校，但这些高校必须培养从事农业科研或为当地工业服务的技术人才。这一法案颁布后，各州纷纷办起了州立大学（至今美国许多著名大学是州立大学），威斯康星大学就是在这样的历史背景下发展起来的。这所大学在开办时，就明确了办学指导思想是直接为促进当地工农业生产服务，为美国政府的政策服务，并逐步形成了教学、科研与社会服务相结合的办学模式。这所大学的具体做法是建立了技术推广教学中心，结合当时当地的社会的需要，开设了许多普及科学知识的短期课程，向农民传授科学种田的知识，为当地人民提供经济、教育、卫生等多方面的咨询服务，学校的实验室和附属工厂主动向社会开放。同时，威斯康星州政府也聘请威斯康星大学的教授担任政治、经济、城市建设各方面的顾问。这些做法，大大促进了威斯康星州的经济发展，特别是在农业生产上取得了显著的经济效益。与此同时，当地的政府和企业也欢迎和支持威斯康星大学的做法，大力资助学校的办学经费，学校得以更快地发展壮大。这样一种办学思想，被人们称为"威斯康星思想"，其实质就是用大学的智力资源为当时当地的社会发展服务，大学也在社会发展中不断得到充实、提高，使得大学所培养的人才和科学研究工作更加适应社会实际需要。这一办学思想为什么能在美国各大学迅速推广，除了它能适应当时美国经济发展需要之外，还有一个重要原因，那就是美国所受的欧洲传统教育思想影响较少，重视实用价值，理想主义少一些，功利主义多一些。以后许多国家也把这一经验引入自己的大学，这样就形成了高等学校的第三个社会职能。

从上述历史的回顾中可以看出，高等学校的主要社会职能的内涵，并不是自始至终一成不变的。特别是在当今世界范围的新技术革命过程中，高等学校主要社会职能的内涵必将进一步随着社会的发展变化而不断发展变化。

二、现代高等学校社会职能的发展变化

当今世界范围新技术革命的兴起和生产力的发展，引起高等学校社会职能发展变化。一方面，新技术革命促进人们越来越重视高等学校的作用，认识到不仅要依靠大学培养各种尖端科技人才，而且还必须发挥大学的科学研究和科技服务的作用；另一方面，高等学校三个主要社会职能的内涵不断丰富和发展，对促进新技术革命和社会进步也起着重大作用。例如，当今世界的许多新思想、新理论、新技术是从高等学校产生，然后推广到社会去的。

随着新技术革命的兴起和社会生产力的发展，高等学校三个社会职能的内涵究竟发生了什么变化？它的发展趋势又是怎样？这是我们最为关心的问题。

首先，从培养人才这个职能看，近五六十年来世界各国尤其是工业发达国家，不仅高等学校培养的毕业生人数成倍增长，而且高等学校的类型、层次和规格也日益多样化。从层次来说，20世纪之前，高等学校只设单一的本科层次，到20世纪，高等学校逐渐出现比本科高些和低些的层次，研究生教育和短期高等教育分别逐步发展起来。同时，在这两类高于和低于本科的层次中，还发展了更多的层次。

多年前有一位加拿大华裔专家来我国讲学，对我过去讲的高等教育的定义提出不同看法。我曾讲，高等教育是建立在普通中等教育基础上的专业性

教育。这个定义在我国是对的，那位专家根据国外的情况提出，培养高级技工并不需要普通中等教育为基础。在国外，培养高级技工也算高等教育，而在我国，并未把培养高级技工的任务列入高等教育内。由此可见，并不是我所讲的高等教育定义不对，也不是他的意见无道理，关键问题在于各国国情不同，高等教育的类型和层次也很不一样。

从类型来说，随着新技术革命的发展，许多交叉学科的出现，高等学校现有的文、理、工、农、医、师范、政法、财经、艺术等系科专业所培养的人才，已经不能完全适应社会的要求，当前科技发达国家需要大量非理、非工、亦理、亦工的跨学科人才，例如电子计算机软件专业，你就很难区分它是属于工科还是理科。一般认为工科着重硬件，理科着重软件，实际工作中都难以截然划清。又如系统工程专业，究竟算是工科、理科、财经，还是文科？都可以算，又都不完全是。因为系统工程专业所需要的是上列各种学科互相渗透的人才，管理科学也是如此。就以工程教育而言，所培养的工程师也是多种多样的。有从事科技研究的工程师，有从事设计、开发的工程师，有从事施工的工程师，还有从事管理工作的工程师等，这说明高等学校类型和规格的复杂化、多样化，不能按照一种课程体系、一个模式、一套方法来培养人才了。

人们常说美国的高等教育是实行通才教育，其实这话只说对了一半，美国有些大学（尤其是一些名牌大学）确实是主张通才教育的，但美国也有大量职业教育性的高等学校。这些学校所培养的是专才，五花八门，专业面往往比中国的还要窄。根据美国联邦教育部部长1984年10月公布的一份调查材料可以看出，美国高等学校现设1 100种专业，其中有一半是属于实用性、职业性的专业。可见美国高等教育并不都是实行通才教育的，而是有的专业面宽，有的专业面窄，这完全取决于社会劳动力市场的需要。一般说来，大公司、大企业、大科研机构需要知识面宽且基础扎实的人才，这些人被雇用后，即使暂时不对口，也可以进行专门培训；而那些小公司、小企业则需要雇用专业对口，有一技之长，雇用后马上能实干的人，后者所需的人数更多。因此，美国那些二三流大学或社区学院在招生时，常常列出许多职业性课程，用以吸引考生，招揽生意。由于美国高等学校培养的人才必须通过劳动力市场的交易才能找到职业，因此高等学校的类型和层次、规格特别多，相当复杂，其根本原因在于，只有多样化的高等教育才能培养出可供劳动力市场选择的多种规格的人才。就"通才教育"与"专才教育"来说，为适应各种科技发展的社会需要，有的人才可以通一点，有的人才可以专一点，但都必须是"通"与"专"的适度结合。这也是当前世界各国为适应新技术革命的挑战而进行高等教育改革的必然趋势。美国的教育理论一般强调通才教育，但现在许多教育专家主张通中要有专，苏联实施的是专才教育，后来更多地主张专才的适应面要宽。中国过去曾批判所谓"通才教育"，现在又有人在批判"专才教育"。如果从只专不通走向只通不专，未必恰当，要多一点辩证的、实事求是的理论思维，少一点片面性，以免老是左右摇摆。

从上述情况可知，今天高等教育内涵的复杂性已经突破过去传统大学单一的模式，以致这一级教育是否叫作"高等教育"，发生了争论。究竟何谓"高等"？用什么标准衡量？各国国情不同，说法不一。因此联合国教科文组织只好把它称之为"第三级"教育（有的译为"第三阶段"教育）。还有人干脆把它叫作"中等教育后教育"。当然我并不是说，"高等教育"这一名词已经陈旧不可用了，至少在中国当前还是明确的，我只是想以此说明各种不同的名称出现，反映了当代高等学校培养人才的内涵的复杂性。

其次，从发展科学这个社会职能看，20世纪初各国高等学校开展科学研究的主要目的基本上还是为了提高教学质量，培养合格人才。但20世纪40年代以来，已经逐渐不再受"教学与研究相统一"这个洪堡时期的条条框框限制。随着经济的竞争、发展高科技的形势要求，发达国家要求高等学校承担的科研项目越来越多，以致高等学校设了许多研究机构或临时组织，许多科学研究工作是脱离教学、面向社会的。有些科研项目是接受政府的委托，有的则是接受企业的委托。高等学校接受委托后，组成专门的科研班子，其成员可能是本校的教师和专职科研人员，也可能是在校的研究生和高年级的大学生，有时也邀请社会上某些专家参加。这样，高等学校的科学研究，已经不只是为教学服务，与教学结合，而是发展到面向社会，成为发展科学技术的一个方面军。一向把科学研究集中在科学院进行的苏联，过去高等学校很少搞科研，但近四五十年来，也不得不加以改革。1965年苏联部长会议颁布的《高等学校条例》规定，国家经济建设的迫切任务，应该是高等学校科学研究的基本任务之一。这就是说，高等学校的科研项目可以直接结合教学，也可以承担国民经济需要解决的迫切任务。当然，高等学校这两种科研任务，并不是截然分开的。从根本上说，两者是互相促进，相得益彰的。结合教学，可以更好地组织人力、物力，更好地完成校外任务；校外任务，即使是与教学内容无直接关系的，也能提高教师的水平与能力，从而提高教学质量。二者最好能结合起来，实在不能结合的，也不可偏废。如果完全不顾教学需要，只承担校外的科研任务，挤掉投入教学的人力、物力，对于高等学校教学质量的提高是不可取的。当前世界各国的一些高等学校，尤其是在美国，已经出现了这样的问题。这些高等学校的科学研究所承担的校外任务越来越多，科研项目只是为了解决生产技术和社会实际问题。在这种情况下，必然在一定程度上影响教学质量的提高，尤其是在整个社会深感人才不足的情况下，这样做的结果，只能削弱或损害人才培养，尤其是不利于本科以下层次人才的培养工作。多年来，我国高等学校一直为教学、科研的矛盾所苦恼。我认为，应尽量选择一些与教学结合或与教学有关的研究课题，这样做比较符合我国的实际。这是我们在发展第二个社会职能时所应正确处理的问题。

总的看来，高等学校的第二个社会职能正在变化发展，科研已越来越具有较多的独立性，高等学校也越来越成为国家发展科学的一支重要力量。

再次，从直接为社会服务这个社会职能看，高等学校为社会服务的职能，在19世纪后期已经出现，但在相当长时间内，并不为人们所重视，许多高等学校仍然处在与社会隔绝的状态，在欧洲许多传统名牌大学中更为明显。直到20世纪40年代，才有比较多的人承认高等学校具有为社会服务的职能。这是因为新技术革命在世界范围内兴起，社会各个方面越来越迫切需要高等学校在知识和技术方面的支持和合作。同时，高等学校也越来越感到如果与世隔绝，自身也得不到发展，于是纷纷走出了"象牙之塔"，面向社会办学，这已经成为一种世界性潮流。

1978年联合国教科文组织专门召开了一次国际性会议，研究高等学校如何为社区发展做出实际贡献。现在，大学越来越多地参加到社会生产和活动中来，许多工业发达国家尖端科技密集的地区，常常是围绕一所或几所大学发展起来的，美国加州的"硅谷"就是围绕三所大学发展起来的；英国苏格兰中部低洼地区也有一个"硅谷"，也是围绕附近几所大学发展起来的。许多第三世界国家的高等学校，原来按传统大学的模式办学，比较保守，基本上与世隔绝，近四五十年也有很大变化。例如，巴西在1968年颁布了《大学改革法》，其指导思想是高等教育必须与经济社会发展密切结合，必须适应迅速发展的工业化的需要。于是，许多高等学校都开展为当地社会服务的各种活动，如成立农村大学中心，专为开发农村服务等。又如菲律宾，该国的大学可分三类，第一类为最古老的教会大学，专门培养人才，科研活动不多；第二类为综合性大学，既培养人才，也从事科研，但很少承担直接为社会服务的工作；第三类是开放式大学，如"生活大学"，这类大学没有固定的专业设置，完全根据社会的需要来确定办学的内容和形式，设立相应的专业，安排合适的教师任教。再如我国香港的一些校外进修学院，也属于此类，它们的办学很灵活，随时适应社会的需要推出多种多样的"课程计划"。

　　总之，各国、各地区高等学校第三个职能的发展情况虽不尽相同，但总的趋势是越来越受到广泛重视。其所包含的内容也越来越多，如技术开发、技术转让、技术咨询，推广成人高等教育，开展各种各样的社会服务。此外，大学的图书资料和仪器设备可以对社会开放，校外人员可以到高校选课听课，只要学习成绩合格，也可给予学分。以上各种为社会服务的方式，它的本质意义是把高等学校所培养的人才和所取得的科研成果转让为有效的社会生产力，也就是把高校的智力资源、科研成果转化为生产力。在国际科技竞争日益剧烈的今天，这种转化应当越快越好。即使我们在某一科技领域取得了新成果，如果迟迟不转化为生产力，一旦别人取得同样的成果并迅速转化为生产力，我们就要落后于人。因此，世界各国都在为加快这个转化速度而努力拼搏。

　　当前许多发达国家都在设法进一步加强高等教育与社会发展的密切联系。如建立教学、科研、生产联合体，在苏联称之为"教学、生产、科研一体化"，在日本称之为"产学协同"，在美国和加拿大称之为"合作教育"。尽管名称不同，做法也有所不同，实质都是为了使高等学校所培养的人才能更适应经济社会发展的需要，使科学研究所取得的成果尽快地转化为社会生产力和其他社会实践，并从社会上获得对学校的支持。高等学校发展第三个社会职能，形式、内容、方法可以因时、因地、因学科、因学校而多种多样，而其最本质的意义就在于把智力资源迅速转化为社会生产力（社会实践）。

综观世界各国、各地区高等学校三个社会职能的发展，可以看出，其总的趋势是，从单一化走向多样化，从封闭式走向开放式；随着高等学校与社会发展的关系越来越密切，当今世界各国的高等学校已经不是单一结构、单一功能的社会实体，而是一个以培养人才为主的、具有多功能和复杂结构的、不断变化发展的社会实体。

三、我国高等学校社会职能的发展变化和问题

我国高等学校主要社会职能的产生和发展过程，总的说来与世界的发展过程是一致的。现在我国高等学校也具有培养人才、发展科学、直接为社会服务的三个主要社会职能，其内涵的变化情况，也是由单一化趋向多样化，由封闭式趋向开放式。但是由于我国经济和科技发展水平长期处于落后状态，因而我国高等学校主要社会职能的发展也落后于发达国家，有些甚至落后于第三世界国家。以第三个职能来说，我国的高等学校长期没有真正地承担起这个职能。严格地说，直到 20 世纪 80 年代初，才全面开展这一职能的工作。之所以落后，并不是因为我国有识之士认识晚，也不是因为起步太晚，而是因为受传统教育思想的束缚和"左"的政策的干扰，致使高等学校在直接为社会服务方面，认识到了却未能实现，起步了却走了相当长一段时间的弯路。正当世界范围的新技术革命兴起巨浪的 20 世纪五六十年代，许多工业发达国家顺应这一时代潮流，大力发展这三个主要社会职能时，我国在这段时间里，却屡次发生违反教育内外部规律的现象，致使高等学校的主要社会职能不仅不能顺利发展，有些甚至是止步不前或者走回头路。下面就三个职能分别谈一谈。

首先，讲"培养人才"这个社会职能。长期以来，我国高等学校在人才培养上一直是单一化的。这里所说的单一化，有两个含义，一是结构的单一化，着重发展本科，而对于研究生与专科教育不重视；二是培养目标的单一化，着重培养理论型、学术型人才，而对于应用型、职业型人才不够重视。20 世纪 50 年代末曾提出"两条腿走路"的办学方针，这个方针本身应当说是正确的，但在执行中却走上了岔路。在"左"的思想和政策的干扰下，用

"大跃进"的办法，到处兴办"红专大学""七二一大学"。这些"大学"根本不具备起码的办学条件，被人为地挂上"大学"的牌子，其结果只能造成高等教育质量普遍下降，最终不得不进行整顿和压缩。受到一次、再次"左"的政策的干扰破坏，我国高等教育的结构层次越来越单一化。专科学校大量减少，研究生教育濒于停顿，高等学校只是发展本科。这种单一层次的高等教育一直延续到20世纪70年代末。只是到了80年代初才真正实行多层次、多形式、多规格的办学方式，特别是成人高等教育发展较快，才使我国高等教育单一化倾向有所扭转，层次比例失调和类型比例失调的问题也有所缓解，但问题并未真正得到解决。实际上，专科学校、职业大学、多种成人高等教育，甚至高等教育自学考试，都在向本科生培养目标靠拢，开的课程，用的教材，很少有自己的特色。从形式上看比较合理了，实际上仍未能满足社会对人才多样化的需要。

我国的研究生教育，也是在1978年以后才有较大发展。高层次人才立足于本国自己培养，这一决策无疑是正确的，但至今研究生教育的模式仍然是单一化的，培养方式也是单一的。各门学科的研究生所学的课程都是：外语、政治、基础理论课，专业课加上若干门选修课，交上一篇学位论文，经过答辩合格，就授予学位。这种培养研究生的模式，基本上沿袭传统大学培养学术型人才的模式。这种培养模式的好处是有利于培养大学师资和科学研究人员，我国近年来确实培养出这样一批高层次学术型人才。但如果继续按这种单一的模式办下去，将越来越不适应社会主义建设的需要。因为社会主义建设所需要的高层次人才，除了大学师资和科研人员外，还需要大批应用型的高层次人才，而且后者所需要人数将越来越多。应该说，在一定时期，这种培养研究生的模式和方式都是对的，因为大学师资、科研机构，需要相当数量的学术型高层次人才。这几年，大批国内培养的研究生和留学生学成之后，充实到高等学校和科研机构，对补救人才断层、优化师资与科研队伍结构，提高教学与科研质量，都取得良好的效果。但现在应当是修改单一化培养模式的时候了。道理很简单，按照我国现行培养研究生的方式，可以培养医学博士，但无法培养高级临床医生；可以培养法学家，但却很难培养高级法官与律师；可以培养工程科学的高级研究人员，但无法培养施工现场的高级工程师；可以培养经济学硕士和博士，但无法培养大公司、大企业的企业家和总经理；如此等等。值得高兴的是教育部已经开始重视这个问题，近年来已经开始设置应用性的学科专业，以培养应用型的高层次人才。今后研究生的培养，既要能培养一些大学师资和科研人员，也要能（而且要更多地）培养大批应用型的高层次人才，上述两类人才的培养方式应当是有许多不同特点的。

进一步说，应用型高层次人才的培养，也不能单靠研究生教育这一条途径，还可以走另一条新路子。根据华中理工大学①的调查，在我国目前许多实际业务部门中，不少工作出色的高级工程师，并非直接来自硕士研究生或博士研究生。这些人的成长较多是通过两种途径：①学士—实践—短期培训—实践—高级工程师。②学士—实践—硕士研究生—实践—高级工程师。他们的调查还发现，应用型高层次人才最不理想的成长道路是：学士—硕士—博士—高级工程师。

我看华中理工大学的这份调查材料所反映出来的问题，是很值得我们深思的。

其次，讲"发展科学"这个社会职能。我国高等学校在发展科学这个职能问题上，经历了30多年的曲折发展过程。早在1953年，当时的教育部部长马叙伦就曾提出，要求高等学校密切结合教学逐步开展科学研究。在这一年召开的全国综合性大学工作会议上，马叙伦还提出要把综合性大学办成既是教育机构又是研究机构的主张。周恩来总理在1956年代表党中央所作《关于知识分子问题的报告》里，也指出了当时全国高等学校的科学研究力量占全国科学研究力量的绝大部分这一事实。据统计，1956年我国科研机构和高等学校共有科技人员77 771人，其中高等学校有58 346人，占75%。但是，当时我国高等教育完全照搬苏联的办学模式，而苏联长期实行的是高等学校只搞教学，不管科研。因此，当时周恩来总理和马叙伦部长的许多正确意见未能及时实现，导致我国高等学校的第二个社会职能不仅得不到发展，而且严重挫伤了大学教师从事科学研究工作的积极性。

根据1956年所制订的《1956—1967科学技术发展远景规划纲要（草案）》，共列出57项重大任务和582个中心课题，按当时我国的实际科研力量来分配任务，理应由高等学校承担其个人部分课题，可是由于当时机械地模仿苏联的科研体制，分配任务的结果适得其反，绝大多数课题的主要负责单

---

① 原华中理工大学，现为华中科技大学（编者注）。

位和协作单位都不是高等学校。从此以后，高等学校从事科学研究的积极性受到严重打击，高等学校的主要社会职能也只好是单一地培养人才。这种状况一直沿袭到 20 世纪 70 年代末。

党的十一届三中全会以后，党中央明确提出了高等学校是科学的一个重要方面军，同时提出了高等学校应当办成两个中心，这才使高等学校的第二个职能得到较快的发展。但是，科研体制的不合理状况至今仍未解决好。全国性的、各部门的以及地方的科研机构，都有中央部委和地方的财政拨款，而分给高等学校每年的科研经费微不足道，而且大多要由有关科研机构间接拨来，分点残羹；否则只能占教育事业费或自行创收以支持科学研究事业。高等学校的科研力量是一支相当庞大的队伍，但每年得到的科研经费却少得可怜，这种不合理的现象，从部委所属高校到地方所属高校概莫能外。例如，我所知道的有一个省属的农学院，拥有不少知名教授，当地的农业科研机构的骨干力量，多数是这所农学院所培养的毕业生。可是，每年在省科委下达农业科研项目时，重大项目的主办单位总是农科所，协助单位有时才是农学院。当然，教师协助学生搞研究工作也不是不可以，但分给主办单位的科研经费多，由主办单位再分给协助单位的科研经费就很少了。从农学院和农科所的实力相比，这样分配任务和经费，显然是极不合理的，它不利于发挥学术水平高的教授们的作用，不利于提高科研的水平。可是，由于科研体制未得到彻底改革，这种不利于国家科研事业发展的不合理现象至今还比较普遍。

尽管存在上述这些问题，但近几年来高等学校的科学研究工作确实有了很大的进步，取得了不少可喜的成果。当前值得注意的问题是防止科研方向和选题的单一化。前一段时间，很强调基础理论的研究，在 1976 年之后，百废待兴之时，这样做当然有一定道理。现在则很强调应用学科、实用技术的研究，其目的是加强科研为经济建设服务。这样做也很有道理。但是从全国范围看，科学研究的方向和课题一定要"统筹兼顾，保证重点"，在当前强调应用学科的研究时，绝不可丢掉基础理论的研究。我认为可以把较多的人力、财力、物力用于前者，但也要给后者安排必需的人力、财力、物力。否则，对我国社会主义建设的长远发展将会带来不利的影响。

再次，讲"直接为社会服务"这个社会职能。我国高等学校在直接为社会服务方面，也走过了 30 多年的曲折路程。早在 20 世纪 50 年代后期，中央领导人就提出了教学、科学研究与生产劳动相结合的口号。现在看来，这个口号本身是对的，也符合当今世界高等教育发展的潮流，但从 50 年代末提出这个口号以来，却屡屡出现偏差，对社会发展和高等教育本身都带来了许多不良后果。问题的症结在于"左"的思想干扰，对于这个口号的理解有错误。把生产劳动仅仅看成是思想政治教育的手段，甚至把它看成是改造知识分子和惩罚知识分子的手段，而不是真正让广大师生参加生产，积累知识，促进科研，培育人才。正确的口号被曲解了，其结果是消极多于积极。

为什么我国高等学校的第三个社会职能在 20 世纪 50 年代至 70 年代发展不了，而在近几十年能迅速发展起来，其根本原因在于前 30 年，我国的工作重点一直没有转到经济建设的轨道上来。在 1956 年前后，也曾一度提出过"向科学进军"的口号，试图把工作重点转向经济建设，但很快就取消了这个口号，代之以阶级斗争为纲。从此以后，高等学校的"为社会服务"这个职能就走上了歧途。在政治运动接连不断的情况下，知识分子无法钻研业务，技术革命不敢沾边，因为怕成为"白专"典型或"反动学术权威"，被诬为"唯生产论者"。在这样极不正常的情况下，国民经济发展迟缓，直至濒于崩溃的边缘，高等学校也不可能真正为社会主义建设服务。因而从 50 年代到 70 年代末，高等学校第三个职能一直无法开展起来。自从党和国家的工作重点在 80 年代开始转移到经济建设这个中心之后，尤其是实行"改革、开放、搞活"的一系列方针政策之后，知识分子在经济建设中的重要作用日益被人们所认识和承认，高等学校所具有的智力优势，在为社会主义经济建设服务方面，也有广阔的用武之地，这是近几十年高等学校第三个职能迅速发展的最主要的原因。另外 个原因是高等学校在直接为社会服务的过程中，既带来了明显的社会效益，也为高校自身带来了一定的经济效益，从而使高校教师和职工不同程度地增加了一定的经济收入。毋庸讳言，这也是近几年高等学校第三个职能之所以能迅速开展的内在动力。一个是社会需要，一个是内在动力，所以高等学校的第三个职能突然迅速发展起来。

现在从全国范围看，高等学校直接为社会服务的职能已全面展开，但对第三个职能的理论依据和利害得失，社会上还有争议。理论上有许多问题需要研究，实践上也还有不少问题需要解决。为什么大家对这个问题产生认识上的分歧？原因大致有两个方面：一是社会上仍然存在着传统教育思想的影响，而传统教育思想是反对高等学校直接为社会服务的；二是对于高等学校直接为社会服务这个职能的性质、作用、意义、任务等还未能从理论上讲清楚，同时，某些高等学校在某些做法上确实存在着一些问题，引起人们的议论，这里想着重对这些问题进行一些分析。

高等学校直接为社会主义经济建设服务，这是应当肯定和提倡的，但近几年某些高等学校在开展为社会服务的活动时，由于受到经济的压力和当前社会上某些不正之风的影响，例如受"一切向钱看"的影响，致使这些高校的实践活动产生了许多不符合教育规律和不利于培养"四有"人才的不良后果，也可以说，已经偏离了正确的办学方向。这些高校的实践活动不是着眼于社会效益，而是单纯看到经济效益；不是着眼于社会的经济效益，而是单纯看到本校的"创收"。因此，有些报纸、杂志文章干脆把高等学校的第三个职能称之为"创收"职能。应当说，这是一种带讽刺性的称号。然而有些高校，"创收"似乎已成为它的一个重要职能，甚至是最主要的职能。假如高校为社会服务仅仅是为了"创收"，那么，这就从根本上歪曲了高等学校直接为社会服务的本质内涵，偏离了高等学校办学的社会主义方向。当然，高等学校在为社会提供服务的过程中，按照商品经济的等价交换原则，取得一定的合法的经济收入，这在理论上是可以讲得通的，因为知识有价值，智力资源是可以转化为商品价值的。而在当前高校办学经费较少的情况下，也是无可厚非的，但是必须分清是非和主次。

我国是社会主义国家，我国高等学校的办学经费和教职工工资理应由各级政府拨给，或由社会支持（包括社会集资与收取学费）而不应责成学校自己赚钱办学。高等学校是社会主义精神文明的重要阵地，高等学校为社会服务不应以赚钱为目的。如果高等学校向社会提供服务为的是赚取一笔钱，用以解决办学条件和教职工的生活待遇，在理论上是说不通的，在世界上也是少见的。但在目前特定的历史条件下，各级政府拿不出足够的钱办大学，社会也没有足够的力量大量集资支持大学，而大学教职工的工资待遇又有待提高。在这种情况下，高等学校通过为社会服务而取得一定经济收入，用以改善学校办学条件和教职工生活福利，是可以理解的。但是，如果由此而把"创收"作为高等学校的第三个职能，甚至最主要的职能，降低了培养人才和科研成果的质量要求，或以"营利"多少作为评估办学的指标，那就会迫使我们的高等学校偏离正确航向，造成严重的后果。

总之，从近几十年我国高等学校开展第三个职能活动的情况来看，主流是好的，成绩很大，收到了一定的经济效益和社会效益，对社会主义建设、科技发展、搞活经济都做出了贡献。同时，不少高等学校也从直接为社会服务中取得了一定的经济收入，对办学条件和教职工生活都做了某些改善，从这个方面看，成绩应该充分肯定。但从另一方面看，高等学校在为社会服务的过程中，在创收方面也确实存在不少问题，有些问题直接涉及学校的办学方向，有些问题一时还看不出后果，但如任其发展下去，将会对学校的思想政治工作、教学质量和科研水平都带来极为不良的影响，对这些问题，我们必须给予足够的重视，并加以解决。

四、高等学校社会职能的发展规律及其趋势

通过回顾历史和瞻望世界，关于高等学校主要社会职能的发展规律及其趋势，我们可以得出以下几点认识。

第一，高等学校三个主要社会职能的产生和发展是有规律可循的，世界各国如此，中国也基本如此。这三个社会职能产生和发展的历史顺序，也就是它们的重要性的逻辑顺序。在这三个职能中，培养人才是基本职能，无此职能，就不成其作为教育活动载体的学校。发展科学无疑是重要的，但它在高等学校的职能顺序中，不能取代培养人才而居第一位，否则就成为专门科研机构。科研机构的任务是出成果，出人才；而高等学校的任务则应是出人才，出成果。同样"直接为社会服务"也是重要的职能，对高等学校的生存与发展有着重要意义，但在三个职能中，毕竟只能居于第三位，因为相比而言，培养人才和发展科学这两个职能比它更具有潜在性、长远性，能产生巨大的社会效益与经济效益。

第二，高等学校三个社会职能的发展趋势是：从单一化到多样化；从封闭式到开放式。值得注意的是，在"多样化"中必须保证基本的规格、必要的质量，多规格不是无规格，多样化不能不顾质量。这在我国教育发展过程中是有过深刻教训的。高等学校在向社会开放的过程中，必须保持有组织、有计划地培养专门人才的学校教育特点。既不可以把大学的开放说成是"大

学就是大家都来学"，也不可以把大学说成是"经济实体"。当然，这是就大学的主体来说，高等学校的某些附属机构，另当别论。

第三，由于高等学校的情况和条件各有不同，因此，不同类型、不同层次的高等学校对于自己应承担的社会职能以及实现这些职能所选择的实际内容和所采取的做法可以有所侧重，应当有所不同。各校应从自己的实际出发，选择适合的活动范围和任务，承担力所能及的社会职能。高等学校之间不应当简单地、不顾条件地相互攀比，一拥而上，挤在一道窄门上。例如，重点大学或重点学科，在不降低本科生培养质量的前提下，应当多承担一些培养研究生的任务，也应当为发展科学多做贡献，承担一些较高水平的技术开发，以更好地直接为社会服务。如果重点大学、重点学科在直接为社会服务方面只考虑多赚钱，宁肯承担那些低水平多赚钱的技术开发项目，而不愿承担高水平的研究工作，用高水平的科技力量去从事低水平的技术开发，虽然这个大学、这个学科由于驾轻就熟，一时可以赚得较多，但从长远观点看，将会贻误国家科学事业的发展和教育质量的提高，因而这种做法是不可取的。再如工科院校在开展技术服务方面具有优势，可以为社会多承担一些技术开发项目和任务，师范院校在这方面就不一定有优势，它的优势在基础理论与教育学科，理应为社会上各级各类学校多承担一些培养师资的任务，协助社会多开展一些有益的教育活动。高等学校在直接为社会服务的过程中，一定要以加快国家经济建设为重，以加强社会主义精神文明为重，切不可"一切向钱看"，所有"乱办班、乱收费，只顾多赚钱，不顾服务质量"等错误做法都应坚决制止。高等学校社会职能的"多样化"和"开放性"是必然的发展趋势，而"大而全""小而全""万事皆备于我"，则是小农经济思想。

第四，高等学校开展直接为社会服务的活动，应当着眼于社会效益和国家的经济效益。在保证上述二者的前提下，当然也要适当照顾学校自身的经济效益。通过教职工的劳动，让他们合理地增加一些经济收入，这在当前不仅是允许的，而且也有利于调动教职工的工作积极性。但是这种"创收"活动一定不能损害社会效益和国家的经济效益，也不能损害学校的教学、科研质量。1985 年《中共中央关于教育体制改革的决定》指出："衡量任何学校工作的根本标准不是经济收益的多少，而是培养人才的数量和质量。紧紧掌握这一条，改革就不会迷失方向。"遗憾的是 1985 年之后，我们有不少高等学校，并没有掌握好这一条，这就有必要认真地重温这一正确的指示。

第四讲

潘懋元文集
PANMAOYUAN WENJI

高等教育结构

八十大寿（2000 年）

一、高等教育结构的概念

教育结构这个概念，在中国是近年来才被人们广泛使用的。但不是说，以往教育学不研究教育结构。学校教育制度（简称"学制"），向来是教育学的重要内容，而学制所研究的就是学校教育的层次结构与形式结构。高等学校教育制度还包括科类结构。但也不是说，教育结构和学校教育制度是同一概念，只是外延有所扩大而已。教育结构这个概念不但比学校教育制度的概念外延扩大了，既包括宏观结构，又包括微观结构；而且内涵丰富了，它不只研究各级各类教育的组合方式，还研究各级各类教育的比例关系；更重要的是它以系统科学的观点和方法来研究教育内部诸因素的关系以及与外部因素的关系。

从研究学校教育制度到研究教育结构，可以从一个侧面反映出近十年来我国教育理论研究视野的扩大和研究工作的深化。学制的许多实质性问题，可以在教育结构研究中从理论上认识和解决。但学制中的许多特殊问题和具体规定，还不是教育结构的理论研究所能代替的。

教育结构的研究，在高等教育研究领域进展较快。20 世纪 80 年代以来，关于高等教育结构的研究论文数量很多。专著也有多本，如齐亮祖、刘敬发主编的《高等教育结构学》，郝克明、汪永铨主编的《中国高等教育结构研究》，都对这一领域的研究工作起了先导的作用。张光斗主编的《高等工程教育结构改革研究》，则是以高等工程教育结构改革作为主题，汇集了 90 篇有关的研究论文和政策规定，丰富了这一研究领域的内容。此外，厦门大学高等教育科学研究所从 1983 年开始就为硕士研究生开设"高等教育系统工程"课程，其后出版了廖泉文编著的《高等教育系统工程》；安文涛著的《教育科学与系统科学》，也论及高等教育的结构原理；近年来许多有关高等教育发展战略研究，也都以结构的调整与改革作为主要的研究内容。为什么高等教育研究领域对于教育结构的研究进展较快，可能由于高等教育的结构复杂，更需运用结构的理论与方法才能理顺；也可能由于高等教育学是一门新学科，比较容易引进新的观点与理论。我对高等教育结构，缺乏系统深入的研究，只能在有关研究的基础上，结合中国的实际谈一些看法。

我在《高等工程教育结构改革研究》序中，有这样一段话："现代系统论的重要贡献之一，是把'结构'的概念引进科学研究过程中，使人们对于事物的认识有可能更加深入。任何事物都具有一定的结构性，事物的量与质的关系，往往通过结构起作用。即使数量不变，由于结构的变化也会引起事物性质的变化。自然系统、社会系统如此，教育系统也如此，不同的教育结构，教育的功能与效益可能大不相同。因此，研究教育问题，正如研究自然界和社会生活一样，只有深入它的结构，才能深刻理解它的功能；只有掌握它的最佳结构，才能追求最大的效益。教育结构学作为一门新兴的教育科学，正是从结构上研究一定社会的教育构成要素的关联方式、比例关系及其变化规律，寻求合理结构，探讨结构优化规律，以追求最大教育效益的科学。"

这段话表达了教育结构的概念和研究教育结构的意义，因为是写在一篇简短的序言中，说得过于简括，现在我想就这段话展开来谈一谈。

按照一般系统论的观点，世界上万事万物，都可以看成是性质不同、大小不等、层次高低的系统，都是由一定的要素、按一定的方式联系在一起，构成一个整体，以发挥整体的功能。系统的结构，就是指系统内部诸要素（单元、部分、子系统）相互依存、相互作用的关联方式，或叫作组合方式。教育系统相对于社会系统来说，是一个子系统；而高等教育系统相对于教育系统来说，也是一个子系统。教育系统是一个庞大、复杂、多维的系统，它是由各级各类教育、各种形式的学校、各种教育与教学活动，以及教师、学生、课程、经费、设备等要素所组成的。这些要素相互作用、相互依存，如教师与学生、师生与课程、经费与设备，都以一定的方式组合在一起，以发挥教育的整体功能。在教育系统中，各要素（子系统）的比例关系特别重要，如基础教育与高等教育的比例，普通教育与职业教育的比例，师生的比例，教学活动中上课时数与课外自学、课外活动的比例，教学计划中各类课程的比例，教育经费中人头费与仪器设备、行政费用的比例等等，都关系教育的整体功能、整体效益。所以对于教育结构，往往将关联方式与比例关系并提。如《教育大辞典》给"教育结构"所下的定义就是"教育总体的各个部分的比例关系及组合方式"①。

教育内部诸要素的关联方式、比例关系不是孤立的、封闭的系统，它要受教育系统以外其他系统的制约，并作用于其他系统。也就是说，教育结构与其他系统的结构也有必然的联系，如教育结构与经济结构，无论从教育投资来说，或从毕业生就业来说，都是密切相关的，所以有的论著为教育结构下定义，也指出教育系统内部诸因素与系统外部诸因素的关系。如齐亮祖、刘敬发主编的《高等教育结构学》所下的定义："高等教育结构，就是指高等教育系统各单元、各要素相互关联的方式和相互作用的形式，及其高等教育内部诸因素和外部环境诸因素的关系形式。"②《教育大辞典》认为："高等教育结构由高等教育系统内外部各种因素相互作用形成。"③ 但是，内部因素关联方式也好，内外部因素的关系也好，都在不断变化之中。内部诸因素按照教育系统自身的逻辑在变化，如学生心理结构的变化，必然引起教学结构的变化；但更重要的是外部结构的变化，必然引起内部结构的变化。如科技结构的变化，必然引起课程结构的变化；社会经济结构的变化，必然引起教育内部种类结构、形式结构、教育经费结构等巨大的变化，它对高等教育结构所引起的变化，更为直接、迅速。所以，我在上述序言中，特别强调"一定社会"和"及其变化规律"。

综上所述，对于高等教育结构这个概念的理解，应当包括下列含义。

（1）高等教育结构是指高等教育系统内部诸因素（单位、部分、子系统等）相互依存、相互作用的关联方式（或组合方式）。

（2）对于教育系统来说，特别应当重视各部分的比例关系。

（3）高等教育系统内部诸因素与外部因素的关系，因为教育系统是一个开放的系统。

（4）高等教育结构随教育系统内、外部因素的变化而变化，是一种动态的结构。

从以上几个方面来界定"高等教育结构"这个概念的内涵，那么，把

---

① 顾明远. 教育大辞典：第一卷［M］. 上海：上海教育出版社，1992：24.

② 齐亮祖，刘敬发. 高等教育结构学［M］. 哈尔滨：黑龙江教育出版社，1986：40.

③ 顾明远. 教育大辞典：第三卷［M］. 上海：上海教育出版社，1992：11.

"结构"概念引进高等教育研究过程，有什么意义呢？

　　根据一般系统论的观点，系统的结构与功能是密切相关、相互依存的：结构是功能的内在根据，功能是结构的外在表现，教育功能的充分发挥，有赖于合理的教育结构；最佳的教育结构，才能最大限度地发挥教育系统的整体功能，从而获得最大的教育效益。这就是我在《高等工程教育结构改革研究》一书中的序言所说的，高等教育研究"只有深入它的结构，才能深刻理解它的功能；只有掌握它的最佳结构，才能追求最大的效益"的意思。也就是说，研究高等教育结构，就是为"寻求合理结构，探讨结构优化规律，以追求最大教育效益"。

　　举例来说，如果我们在制定高等教育发展规划时，只从总体上提出数量增加的指标，如每万人口应当有大学生多少名，每年的增长率应有多少，如此等等，而不研究社会的经济结构对于专业结构的制约关系，造成长线太长，短线太短，有的专业供不应求，有的专业很难就业，那么结构不合理，就无法收到预期的社会效果，相反会形成人才积压，结构性失业，虽勉强就业，但学非所用，造成人才浪费。又如，在教学工作的组织上，如果只强调某一门课程的重要性，过分增加学生的负担，挤占了其他课程的学习时间，忽视了德育、体育，虽然这门课程的质量可能提高了，而结构不合理，势必影响学生的整体素质，不符合全面发展的教育目的。再如，高等学校的经费预算，人头费、仪器图书设备费、行政经费等，应当有一个合理结构（各级各类高校不同），现在许多高校人头费、行政费比例很高，只能挤占仪器图书设备费。经费结构不合理，长期下去，学校是办不好的。由此可见，高等教育改革和发展，"结构"的合理与否，是一个关键环节。

　　正因为教育结构是一个关键环节，所以近年来在高等教育改革和发展的战略研究中，集中于结构这一环节。《中国高等教育结构研究》一书，列举高等教育结构合理化的研究，对我国高等教育改革和发展有如下的重要意义①。

　　（1）高等教育事业发展的需要，是研究和制定我国高等教育发展战略的

---

　　① 郝克明，汪永铨. 中国高等教育结构研究 [M]. 北京：人民教育出版社，1988：4－5.

重要组成部分。

（2）高等教育改革的迫切要求。

（3）对于建设具有中国特色社会主义高等教育体系具有重要的意义。

（4）在理论上也具有重要的意义，对丰富马克思主义关于教育内部与外部关系的学说，对中国高等教育管理学的学科建设有重要的意义。

上述这几点，除第4点外，都是从宏观结构立论的。因为这本书所研究的只是中国的宏观高等教育问题。而广义的教育结构，不仅有宏观结构，还有微观结构；从受教育的个体说，还有个体教育结构。事物的系统结构，正如规律一样，是无处不在，无处不起作用的，由于研究的角度不同，可以有不同的分类。上面所说的宏观、微观、个体，是从教育系统的外延广狭划分的，如果从其他角度划分，也可以有另外的分类。如《高等教育结构学》就既从宏观、微观两个方面划分，又从教育内容、教育形式、教育管理三个方面划分，按照形式逻辑"划分"规定，都是可以成立的。但通常对高等教育结构的划分，主要是按范围的广狭分为宏观教育结构、微观教育结构、个体教育结构。宏观教育结构，指整个高等教育系统的构成，一般用于对全国或地区的结构研究，主要有层次（或称水平）结构、科类结构、形式结构、地区（或称布局）结构等；微观教育结构，一般指高等学校内部的教育结构，主要有专业结构、课程结构、队伍结构、基础设施结构等；作为受教育对象的个体，也有其内在结构，这就是我们所常说的德、智、体、美诸方面的形成与发展，也可以叫作个体的素质结构，包括思想、道德、知识、能力、情感、意志、体格等因素。如进一步划分，知识结构包括自然科学、社会科学、思维科学知识，或一般科学文化知识、专业知识等；能力结构，包括自学能力、表达能力（口头的、书面的）、操作能力、科研能力、管理能力等。

对于高等教育结构的分类，有以下两点需要说明。

（1）宏观、微观、个体三类结构。宏观、微观、个体三类结构以及每类结构体系中的基本结构与主要因素，它们的界限不是绝对的，不能以形式逻辑的划分规则来要求它们。如宏观结构中的科类结构，它的下位是微观结构中的专业结构。但宏观教育也得研究专业结构问题，也得对全国的高等学校专业结构有所调控。尤其是工科类，国家也要研究、调控大科类，包括研究、调控专业结构以至课程结构；又如微观结构中的师资队伍结构，虽属于微观结构，是高等学校内部最关心的，但国家也要从宏观上研究、调控全国的师资结构。还有上面未列举出来的管理结构、经费结构，既是宏观教育管理的重要问题，也是微观教育管理的重要问题。

（2）三类结构是相互关联、相互作用的。首先，从纵向看，微观结构要受宏观结构制约，个体内在素质结构要受微观结构制约。例如，宏观的科类结构，制约微观的专业结构；微观的课程结构，制约个体的知识结构、能力结构。反过来说，微观的专业结构失控，宏观的科类结构就不会合理；微观的课程结构不合理，也影响宏观科类结构的功能；个体的素质结构，如知识结构、能力结构等，是建立在合理的微观结构上的，是优化课程结构的重要依据。其次，从横向看，宏观结构中的层次、科类、形式结构是密切相关的。如高等专科教育（师专除外），它的科类主要体现在技术学科、应用学科和职业性专业；它的形式主要是高等专科学校、职业大学、短期大学、社区学院以及各种成人高等教育形式。大学本科教育，它的科类则是基础学科、应用学科、技术学科并重；它的形式一般是大学或学院。至于研究生这个层次，它的科类，在传统教育上，着重的是基础学科，在新技术革命影响下，有向技术学科以至应用学科发展的趋势，倾向于培养高层次应用型人才，但学科专业的广度和深度不同于本科、专科的技术学科和职业性专业。微观结构中的专业结构、课程结构更是密切相关。且不说文、理、工、农、医各类专业的课程结构大不相同，就拿建筑学专业和工民建专业来说，两种专业虽然都是培养建筑工程人才，但专业的性质不同，课程结构就不相同，前者着重于理论、学术以及艺术，后者则着重于技术、应用。

上面说过，高等教育结构可以从范围广狭不同，分为宏观、微观、个体进行分类研究，也可以从其他角度，如内容、形式、管理进行分类研究。因为微观结构、个体结构以及从其他角度分类的结构问题，在高等教育学各讲多已涉及。下面就只讲宏观高等教育结构中的若干主要结构体系。即使讲这些主要的宏观结构体系，也只能重点地讲若干理论问题。因为许多中国实际的问题和措施、办法，在《中国高等教育结构研究》这本专著和有关的政策法令、战略规划中已谈得很多，不想在这里过多重复。

二、高等教育的层次结构

教育分层次，是教育发展的一种标志，也是社会进步的一种标志。远古的教育，不存在什么层次之分，古代教育，一般也只有两个界限不很明确的高层次与低层次。前者如中国古代的国学、太学以及府学、县学等，后者则是蒙学、社学、家塾、私塾等。教育分为高、中、初三个相互衔接的层次，是适应近代生产力发展和科学发达才出现的。在中国，三个层次之分更迟，清末的"壬寅癸卯学制"是根据西方已经通行的层次模式确定的。至于每个层次，又分为若干层次，则更是后来才逐渐出现的。不过，中国在颁布壬寅癸卯学制时，就分为三段七级，其中高等教育分为高等学堂（或大学预科）、大学堂、通儒院（大学院）三个层次。现在人们仍习惯于把高等教育的纵向结构分成专科、本科、研究生三个层次，这种分类，严格说是不准确的。因为专科与本科，并不是两个相互衔接的高低层次，而是同一层次中两个培养目标有所不同的子系统（关于这个问题，将在下面再详谈）。在高等教育各个层次中，随着社会的进步、科技的发展，还出现了更多的亚层次，如研究生教育就可分为硕士学位和博士学位两个亚层次。我国近年来，还曾在硕士学位之前设置一个研究生班，来培养高等学校基础课教师，这些教师毕业之后，可以在职继续学习与研究，申请硕士学位。许多国家，包括我国，在博士学位之后，还设置了博士后，在从事高水平的研究中继续深造。有的国家，如法国，本科也分为两个亚层次，每个层次学习两年，各取得不同水平的学位。

对于高等教育层次结构的研究，主要任务有两个：一是研究各个层次的特点、培养目标与规格，学制年限以及与上下层次的衔接关系；二是研究各个层次的比例关系，根据社会的需要，寻求合理的比例。总的来说，层次结构的研究是为高等教育制订规划提供层次结构优化的理论依据和事实依据。

对于前一个任务，每个教育结构层次，都是一个与上下层次相互衔接的独立阶段，都有自己的培养目标与培养规格，从而都有自己的课程结构、教学内容，都需要规定一定的学习年限，在学制系统中处于一定的地位。下面就本科教育、研究生教育两个层次和与本科教育并列的高等专科教育分别谈一些情况和问题。

　　本科教育，是高等教育系统中的基本层次。国家的高级专门人才，主要是在这个层次培养的，因而，它的质量一定程度上标志着一个国家的高等教育的质量。它的培养目标，必须符合社会制度和生产力发展水平的要求；它的规格，要根据各门学科、各种专业在当前科技发展水平上对各类高级专门人才的知识、能力的基本要求而定；至于学习年限规定为 3 年、4 年或 5 年、6 年、8 年，主要的根据就是培养规格。世界上本科学习年限大多数是 4 年，也有 3 年、5 年或更长的。我国 1966 年前是 4 年、5 年并行，一个专业中有 4 年制的，也有 5 年制的。现在一般是 4 年制，医科和若干理工科专业是 5 年制。高等工程教育本科学习年限，20 世纪 80 年代初，许多人认为 4 年不够，得 5 年才行；现在则有更多的人认为 5 年制行不通，只能修 4 年。这说明一个年限问题，就要受教育的内部自身规律和教育的外部关系规律所制约，就是一个颇为复杂的问题。还有一个衔接问题，本科教育是与高中和研究生教育相互衔接的。但是，本科生毕业之后，攻读研究生学位的毕竟只有少数人。如 1990 年，当年本科毕业生 307 865 人，硕士学位和研究生班招生 26 312 人。假定这些新研究生都是本科应届毕业生，应届与非应届此后可以互补，所以这一假定在数量上出入不大，也只占本科毕业生的 8.5% 而已，本科的培养目标与规格，应以瞄准社会的实际需要为主，即使是重点高等学校，除个别特殊情况外，也不应当把本科教育作为研究生教育的准备阶段，不应当把考研究生的比例作为质量高低的唯一指标。至于衔接问题，应由研究生这个层次来考虑。换句话说，本科教育不应围着研究生教育转，研究生（主要是硕士生）教育却应当充分考虑本科教育的基础。

　　研究生教育，是建立在本科教育基础上的最高层次教育，为区别于本科教育培养高级专门人才，教育理论界把它的培养目标定为培养高层次专业人才。"高级"和"高层次"，很难从文字上去推敲，无非是约定俗成，表示层次更高而已。传统的研究生教育，着重于学术水平、理论水平的提高，培养学术型的高层次人才。上一讲已经说过，近年来高教理论界着重于研究应用型人才的培养问题。我国在恢复和发展研究生教育之初，按照传统的培养模式，培养了大批具有硕士、博士学位水平的青年学者，分配到大学和科研机构去，这对于充实高等学校师资和科研队伍，提高师资水平和科研水平是起了作用的，尤其是20世纪80年代，面临学术队伍的"断层"，这批人才的补充，不但缓解了后继乏人的困境，而且拓展了许多新的学科领域。但是，随着改革开放的深入，生产力发展水平的提高，科技革命的挑战，生产部门、机关事业单位也急需高级工程师、高级临床医师、高级经营管理人才等应用型的高层次专业人才。研究生教育也要为这些部门、单位提供所需人才，这就要求这一高等教育层次要做出相应的结构调整。

研究生教育是一个跨度很大的层次。如上所述，我国现行的研究生学制，分为硕士、博士两个亚层次，如果加上博士后研究，则是三个亚层次，还有一个包含在硕士亚层次中的研究生班，只给证书，不给学位。外国有的只有博士层次，而无硕士层次；有的博士也分为几个层次，年限长短不等，情况很复杂，所以在国际人才交流中，学位的对等互认成为一个很难解决的问题。我们在审查国外的学历、学位证书时，一定要弄清楚该国的研究生与学位制度的实际情况，不要贸然以为它们的硕士就等于中国的硕士，它们的博士就等于中国的博士。至于研究生的学习年限，我国规定是硕士一般为2～3年，博士以3年左右为宜。世界各国对研究生的学习年限，虽也有个基本的规定，但很灵活，有的国家，硕士只要学习1年就行了，博士则三五年，甚至是六七年还拿不到学位，这是因为研究生阶段，硕士生是学习与研究并重，博士生则主要是从事研究，在研究中学习，在研究中提高学术水平。研究不同于学习，一个研究课题，很难在一个统一限定的时间内完成，何况研究生既有脱产攻读学位的，也有在职攻读学位的。我国现时的硕士生的基本学习年限，我认为是比较符合中国国情的。有人认为美国硕士生的学习年限，也不过1年或2年，应当把中国的硕士生学习年限也压缩到2年以下。按当前的实际情况，恐怕难以做到。我国的实际情况是，硕士生的第1年，差不多要全力以赴学习外语，准备好外语"过关"考试，外语课和政治课占去了大部分的时间与精力，抽不出多少时间来学习专业理论和搞科研；硕士生的培养计划，还要用不少于1年的时间进行学位论文工作，半年的社会实践；还有三四门的基础理论课与专业课，若干门选修课，一个月的教学实践；有的还要补修本科生主干课程，补修计算机课程；3年时间，塞得满满的。如果再行压缩年限，只能浅尝辄止，走过场，不利于培养有真才实学的高层次人才。厦门大学高等教育科学研究所曾招过两个研究生班，第一个班学习两年，毕业之后才在工作岗位上写论文，还能修足应修课程；第二个班，按照新规定，只能学习一年半，实在完成不了学习任务，以后就不再招了。至于博士生学习年限规定为 3 年左右，在职博士生为 4 年，一般来说，也是比较适宜的。但博士生以研究为主，有些研究课题，很难说刚好 3 年或 4 年就能完成，就能够写出符合博士学位水平的论文。按规定，超过 3 年期限只能延期 1 年，并且不再拨给培养经费和助学金，逼得博士生和导师只能就此停步。这种一起"开步走"，一起"立定"的整齐划一步伐，很难说是按照高层次人才的教育规律和科学研究规律办事，只能说是违反教育规律屈从于国家财政预算计划。

专科教育，是高等教育系统中的重要的子系统，不论从世界上或从中国的经济发展与高等教育发展的趋势来看，这一子系统都显得越来越重要。从高等教育结构看，专科教育，有一个重要的而又往往被人们所忽视的结构理论问题，那就是：专科教育是不是一个单独的层次，本科教育与专科教育是不是两个高低不同的层次？这个问题，在我国高等教育理论上，一向被人忽视，没有弄清楚，因而导致教育实践中一些做法的正确与否，说不清楚，从而产生一些不利于专科教育发展的影响。所以，这里有必要对这个问题展开谈一谈。

教育结构中的层次结构关系，是指相对独立、相互衔接的层次之间的关系，例如，小学是一个层次，它具有初等教育的相对独立性，而又与初中相互衔接；初中与高中，高中与大学本科，本科与研究生，都具有这样的关系，而专科教育与本科教育，则不具有这样的关系。专科与本科，同样与高中衔接，在起点上并无高低之分（5 年一贯制的专科，虽然与初中衔接，但在 5 年之中，必须学习高中的重要教学内容。日本 5 年制的高等专门学校，在进行高等教育统计时，只计算四五年级学生；专修学校则只计算修专门课程的学生）。在学制年限上，虽然专科年限一般较短，本科年限较长，但两者之间并无衔接关系。本科不招收专科毕业生，专科毕业生不升读本科。因此，两者不能构成相互衔接的高低层次关系，而是同一个层次的两个并列的子系统。

这两个子系统的主要区别是培养目标、培养规格、教学内容、课程结构上有所不同。本科教育，理论与应用并重；专科教育，则着重于应用技术与工艺。大学本科，首先要求有较为宽厚的理论基础，而专科则对理论基础不做过高的要求，但在应用技术与工艺方面，它的要求并不低于本科，甚至在熟练程度上比本科的要求还更高。因此，在课程结构上，一开始就有所不同，即使同样的科目，教材内容也应有所不同。这两种专门人才，在社会适用上是不同的。以工科为例，本科毕业生可以从事研究、设计等工作，而专科毕业生，一般不要求其具有研究、设计的能力，他们更适合于从事制造、施工、运行、维护、测试等方面的技术、工艺和管理工作。从重学轻术的传统观念看，似乎本科高一些，专科低一些；加以年限的长短、起点工资的高低，以及某些政策导向的不当（如高考分数高的进本科，低的进专科），就使人们以为本科与专科的区别在于水平的高低。从教育结构理论看来，这种观点是不正确的，也不符合国际上通行的分类标准。

联合国教科文组织所制订的《国际教育标准分类法》，把教育的层次结构从低到高，分为三级五段（加上学前教育则是六段）。这五段（或六段）是相互衔接的。第一级教育相当于初等教育；第二级教育相当于中等教育，其中第一阶段相当于初中，第二阶段相当于高中；第三级教育相当于高等教育，其中第一阶段就相当于专科和本科，第二阶段相当于研究生教育。专科和本科，同属于第三级教育的第一阶段，也就是说，这一阶段分为两类教育，编号为"5"的这一类标明："授予不等同于大学第一级学位的学历证明"；编号为"6"的这一类则标明："授予大学第一级学位或同等学历证明"。两类教育都是与高中阶段衔接，都标明"从17岁或18岁开始"；所不同的，前者"期限约为3年"，"更注重实用，内容专业性强"，"许多课程计划是为那些准备就业或已经在某个部门工作的学生制订的"，"专业课程的特点是，对所学学科的理论性、一般性和科学性原理不太侧重，花时不多，而侧重于它们个别职业中的实际应用"，毕业后可"承担具有高度技术性和负责性的工作"；后者"期限约4年"，"其特点是，大部分时间花在所学科目的历史方面，其次才是实践技能"，"重视研究，培养学生参与独创性工作，毕业后可以就业，也可以考研究生"。① 由此可见，高等专科教育相当于前者，大学或独立学院的本科教育相当于后者，两者只有性质任务的区别，而无层次高低之分。至于学习年限的长短，也是相对的，随着生产力的提高，对于应用技术人才有更高的要求，专科教育学习年限的延长，也不是不可能的。有些发达国家，高等专科学校的年限不低于本科，有的则在专科之上设置了不同于本科系统的高层次专科学校或技术学院、工艺学院。我国台湾，就在 1974 年开始设置工业技术学院，分为招收专科毕业生入学、修业两年和招收职业学校毕业生入学、修业四年两种。形成"职业学校—专科学校—技术学院"系统，与"高中—大学或独立学院本科"系统，双轨并列。

专科教育是应用技术的工艺性、职业性的教育，所培养的专门人才，主要从事生产、生活、管理第一线的工作，能够较好地适应基层部门、企事业单位的实际工作。就工业来说，当产品设计之后投入生产、质量管理，主要决定于在生产第一线的技术人员与熟练工人；就农业来说，农业技术的推广应用和生产管理，主要依靠散布在广大农村的农业技术人员；就财经来说，大量需要的是基层财政、税收、金融部门和企业单位的财经人员；而第三产业的兴起，更需要大量素质高的服务人员。这些专门人才，如果都靠本科培养，不但形成结构性的浪费，而且本科毕业生，在实际操作、动手能力上，往往反而不如专科毕业生。因此，世界各国，无论发达国家或发展中国家，相当于专科教育的高等职业技术教育，它的发展大都比本科教育迅速。中国的专科教育，虽然历史很长，可以追溯到清末大量兴办的实业学堂，民国时期（1949 年 10 月前）的高等专科教育。但由于经济上生产不发达，思想上重学轻术，这类学校往往不受重视。中华人民共和国成立初期，为适应当时经济恢复的需要，专科教育一度有所发展，以后因囿于苏联模式，误以为苏联只有中专，没有高专（其实苏联中专的高年级，它的水平就相当于高专），决定把培养技术人员的任务，交给中专，大量削减高专的招生数。以后专科教育虽几经起落，但一直未受到重视，一直没有明确它的地位和作用，专科

---

① 联合国教科文组织教育统计局. 国际教育标准分类［M］. 北京：人民教育出版社，1988：5，6，8，161，216.

比例过低的问题也一直没有得到解决。20 世纪 80 年代以来，由于经济发展的需要，专科教育在宏观规划上才受到一定的重视。除增加高等专科学校和大学专修科招生数外，还创办了一批相当于专科的短期职业大学，发展了相当于专科的成人高等教育。但是，由于对专科教育在经济社会发展中的重要性认识不足，对专科教育的特点研究不够，误以为专科教育就是一个低于本科教育的层次，重本科、轻专科的思想并未能很好地转变过来，以致产生许多不利于专科发展的政策导向或自发现象。例如：

——高考招生，成绩好的进大学本科，差的进专科，而不是根据学生的素质、能力，动手能力强，适于从事应用技术、工艺的进专科。

——毕业生待遇、工资相差一个等级，而本科与专科，学习年限相差一年或两年，这也使人有专科生低人一等的感觉。

——专科教学内容，沿用本科的课程教材，只是删去难的，学得浅些，缺乏自己的特色，不能发挥自身的优势，自然也就使师生有专科水平低于本科的感觉。

——在办学模式上，高等专科学校，向大学看齐，争取"升格"为大学或独立学院，否则也要争取"戴帽子"办本科班，以"提高"学校的社会地位。

——高等教育自学考试，把学历分为两段，学若干门规定的课程，考试及格，获得专科学历证书；再学几门高、深、专一些的课程，考试及格，就可获得本科学历证书。

如此等等，都是不利于专科教育按自己的特点发展与提高，按自己的特点为社会主义建设服务。

如果说，上面所举的这些例子，只是"不利"于专科教育的发展提高，那么，还有一种做法，则是"伤害"专科教育的。那就是，有一种曾经颇为流行的所谓"中期选拔制""中期淘汰制"或"中期分流制"，即把专科学得好的学生，"选拔"到本科；把本科学得差的学生，"淘汰"到专科。

应当申明，我并不反对选拔、淘汰、分流，把竞争机制引进高等学校，就要打破大学生的"铁交椅"，选拔、淘汰、分流，用之得当，有利于增强大学生的竞争意识，激励他们发愤图强。我所反对的是这种为保证本科生的质量，而"以邻为壑"的做法。有人说，本科生不合格，本来应当留级或退学，现在让他们转到专科学习，给"出路"嘛。殊不知给几个学习差的本科生以"出路"，却伤害了千百万专科生的自尊心，贬低了专科教育的社会地位和作用。有的大学，每年给有关的专科学校几个名额，让他们把优秀的学生中期推荐到本科插班学习，这就使得大批专科生不安心于学习专科课程，而去准备参加本科的"选拔"考试，以致专科学校的教学秩序大受影响，这种做法，直到1990年底，在广州召开的"全国普通高等专科教育工作座谈会"上，才初步弄清是非，明确规定"那种把不合格的本科生转为专科生处理的办法是不当的，必须中止"。但优秀的专科生选拔为本科生，是否也是不当，仍不明确。按照系统论的观点，本科与专科，是高等教育系统中同一结构层次中两个并列的子系统，它们的培养目标、培养规格、课程组织、教学内容，一开始就有所不同，一般不好互转。但子系统间，可以有所交叉，在一定条件下，可以互通。如果由于某种原因（不是由于学习好坏），专科毕业生要插班本科，必须补习基础理论；本科低年级学生，要插班专科，也必须补习应用技术、工艺课程，才能符合各子系统的规格。

以上谈了研究高等教育层次结构的前一个任务。下面再谈谈后一个任务，也就是高等教育各个层次的比例关系问题，或者更确切地讲，本科教育和专科教育两类教育的比例问题。因为本专科同研究生的比例关系，比较简单。世界各国，研究生占大学生总数的比例，除英、美、法少数几个发达国家外，绝大多数都在10%以下；我国曾一度增长较快，1985年研究生招生数最多，达大学招生总数的7.57%，在校研究生数占5.03%；以后招生数逐年减少，1990年的招生数仅占4.7%，在校研究生数占4.31%，比英、美、法低，比日本和苏联高。今后一个时期规定在5%~10%之间，可能是比较合理的。至于2000年之后，是否需要调高一些，还得根据生产力与科技发展情况、人才需求预测进行调整。近年来讨论的"热点"，主要集中于本科教育与专科教育的比例关系这个问题上。

本科教育和专科教育，有没有一个合理的比例或叫作优化的比例？可能有，也可能没有。如果要从总量上来寻求一个所谓"合理"的比例，即使不能肯定说"不可能"，也可以说至今"没有找到"，恐怕今后也难以找到。北京大学汪永铨教授和该校高教所的同志对 5 个发达国家和 37 个经济发展水平不同的国家的高等教育层次结构分别进行了比较研究，得出的结果是 5 个发达国家"不存在某种各国一致的高等教育水平结构模式"。以 1980 年为例：第一级教育（大体相当于专科），学生数占总数从 23.1%～60.3% 不等；第二级教育（大体相当于本科），学生数从 38.5%～53.7% 不等。37 个经济发展水平不同的国家也是如此，高等教育层次结构与国家经济发展水平没有表现出明显的相关性。无论是人均 GNP（国民生产总值）低水平的国家（少于 500 美元）、中等水平的国家（500～3 000 美元），还是高水平的国家（3 000 美元以上），第一级教育学生数占总数比例都既有很低的（低于 10%），也有较高的（高于 30%、40%，个别 80% 以上）；第二级教育学生数比例也都既有较低的（低于 40%、30%，个别 10% 以下），也有很高的（高于 80%），而且看不出随着人均 GNP 的高低而呈现某种渐高或渐低的趋势。有人说，专科、本科、研究生三者的"合理"比例应当呈现为金字塔形，根据上述比较研究，除研究生这一层次确实比本科、专科少得多（绝大多数在 10% 以下），可以看作是金字塔尖之外，在本科、专科之间，却找不到专科学生数必是多于本科的事实根据。恰恰相反，2/3 的国家，第一级教育学生数占总数的比例低于 30%；而 3/4 以上的国家，第二级教育学生数占总数的比例高于 60%，其中约 1/2 的国家高于 80%。[①] 由此可见，要从总量上找出一个所谓本专科"合理"的比例，恐怕是不可能的。只能说，就发展趋势看，不论发达国家或发展中国家，20 世纪 60 年代以来，多数呈比例上升的趋势。但如果是分不同科类、不同专业，根据社会人才需求的预测，寻求一个在一定时间范围内比较合理的专科、本科、研究生三者的比例，则不但是可能的，也是应当的。不过，也只能是一个动态的、模糊的、相对的比例关系，不应把它看成是一个一成不变的所谓"合理"比例或"优化"比例关系。

根据上面的分析，我认为，研究高等教育层次结构问题，不应当笼笼统统地定出一个本科与专科的"合理"比例指标，好像达到了这个指标，结构就"合理"了，就"优化"了。而应当研究什么科类、什么专业，在一定时

---

① 郝克明，汪永铨. 中国高等教育结构研究［M］. 北京：人民教育出版社，1988.

期，应当有一个什么样的大体比例关系。也就是说，本科与专科的比例，只有具体到科类、专业的比例，才有实际意义。

许多人写文章议论我国本科、专科教育的层次比例问题，总是说，专科太少、本科太多，好像专科比例提高了，本科比例降低了，结构就"合理"了。那么，经过 20 世纪 80 年代后期的调整，专科生的比例已经大大提高了，是不是结构就合理了呢？让我们看一看下面的情况。

1990 年，全国全日制普通高等学校本专科毕业生总数①共 613 614 人。其中，本科毕业生为 307 865 人，专科生为 305 749 人，各约一半，专科生已比世界上绝大多数国家这一级教育的学生比例高。如果与成人高等教育（90%为专科生）合计，两类高等学校当年本专科毕业生总数共 1 102 376 人。其中本科毕业生为 360 163 人，仅占毕业生总数的 32.7%，不到 1/3；而专科毕业生为 742 213 人，已达总数的 67.3%，超过 2/3。这里还没有把当年通过自学考试获得毕业证书的 11 万人（98% 是专科的）计算在内。所以，如果只从总量上说，不应再说专科生太少，本专科比例失调了。但如果分别从科类、专业进行分析，那么，有的科类、有的专业仍存在专科比例偏低的问题。例如，对专科生需求量较多的工科，1990 年专科毕业生只占当年工科毕业生总数的 36%，农林两科只占当年总数的 38%；而成人高等教育中，工、农、林三个科类的学生合计，也不过占成人高等学校学生总数的 1/5；高等教育自学考试，更少开考这三个科类专业。所以，这三个科类的专科毕业生的确偏少。那么，这三个科类的本科生与专科生的比例应各占多少才合理？这要根据生产力发展水平和工农业的结构来预测，显然，劳动密集型的产业同技术密集型的产业，其所需人才的层次比例是不同的。所以，笼统地从总量上谈高等教育层次结构的"合理"比例，没有多大意义。只有进一步从科类、专业或专业群来研究，才能为研究教育发展战略、制定教育规划和政策提供依据。因为高等教育不同于普通教育，它所培养的是分门别类的专门人才，即使专业口径拓宽，也不可能和不应当把工科毕业生调去搞农、林、医工作，把冶

---

① 从社会对人才的需求量看，应统计毕业生数或招生数的比例才比较准确，因为本专科学制年限不同，统计在校生数不准确。

金专门人才用于搞运输、建筑，把纺织专业的毕业生调去搞食品加工。总之，高等教育层次结构比例，只有结合科类、专业结构的研究才有实际意义。

三、高等教育的科类—专业结构

上面说过，教育分层次是教育发展的一个标志，也是社会进步的一个标志。同样，高等教育分科类、分专业（国外不一定称为专业，但系、科、组或"课程计划"等，实际上也是按学科、专业划分的），是高等教育发展的一个标志，也是科学发达的一个标志。古代处于萌芽状态的"高等教育"，不存在科类之分。中国东汉的鸿都门学，唐代的律学、书学、算学。西欧中世纪大学的医学、法学、神学，只能看作是专业性教育的雏形，还不具备近代大学科类—专业的模式。大学分科培养人才，是近代科学发展、学科分化的产物。随着科学技术的迅速发展，新的科类、专业不断涌现，而且越来越多、越来越复杂，科类—专业结构的研究，就成为一个重要的问题。

在教育结构中，科类—专业结构是高等教育和中等职业技术教育一个特殊的问题。普通教育是科学文化基础教育，以培养合格的公民为主要任务，一般不存在科类—专业结构问题。高等教育是培养专门人才的教育，毕业后将直接参加社会各个部门的专门工作，它的培养目标与规格必须符合有关部门的需要；社会各个部门所需要的人才多寡不等，它的结构比例必须受经济结构和社会结构的制约。因此，高等教育科类—专业结构的研究任务也就是两个：一个是各种科类、各个专业的培养目标与规格，课程结构与教学内容；一个是各科类、专业的合理比例。

我国现行的高等教育本科分为 11 个学科门类：哲学、经济学、法学、教育学、文学、历史学、理学、工学、农学、医学和管理学。每个学科门类再分为若干类，每类之下设置若干专业。专业划分的根据，一是学科性质，二是社会分工。有的以学科性质为主要根据，如文学、理学；有的以社会分工为主要根据，如工学、医学；更多的是两者结合，如工学就包含了医学性质的生物医学工程，医学中的药物制剂实际上更接近于工学。随着科技与社会的发展，出现更多非理非工，亦理亦工，以及多种学科交叉融合的新专业，正如学科的综合、交叉是科学发展的必然趋势，科类—专业的综合、交叉也是高等教育发展的必然趋势。同时，为了适应社会各部门的实际需要，以学科性质作为分类依据可能逐渐淡化，按社会分工作为分类依据可能逐渐强化，从联合国教科文组织所制订的《国际教育标准分类法》，可以见到这一趋势。

《国际教育标准分类法》将本科教育分为：普通教育科学和师范，美术和应用艺术，人文学科，宗教和神学，社会科学和行为科学，企业管理及相关学科，法律和法学，自然科学，数学和计算机科学，医学诊断和治疗，工程学、建筑和城市规划，农学林学和渔学，家政，大众交流和文献学等十余个学科门类。专科教育不设普通课程计划，却增加了手工工艺和工业、运输和交通，服务性行业等学科门类。这些学科门类，有许多显然是根据社会分工划分的，如果深入到学科门类之下的类和专业，更可以发现社会分工是科类—专业划分的主要根据。专业设置，应当根据学科性质还是社会分工，不论在国外或国内，都有争论。学者倾向于按学科性质设置专业，而用人部门根据实际需要强调按社会分工设置专业，甚至要求按产品、按职业岗位设置专业。我认为，分析学科性质对于认识世界是重要的，然而更重要的是从事改造世界的社会分工。一般来说，文科、理科可以侧重于按学科性质分类，而工、农、财经、政法等，应当侧重于按社会分工分类。但本科教育，一般不应按产品、职业岗位设置专业，专科教育、职业技术教育，尤其是面向地方的职业技术教育则另当别论，但也不应搞得太窄。因为即使是职业技术的学历教育，也不同于专为培训某种产品工艺或职业岗位技术人员的短期培训班。

可见，高等教育合理的科类—专业结构，应当充分反映经济结构和社会结构的现实情况和未来发展趋势；调整和改革科类—专业结构，也应当以经济和社会各部门对人才需求的数量与规格为基本依据。在人才市场充分开放的社会中，科类—专业结构的"合理化"，除某些特殊的科类，如军事教育之外，主要是靠人才市场自发调整的。"热门"专业，报考的学生多，高等学校就增设这类专业，多招学生；"冷门"专业，报考的学生少，就少招、停招、取消；新的行业或职业出现，就新设对口的专业；如此等等。它的优点是对人才市场的反应很快，比较机动灵活，但盲目性也很大。人才培养的周期长，而市场信息往往是短期的；加以市场竞争，一哄而上，毕业就失业，是普遍的现象，形成了结构性的人才浪费。为此，在资本主义国家，现在也很强调人才培养的计划性，并通过财政拨款进行有限度的控制。我国的经济体制是社会主义市场经济，必须有一定的宏观调控避免大量的人才失业与浪费。

总之，在人才培养上，既要从全局出发，有宏观的规划与调控，又要有灵活机动及时反映人才需求的运行机制。在制定规划时，要充分考虑到制约科类—专业结构变化的种种因素，除经济结构和社会结构外，还要注意科技的发展，精神文明建设的需要，人们对职业的选择倾向，以及教育自身的规律等因素的作用，正确处理一系列的矛盾关系。

在专业调整上，人们谈得最多的是长线与短线问题。所谓长线与短线，是通过人才市场即毕业生就业情况体现出来的。不言而喻，短线专业应当多招或增设，长线专业应当少招、停招，合并、停办或转型，但在实际调整时，却不能简单从事，要充分论证。就是说，还得充分考虑其他矛盾关系，尤其要充分考虑当前与长远的需求关系。

人才市场供求状况，往往只是短期现象，而教育具有周期长、效益滞后等特点。只凭当前的供求所体现出来的长短线决定调整是不够的，还要根据中长期的预测来确定是长线还是短线，即使已经充分论证确定了，也应当有计划有步骤地调整，要避免短线专业一哄而上，长线一刀砍。对此，我国已有多次经验教训，曾经有一个时期，自动化专业一哄而上，管理专业办得太多太滥。总之，在市场经济条件下，引进市场调节机制是必要的，但办教育还应有长远的眼光。有些专业，目前虽非急需，而从生产力的发展、科学技术的发展趋势看，适量"储才"还是必要的。

同当前与长远这对矛盾关系密切相关的有两对学科性的矛盾关系，一个是通用学科与新兴学科的关系，另一个是基础理论学科与应用技术学科的关系。正确处理当前与长远的矛盾关系，实际上主要就是处理好这两对学科性的矛盾关系。

关于通用学科与新兴学科。20世纪80年代初，当我们提出面对世界新技术革命挑战、向科学进军时，人们热心于增设新兴学科的专业，而对于当前需要量大的通用学科的专业不很重视，甚至有人认为通用学科的专业所培养的是所谓传统的"夕阳工业"的人才，这种想法显然是脱离中国国情的。传统的工业是"夕阳工业"，还是具有勃勃生机的工业，是国计民生所必要的、产业结构中的基本组成部分，这是有待于经济学家和未来学家去研究的问题。而通用学科的专业人才在中国相当长的时期内还是大量需要的则是客观事实。当大量新兴学科的专业一哄而上，有些专业由于大量超前培养而受限于当前生产力与科技水平、条件，以致当这些专业的毕业生"英雄无用武之地"时，又出现责难、埋怨等不满情绪。如何正确处理这一对矛盾关系，我赞同田建国的意见："我国今后一个时期经济结构和技术结构，仍以传统产业和基础工业为主体，劳动密集型、资本密集型企业向知识、技术密集型产业转变，需要相当长时间。从这一基本国情出发，应重点发展面大量广的通用性专业，但也要适应科学技术现代化的需要，稳步慎重地发展新兴学科和边缘学科的专业，逐步健全新兴专业结构。"①

关于基础理论学科与应用技术学科。重学轻术，重基础轻应用，这种传统的观念不适应现代化建设的需要。要改变这种观念，大力发展应用科学与技术，使高等教育能够更直接地在现代化建设中起作用。但也要防止另一偏向，不是在理论上，而是在实际上，轻视基础理论学科的偏向，把基础理论视为"脱离实际"的东西，在教育投入上，在科研经费上，不给应有的支持，以致基础学科的专业陷入困境。科技是第一生产力，我的理解是指科技的整体，而不是仅指应用技术。基础理论，不能直接作用于生产过程，也不能体现为商品价值，按国外有关的规定，它是没有经济价值、不能申请专利的。但对于科学技术的发展，对于生产力总体水平的提高却起着"无价之宝"的作用。必要的基础科学的人才培养和研究必须给予充分的保证。不但自然科学应给予保证，社会科学、人文学科也要给予保证。社会科学不能直接作用于生产过程，但对生产的组织、管理、引导却是重要的，对于社会的发展更为重要；人文学科，对经济可能无直接效益，但却有精神文明建设的效益。

以上几对矛盾关系，大体是从教育的外部关系来论述的，还必须从教育的外部与内部的关系上来处理另外一些矛盾关系。

---

① 田建国. 高等教育学［M］. 济南：山东教育出版社，1990：113.

需要与可能的关系。社会需要，还必须结合高等教育自身的可能，经济与社会的需要变化了，高等教育应当积极地调整其科类—专业结构，但由于师资、设备等条件的限制，又不可能操之过急。不顾条件增设专业或扩充专业，势必导致质量下降；贸然停招或停办专业，势必导致学有专长的教师隐形失业和设备闲置。社会只就需要方面提出结构改革的要求，而高等教育管理部门和高等学校，不能不从可能方面考虑结构改革的种种条件。因此，科类—专业结构的调整，只能是有计划地逐步进行，切忌一窝蜂地赶热潮。

变化与稳定。变化是指科类—专业结构必须随着经济和社会结构的改革而不断调整。合理的结构，只能是一种动态结构，没有一成不变的"合理"或"优化"结构；稳定是指学科、专业的建设要有一个过程，才能逐渐成熟。无论是师资队伍的成长、图书资料的置办、实验室的建设，还是教学经验的积累，都需要有一个相对稳定的时期。频繁的变化不利于教学和科研质量的提高，而一旦学科、专业建立起来了，成熟了，也需要相对稳定才能发挥它的作用。对于变化与稳定这一对矛盾关系的正确处理就是搞好人才预测。人才市场虽然由于受种种外部因素的影响而涨落迅速，在经济和社会出现重大变革的时期，它的变化尤其令人眼花缭乱。但在一定时期，各种人才的需求还是有一定稳定性、可以模糊预测的。当然，不管预测如何精确、科学，总有个"测不准"的问题。因此，对于专业结构，还要正确处理另一对矛盾关系，这就是窄与宽。

窄与宽。专业划分过细，口径太窄，适应性差，这已是高等教育理论界与管理部门的共识。因此，20世纪80年代以来，教育行政部门和高等学校用了很大的力量，致力于拓宽专业面，增强适应性，尤其是对于理工科专业。据统计，1980年全国本科专业数为1 039种，修订后为702种，减少了32%，其中工科本科专业从664种修订为255种，减少了62%；理科本科专业从158种修订为70种，减少了56%。应当说，把理工科一些划分过细、口径过窄的专业适当拓宽，这项工作是有成效的。但如果我们进一步深入研究，为什么工科专业从1953年设置专业之初的107种膨胀至1980年的664种，理科从16种膨胀至158种呢？为什么文科专业反而从1980年的60种增至后来的100种，政法专业从8种增至16种，医药专业从29种增至57种呢？这说明专业往窄方向发展从而数量增加有其客观原因，并非纯属主观的认识问题。专业往窄方向发展的原因，其一是学科的发展，新学科从老学科分化出来，原来老学科的内涵容纳不了新学科，必须分出一个比老学科更专更窄的新专业，这在医药科类特别明显；另一个更重要原因是生产单位、用人部门往往要求设置"对口"专业，最好是按行业甚至要求按岗位、按产品设置专业。理工科专业之所以越分越细、越设越窄，与用人部门要求"对口"培养"实用"人才不无关系。今后在市场经济条件下，引进市场竞争机制，尤其要面向中小型企业，双向选择，宽与窄的矛盾恐怕更为尖锐。当然，并非用人部门都要求"对口"培养，但在行业内，企事业的职后培训还没有条件充分开展之前，大多数企事业单位都希望大学毕业生能够熟悉具体岗位工作，尽快顶岗。高等学校提倡"通才教育"，拓宽专业；用人部门要求"专才教育"，对口培养。是否能够建立一种既宽又窄、两全其美的灵活的适应机制，是当前许多高等学校在深化教改中所要探索的问题，有些学校已经提出并试行了一些看来是可行的做法。例如，"宽专业、窄方向"，宽专业拓宽与加厚基础，可以相对稳定；窄方向则可以视用人部门需要和大学生的志趣，灵活机动地"对口"培养，以之解决宽与窄的矛盾，也可在一定程度上解决变化与稳定的矛盾。又如，主辅修制与双学位制，主修课程按宽要求学好专业，辅修课程按实际需要选择若干"对口"课程；第一学位按宽要求制订教学计划，第二学位按实际需要组织课程。在专业结构上，许多矛盾关系，都可以通过建立某种机动灵活的调整机制来处理，求得动态的合理结构，发挥高等教育系统自我调整的作用。

四、高等教育的形式结构

正如层次结构与科类—专业结构一样，高等教育的形式结构也是随着生产力的发展、科技的发展而变化，多样化、多规格是高等教育发展的共同趋势，体现在形式结构上，便是多种办学形式。19世纪以前，高等教育基本上只有大学一种形式，高等教育与大学，往往被看成是可以互换的同一概念。现在我们习惯上还常常把从事高等教育职业的教师叫作"大学教师"，把接受高等教育的学生统称为"大学生"。从19世纪后期，高等教育开始从单一的大学形式分化出单科学院、专科学校，但这种分化一般只在正规高等教育这个范围内。20世纪以来，尤其是第二次世界大战之后，各种非正规高等教育蓬勃发展，形式繁多，规格不一，以至连高等教育这个概念都概括不了，出现了"中学后教育""第三级教育"等外延更宽的概念。现在世界上有多少高等教育办学形式，很难一一列举。中国高等教育的办学形式，按照管理体制和统计分类，分为两大类：一类是全日制普通高等学校（简称"普通高等学校"），另一类是成人高等学校，严格来说，这种分类是不够科学的，但约定俗成了，可以不求甚解。全日制普通高等教育的办学形式，有大学、独立学院、高等专科学校、短期职业大学（简称"职业大学"），由于近年来独立学院纷纷改称大学，所以，大学与独立学院两者的区别已无实际意义。① 职业大学是在改革开放中新出现的高等职业技术学校，它在层次上相当于高等专科学校，而在性质上不完全等同于高等专科教育，主要面向地方需要，开设职业性专业和课程，在适应经济与社会发展上比较灵活。这种学校如果办得对、办得好是具有强大生命力的新型大学；但如果受传统观念的影响，重学轻术，重理论轻实用，一味向传统大学模式看齐，把"职业"两字抹掉，那就"扬短避长"，很难办好。② 成人高等教育的办学形式很多，按照教育部统计分类，有广播电视大学、职工高等学校、农民高等学校、管理干部学院、教育学院（含中学教师进修学院）、函授学院、普通高等学校举办的函授部、夜大学。此外，各种专修班、培训班、进修班也都属于成人高等教育，还有个人自学、社会助学、国家考试三者结合的中国式新型高等教育自学考试形式。众多的高等教育形式，使中国的高等教育形成了学历教育与非学历教育并举，职前教育与职后教育并举，全日制与部分时间制、业余制并举，面授与远距离教育并举，学制长短并举，公办与民办并举的高等教育格局。

　　因为本"讲座"所论述的，基本是针对全日制普通高等学校教育形式的，这里就只谈谈有关成人高等教育办学形式的若干问题。

---

　　① 最近几年又重新出现"独立学院"的概念，但不再是原来意义的，而是指依托老校办的、有独立法人资格的、民办性质的二级学院。

　　② 到了20世纪90年代特别是90年代末和21世纪初，这种学校发展为职业技术学院，以培养应用技能型人才为任务。

　　成人高等教育不同于普通高等教育的主要特点有两个：一个特点是与社会紧密联系，能够直接有效地为社会服务。成人高等教育按其本来任务，主要是职后教育，招收在职的职工进行培训，以提高在职职工的知识、技能和文化素质，从而直接发挥提高劳动生产率、产品质量、工作效率的作用。

　　另一个特点是机动灵活。学习时间多是部分时间或业余，学习年限可长可短，更重要的是能够根据经济社会和各部门的需要，设专业、开课程、办班。国外相当于我国成人高等教育的各种职业技术教育，有单科的，多科的；有给学分的，不给学分的；有早、午、晚上课的；有长至几年，短至几周的；非常灵活。我国成人高等教育的几种主要办学形式，虽还不那么灵活。但比之普通高等教育，却是灵活得多。因为具有上面所说两个特点，所以既能满足社会对专门人才多样化的需要，又能增加青年职工接受高等教育的机会，还能发挥社会力量办学的积极性，对于节约教育经费，改善高等教育结构，补充正规教育的不足，都起了积极的作用。所以在改革开放中，成人高等教育发展很快。1986 年和 1987 年，在校学生达到 185 万多人，已接近当时一年全日制普通高等学校本专科的在校学生人数（1986 年 185 万多人，1987 年 195 万多人）。其后由于控制招生，人数才逐年有所下降，1990 年仍有 166 万多人。如果加上各种培训班和自学考试的人数，则远远超过普通高等学校本专科的人数了。可见，成人高等教育在当前改革开放中，已成为高等教育结构体系中的重要办学形式。

　　成人高等教育是否应控制发展？全日制普通高等教育与成人高等教育有没有一个"合理"的比例？如果成人高等教育只是一种学历教育，在发展速度与数量上，是应当与普通高等教育统筹规划、控制发展的，因而应当有一个适当比例。如苏联的全日制高等学校学生与函授部、夜校部（包括独立的函授学院与夜间学院）的学生之比，多年来处在 4：6 到 5：5 之间。如果是非学历教育，也非全日制脱产学习，则应当视职前或职后培训的实际需要而定，只要社会有需要，地方或行业、企业有力量举办，就不必严加控制。

　　如何进一步办好成人教育，有许多实际问题要解决，如培养目标、规格、质量、教材、教法、经费、生源、毕业后的待遇等，但首先要解决的是认识问题。要转变传统的正规化的大学教育观念，从成人高等教育的特点与中国当前的特殊任务出发，掌握成人高等教育不同于普通高等教育的特殊规律。有了共识，才能实事求是地解决许多实际问题。

成人高等教育向普通高等教育看齐，这在成人高等教育兴办之初是难免的。因为开始兴办时，要依托普通高等学校，教师是由普通高校培养出来的大学生或聘请普通高校教师兼任，教学计划以普通高校相应专业教学计划为蓝本，教材只是借用略加增减的普通高校教材，受普通高校的办学模式所影响是必然的。但在今天，成人高等教育已经发展到了同普通高等教育"分庭抗礼"的重要地位，就应当努力摆脱普通高等教育办学模式的条条框框，力求办出自己的特点，发挥自己的优势，使之能够更好地适应我国经济社会发展的需要。要制定自己的培养目标、规格，形成自己的质量观；要制订自己的教学计划，编写自己的教材，采用自己的教学方法；要开辟自己的生源。一句话：在为社会主义现代化建设事业服务上要走出自己的道路，不能老跟在传统大学的后面亦步亦趋。当然不是说不能借鉴普通高校的经验，但必须是那些符合成人高等教育特点的东西；更不是说不要同普通高校合作，从师资到教材、设备都可以互通有无，争取普通高校的帮助。

如果有了这个共识，那么，我们对许多实际问题如何解决，或许就有了比较可行的办法。例如以下几个方面。

——在生源上，根据直接有效地为社会服务的特点，应当坚持以招收在职的工人、干部为主，主要承担职后培训。在教育类别上，应当以非学历教育为主，主要承担岗位的、职业的培训。当然也不反对招收一些待业青年，但主要应根据社会需要进行职前培训；也不反对有些成人高校进行学历教育，以满足青年和成人的学历要求，但不应过多地搞与职业、岗位无关的，只为谋求一纸文凭的学历教育。可是，近年来，成人高等教育发展的趋势却是学历教育逐渐增加，非学历教育逐渐减少。为什么有这种现象？这与传统的重学历、轻培训的观念有关，但更重要的是由于我们在人事制度上重学历、轻实际能力；在劳动制度上对岗位任职资格考核不严格，没有形成制度，或虽有制度而执行不认真。在市场经济竞争的条件下，这种情况正在改变或必将改变，成人高等教育在办学思想与措施上也应该相应改变。

——在学习时间上，应当坚持部分时间制或业余制为主，这样才有利于在职培训。现在，许多成人高等学校向全日制普通高等教育看齐，办成全日制学校，有的电大、职工大学也搞住读，为学生建宿舍，开食堂，力求"正规化""小而全"，机动灵活的特点逐渐丢失。除了为解决边远地区、农村学生就学需要之外，一般似不宜于招收住读生，过分追求"正规化"。

——在学校规模上，可以有大有小。大城市人口集中，成人高校校舍设备条件比较优越，规模可以大一点，其他城市一般不应强调扩大学校规模。国家教育委员会正式统计的全国成人高等学校，1990 年 1 321 所，学生166 万多人，校均规模 1 262 人，已不算小。当然，其中 40 所广播电视大学规模很大，其他形式的成人高校，大多在这一平均数之下。但成人高校，尤其是职工大学，不论地方办或厂矿办，都各有其适应性。不能以"学校规模大，经济效益高"为理由，强求其扩大规模或合并办学，还得考虑主办单位的积极性、办学经费来源、学生就读方便等因素。纸上谈兵地"合并办学"，往往会导致一些学校被取消，简单从"投入—产出"公式来考虑，未必能计算出真正的经济效益，更难以计算出真正的社会效益。

——在成人高等教育系统内部，如何理顺关系，更是一个复杂问题。现在，所谓"五大"（即各种形式的成人高校）之间、成人高等教育与高等教育自学考试之间，各成体系，各自为政，专业设置重复，相互争夺生源。在理论上，理顺内部关系并不复杂，每种形式的成人高校，应当各自发挥其办学优势，开设社会所需要、自己能办好的专业；或者横向联系，联合开课。有些课程适合于远距离教学，由电大、函院负责；有些课程必须实习操作，要依托厂办职工高校或普通高校的夜校；高等教育自学考试机构负责国家考试，成人高等学校承担助学任务，前者严格把考试关，后者严格把教学质量关（且比一般社会助学机构的教学质量高）。各司其职，顺理成章。但是在实际上，顺理成章的事情却不好办，这里关系管理体制、经费与权益问题，事情就复杂难办了。正如普通高等学校分属各业务部门，形成条块分割，设置重复，理论上说应该统起来，但实际上就是统不起来，因为这牵涉到经费、设备、毕业生就业等问题。地区所设师专，如果与同级所办教育学院合并办学，师资力量可以加强，校舍设备可以充分利用，更有利于教育理论与教育实践的结合，但在 20 世纪 90 年代，除个别省份之外，合并办学工作的推进很慢，这说明高等教育结构的调整，理论上的优化与实际上的可行性必须结合起来研究，否则难免流于空谈。

以上分析了高等教育宏观结构中的层次结构、科类—专业结构以及形式结构。宏观结构还有地区（布局）结构，宏观管理结构等。这些结构，也都有许多特殊的问题，必须进行专门的研究。

五、研究高等教育结构问题的方法论意义

以上已经讲了高等教育结构的概念，高等教育系统中几种重要的结构体系及其在当前存在的种种问题。这些内容都是重要的，但学习这些内容更重要的意义是：通过对各种结构体系的阐述和问题的分析，学习如何运用结构的理论与方法来研究高等教育。在一定意义上，作为方法论的高等教育结构理论与方法，比具体的教育结构知识和问题更为重要。尽管上面所阐述的知识和所探讨的观点，有的可能是不准确甚至是不正确的，但体现在教育结构的研究分析中的方法论，则是对我们研究高等教育很有价值的。例如以下4下方面。

第一，要把高等教育作为一个系统来研究它的结构与功能。

第二，研究高等教育系统中各种要素的关联方式和比例关系，从中可以比较准确地发现问题，解决问题。

第三，要把高等教育系统的结构看成是一个动态结构，不要勉强去寻求一种永远合理和放之四海而皆准的结构模式；但在一定时间和范围内，在一定条件下，必须寻找一个比较合理的或优化的结构模式，使之充分发挥教育结构的功能，获得最佳的教育效益。

第四，高等教育结构的变化，既是高等教育系统内部诸要素运行的结果，又受高等教育系统外部诸关系的制约。因此，高等教育结构的调整与改革，必须全面考虑社会的需要与自身的可能。

现代的高等教育系统，是一个庞大复杂的社会子系统，有纵横交错的关系，有无数的大大小小的问题。过去的许多研究工作，无论是经验性的研究或实证性的研究，往往没有深入到系统的内在结构里。经验性的研究，只孤

立地研究一个一个的问题，没有把问题摆在一定的结构位置上，失之零碎；实证性研究，只抓住"输入"与"输出"两端来论证原因与结果的关系，当避开"黑箱"中复杂的结构关系，则流于表面。运用结构理论与方法来研究高等教育的好处，概括地说，就是能纵观全局，纲举目张，深入内部，弄清机理。

第五讲

高等教育专业培养
目标和教学计划

在东京内山书店前（2000年）

高等教育培养目标，是总的教育目的在高等学校培养专门人才上的具体化，而教学计划是实现培养目标的计划方案，两者是密切联系的。这一讲顺便谈谈学分制问题。学分制就是一种具有弹性的教学计划，这种教学计划，有的高等学校采用了，有的高等学校还没采用，原因主要是有不同看法，在实行上也存在一些具体问题，所以顺便谈一谈。

一、高等教育专业培养目标

在第二讲中，谈到教育基本规律、教育目的，各级各类学校教育的培养目标的关系，指出教育基本规律制约教育的方针、目的，教育目的制约着各级各类教育的培养目标。所以，高等教育的培养目标是总的教育目的的下位概念，它要根据总的教育目的和高等教育的特点来制订。在第四讲中，已经谈到高等教育的结构，高等教育与普通学校教育不同，它不但有层次之分，而且有科类之别。在高等教育总的培养目标之下，又有不同层次，不同科类的培养目标。如果说，高等教育总的培养目标是第一层次，那么，各层次、各科类的培养目标，如研究生培养目标、本科生培养目标、专科生培养目标，以及工科、农科、医科的培养目标就是第二层次；高等教育又是按专业培养各级各类专门人才的，第二层次的培养目标还必须落实到专业培养目标上，这是第三层次的培养目标了。专业培养目标，既要体现高等教育的总目标，又要结合各层次与科类的培养目标，还要根据专业的特点来制订。这样，三个层次的培养目标就构成了"教育目的—高等教育培养目标—不同层次和不同科类培养目标—专业培养目标"的高等教育目标体系。

高等教育的总目标，一般来说，应由国家通过某种立法形式制定颁发。我国的高等教育法还未颁发，所以，至今没有一个统一的提法。1961年和1978年，两次制订颁发的《高教六十条》，虽然都对高等教育培养目标有所规定，但是，因为两个《高教六十条》都是在特定的历史条件下制订的，有当时的针对性。在今天看来，还存在一些需要修改、补充、完善之处。1985年《中共中央关于教育体制改革的决定》，在开头有一段文字，往往被人作为高等教育目标引用。但这段文字是在讲提高全民族素质、多出人才和出好人才时，对各类人才所提出的要求，并没有说这就是高等教育目标。它具有目标性，但还不是高等教育目标完整的表述。我们教育工作者，很希望根据社会主义初级阶段，"一个中心，两个基本点"的精神，颁发高等教育法，提出一个完整的高等教育培养目标，作为制订专业培养目标的依据。

《高教六十条》也好，《高等教育法》也好，所制订的培养目标，只能是总的、一般的培养目标，各层次、各科类的教育都要制订各自的培养目标，各种专业还应更具体地制订自己的培养目标。所以，制订专业培养目标，就不只是教育领导部门的事，而是各校都要做的事，是我们大家的事了。所以，有必要谈谈关于制订专业培养目标的问题。

制订专业培养目标应当有什么要求？第一，要符合高等学校总的培养目标，而高等学校培养目标要符合社会主义德、智、体全面发展的教育目的；第二，要体现层次、类型、专业的特点；第三，目标既要明确，又要有较强的适应性；第四，要有一定的可操作性，对制订教学计划有直接的指导作用。

（一）培养全面发展的专门人才

高等学校不论什么专业，都应当培养全面发展的专门人才，为社会主义建设服务，这是大家都知道、不说自明的。但是有一个问题，还有必要说几句：上面说到教育目的、高等教育目标时，都是从社会需要、为社会服务立论的，那么，教育目的、目标是否也要从个性发展、个人自身发展的需要立论呢？这里牵涉到一个教育的功能与价值问题。教育有两个方面的功能，社会发展的功能和人自身发展的功能；也有两个方面的价值，社会的价值与人自身的价值。在社会主义社会里，这两个方面的功能与价值是一致的，只有充分发挥教育在人自身发展的功能，才能充分满足社会的需要，反之亦然。但人是社会的人，归根结底，人的价值只能体现于社会中，离开了社会，就无所谓抽象的人的价值，甚至生存也不可能。所以，从总体上说，社会发展的需要与个人发展的需要是一致的。但有时也并不完全一致，这就是个人利益与社会利益、个人需要与社会需要发生矛盾时，个人的利益和需要只能服从社会的利益和需要，而不应当让社会的利益和需要来服从个人的利益和需要。这正是社会主义的教育功能观、教育价值观与资本主义的功能观、教育观的根本区别。过去我们的高等教育培养目标，的确存在只从社会需要立论，对个性发展、个人自身发展需要重视不够的问题。现在已经引起重视，并有了一定的措施，今后还要继续强调，采取更为有效的措施。但也不应过分强调，把个人利益置于社会利益之上，把个人自身发展看得比为社会服务更重要，把抽象的人的价值说得比社会价值更重要，那就会矫枉过正，走偏方向。因此，制订高等教育专业培养目标，一个根本性的原则就是社会需要是目的、目标的出发点和归宿。在这个前提下，要充分满足个人自身发展的需要。

（二）专业培养目标要体现层次、类型、专业的特点

综合大学理科的培养目标，着重要求学生掌握较为宽厚的基础理论、实验技能，更好地了解本学科领域的基本理论和边缘学科的新发展，要具有初步的科学研究能力。工程、技术院校的培养目标，则要求学生获得工程师的基本训练，除必要的基础理论、基本技能外，着重于应用科学的知识和专业技能，本科生还要接受设计的训练，具有分析和解决工程技术问题的能力，还应当有一定的工业企业经营管理的知识和能力。作为一个工程师，不能只懂技术，只会设计，不懂经营管理。就说设计吧，缺乏经营管理知识，缺乏经济观点，搞个具体部件的设计有时就不切合实际，搞大的、总体的设计困难就更大。又如：理科有电子计算机专业，工科也有电子计算机专业；理科有无线电专业，工科也有无线电专业，我想，总有些不同。综合大学文科的外语专业、师范院校的外语专业、外语院校的外语专业，是不是也有不同的特点呢？现在有许多问题是不大明确的。现在强调应用，综合大学的理科都搞应用，都想改为应用性专业。化学专业搞成化工专业，而且是某种具体的化工产品专业；物理专业的培养目标就是会装收音机、电视机；动物专业则是以猪为纲，培养目标是养猪，成为兽医；数学专业不甘落后，要搞水工、搞丈量土地；等等。以后强调基础理论研究了，不但理科不搞应用科学，工科也向理科转，重理论，轻应用，轻设计。现在，理科是多了一些，1977年、1978年最热门的物理专业，到毕业时竟发生难以分配的问题。现时理科大多是长线专业，改一些是可以的，但如果都改了，恐怕对基础学科的发展就不利。还有，师范的培养目标，本来应当是比较明确的，但据说意见分歧最大，有的认为应当向综合大学看齐，以提高学校的学术水平；有的则强调应有师范的特点。各级师范的培养目标，应当由师范院校的同志来研究解决，这里

就不便多说了。但考虑专业培养目标，总要有个原则，就是要从社会上专门人才分工的需要出发。社会上既需要科学研究人才，也需要中学师资；中学师资的培养要求，同科研人才的培养要求，谁低谁高？很难说。一般总认为中学师资的要求低，科研人才的要求高。但许多国家，文、理科大学毕业生就可以受雇于科研机构，当然是初级的、辅助的科研工作；要当中学教师，还得加修若干教育课程，大体多学一年，才能取得中学教师的合格证书。准确些说：科研人员要求在宽博的基础上有所专深，而中学教师所从事的是普通科学文化知识的传授工作，对于普通科学文化知识，要求更为宽博，更加熟练，同时，还要具备教育学、心理学的知识和教育、教学的能力。当然，中学师资同科研人才之间，并没有不可逾越的鸿沟，尤其是同基础理论研究人才之间，关系密切。师范院校适当学些较高较深的知识，无可厚非，但侧重点总有些不同。目标没有对准，把普通科学文化知识削弱了，把教育学、心理学、实习课程删掉了，把四年精力放在学习专而窄的理论上，主观愿望与客观需要对不上口，就形成不同程度的浪费。

类型有其特点，专业更有其特点，道理同类型特点一样。比如某大学一个党政干部进修班的教学计划，是上级下达的任务，学校交给中文系办的。中文系就按照汉语言文学专业的培养目标制订教学计划：古典文学、古代汉语、文学史、文艺理论等安排了不少课程，但行政管理课程开不出来，经济知识有一点（作为政治课开的），社会学、政治学没有安排，连应用写作也没开，只让学员学习诗歌、小说、戏剧的写作。学员说：毕业后只能当文化局长、宣传部长，如果让我接书记、县长的班，那就叫我分管文化工作好了。其实，文化局长、宣传部长，分管文化的书记、县长恐怕也当不了。这就叫"专业不对口"。

（三）培养目标既要明确又要有较强的适应性

专业设置、培养目标不宜太窄。1952年高等学校院系调整，是学习苏联的。苏联在第一个五年计划期间，为适应计划经济的需要，着重培养各个行业对口的科技人才，叫作"适应式的专家培养法"，用我们的话说叫作"对口培养"。这在苏联当时是起了一定的促进经济发展作用的。中国在20世纪50年代初期照此办理，批判"通才教育"，提倡专业对口培养，使培养出来的人才能较快地适应经济发展的需要，效果也是应当肯定的。即使在今天，我们也认为不应由于强调"通才教育"而取消专业。但后来在实用主义思想影响下（虽然多半是自发的），专业越搞越窄，培养目标越定越专。在工科里甚至一种产品设一个专业，培养目标就只瞄准一种产品、一个工种。这样发展下去，事情就走向反面，从"通才教育"的不大对口到专业教育的大不对口，从不大适应到大不适应。太专太窄的专业培养目标之所以不能适应社会需要，是因为：人才计划不可能很周密（更不要说经济有计划、人才无计划的那种状态）；生产在发展，生产部门在变革，上层建筑各部门也在变化；科学技术在不断发展，要求有较宽的基础理论、基本知识和技能，才能适应科技的发展变化。不只是中国存在这个问题，苏联也有。苏联从20世纪60年代以来，转而提倡"高瞻远瞩式的专家培养法"，不过积重难返。中国也有点积重难返。西方国家为了解决毕业生就业问题，适应劳动力市场需要，也纷纷在这方面的改革上下功夫。美国强调培养适应社会环境能力的"百科全书式"教育；日本1971年第三次教育改革主张要培养"世界上通用的日本人"。第三世界许多国家也纷纷指责传统大学所培养的人才不能适应发展中国家的需要，要求高等学校根据社会发展的需要订目标、设课程。总之，人才要有计划，培养还要有所对口。提倡"通才教育"未必恰当，也不应当搞实用主义那一套。我们只是在肯定按专业培养人才的前提下，要求培养目标有一定的适应性，不但要宽些，而且要活些。要活些，就得重视大学生智力、能力的培养。在培养目标的制订上，对智力、能力应有明确的要求。智力高、能力强，就能积极地自我调节，以适应社会的需要。教育部提出"打好基础，加强实践，提高能力"，这是加强适应性的有益的指导性意见，也是我们制订培养目标和教学计划的指导思想。

（四）专业培养目标要有一定的可操作性，有一定的精确度与可测性

专业培养目标，是高等教育培养目标体系中最基层的目标，它是制订教学计划直接的依据，也对编写教学大纲和教材起指导作用，更是教学评估的基本依据。过于笼统、含糊的培养目标，就很难进行具体的操作。我国高等学校所制订的专业培养目标，往往都是照抄高等教育总的培养目标，如"培养德、智、体全面发展的××××工作者""培养又红又专的××××专门人

才"，除了填上专业名称之外，看不出什么专业特点。一般虽也分别就德育方面、智育方面、体育方面列出若干要求。德育方面也是照抄高等教育总目标的德育若干要求，如"坚持四项基本原则"、"坚持社会主义方向"等，体育方面，更是只有四个字"体魄健康"。即使最能体现专业特色的智育方面，同样是一个模式，如"掌握基本知识、技能和×××专业知识技能""具有独立思考、独立工作能力""毕业后可以从事×××工作"等。这种培养目标，不但一般化，缺乏专业特色，而且所用描述性文字，缺乏精确性。很难确定一门课程的设置是否为培养目标所需要，课程内容是否符合培养目标；也很难评估一个毕业生是否符合目标所要求的规格。这种单一的、笼统的、含糊的专业培养目标，没有多少实际意义，它不过是总目标的简单重复而已。为了使专业培养目标具有可操作性，人们认为应对专业培养目标进行分解，分层分项列出它的基本标准。近年来从国外引进的一门新学科，"教育目标分类学"，它所研究的内容之一，就是对教育目标如何分解，使之具有精确度和可操作性。当然，作为培养目标，不可能非常具体，过于烦琐；也不可非常呆板，形成僵化。还要有一定的弹性，以便适应不同条件要求，便于调整，还要留有伸缩与发展的余地。近年来，对于教育目标的分类与分解的文章很多，但在教育实践中还不多见。随着教育改革的深化，如何科学地制订专业目标，必将逐渐为人们所重视。

专业培养目标，要体现在专业教学计划上。下面就讲高等学校的教学计划。

二、高等学校专业教学计划

教学计划是指导学校教学工作的基本文件。高等学校的教学计划，体现了国家对于培养某一种专门人才的基本要求、基本规格。它是学校组织教学工作的基本依据。中小学的教学计划是国家统一制订的，高等学校的教学计划除少数由教育部和其他部委邀请专家制订外，大多数教学计划，是由各校制订、修订的。现在《中共中央关于教育体制改革的决定》，已经明确规定高等学校有权制订教学计划。校长、教务处长、系主任要主持这一工作，教师也要参加这一工作。即使不直接参加，也要懂得教学计划的大概和制订的原则，才能更好地执行教学计划。学校以教学为主，学校各部门的干部，对于指导、组织教学工作的基本文件，应当也要懂得才好。

下面谈两个问题：教学计划的结构，制订教学计划的原则。

（一）教学计划的结构

一份简明的教学计划，体现了许多教学原则，包含了许多内容，要照顾到许多方面，处理好许多关系。在未研究这些问题之前，先简介它的基本结构。

1. 课程结构

课程结构是教学计划的基本部分。课程及其顺序构成了学生为达到培养目标所应学习的基本内容的体系。

（1）高等学校的课程结构按层次分，一般可区分为下面几种类型。

共同课或称公共必修课。它是高等学校多科类、专业的学生均须修习的课程，旨在提高学生的政治、文化水平，保证德、智、体的全面发展。主要有政治课、外语课、体育课，还有形势任务课、德育课、劳动课、军训课等。现在许多高等学校也把电子计算机的应用作为一门共同课，有的还把大学语文作为一门共同课。

基础课。指某个专业或专业群的学生必须学习的基础理论、基本知识和基本技能训练的课程，它包括一般基础课，如工科的高等数学、物理学、力学、制图等；专业基础课，如机械制造专业的机械原理、材料力学等；技术基础课，如金属、工艺、机械制图等。基础课为学生掌握专业知识、学习新的科学技术、发展学生智能打下宽厚的理论和技术基础。它的作用，可以概括为：第一、作为普通教育与专业教育的过渡，所谓"循序渐进地把学生领入专业领域"；第二，拓宽知识面，增强适应性。从成才的长远意义上说，基础课甚至比专业课更为重要。所以，近年来，不论是国外或国内，都强调加强基础课的教学。

专业课。它是本专业学生参加工作时所需的专门知识和技能。它是根据国家对某种专门人才的业务要求设置的课程。例如上面所说的机械制造专业的机械制造工艺学、金属切削与刀具、精密加工工艺传动、机床设计等课程。

有的专业教学计划，还开设若干更专更深的专门组课程，进一步发展学生某一方面的专长，培养学生的科学研究能力，但不是每种专业教学计划都非设不可的课程。

　　课程结构的层次，只有相对的意义。首先，某门课程，在不同专业的教学计划中，可能分属于不同的层次。例如政治经济学是政治课，也就是共同课程，但在财经类专业教学计划中，就具有专业基础课的性质；物理学在工科是一般基础课，在理科的物理类专业有专业基础课的性质，专业基础课与专业课之间，专业课与专门组课之间，也有类似的情况。某门课程属于哪一层次，不是绝对的，要看它同专业培养目标的关系。当然，属于不同层次的同一名称的课程，它的广度、深度和侧重点是不同的。其次，综合大学、师范学院的文理科各专业，专业基础课同专业课一般很难严格划分。因为文理科的许多专业，它本身所研究的就是人文科学、社会科学、自然科学的基础理论。

　　还应当指出，不同层次的课程，从构成教学计划的整体来说，都在课程结构中占有一定的地位，具有一定的意义和价值。不应当离开了教学计划的整体，孤立地评价某门课程重要或不重要，意义大或小，价值高或低；不能认为层次越高，价值越高，轻视基础课程；也不应当反过来认为只有基础课程是重要的，专业课程可有可无。我们常常把某些课程说成"主要课程"，把另一些课程说成"非主要课程"。这种划分是不恰当的，而且会产生副作用，会使得学生形成这样的印象：这些课程是主要的，应当努力学好；那些课程是非主要的，可以马虎一点。也会使得教师产生这样的心理，仿佛开"主要课程"身价就高，开"非主要课程"就低人一等。有些教师就是这样，升了讲师之后，就不太愿意开基础课，认为基础课是低水平的，专业课或专门组课是高水平的，开专业课、专门组课才能标志"专家"身份。显然这是不对的。正如人们的社会分工一样，每一种职业在社会分工上都有一定的地位，一定的重要性，不应当说这一种职业是主要的，那一种职业是非主要的。当然，课程分量有多有少，负担有轻有重，习惯上把分量多、负担重的课程叫作"重头课"。为了恰当安排课程，以免学生学习负担畸轻畸重，这样区分也无不可，它的副作用较小。还有一种提法，叫作"基础课为专业课服务"。这种提法也是不恰当的。它会导致破坏基础课程的学科的基础课程系统性与完整性。专业课教师会说：基础课程是为专业课程服务的，专业课程需要的基础课程应当多讲，专业课程不需要的基础课程就不必讲。当然，基础课教师要听取专业课教师的意见，在选择教材时充分考虑后续的专业课程的需要，编写教材和讲课可以有所侧重，但必须保证学科必要的系统性与完整性。这种提法，还会在学生心理上产生畸轻畸重的错觉。我们所应强调的，应当是每门课程都要围绕专业培养目标，为培养专门人才服务。

（2）高等学校课程结构，除按层次划分外，还可按课程同专业的关系分为必修课和选修课。

必修课就是学习某一专业的每个学生都必须修习的课程。通常包括共同课、基础课、专业课，但不是绝对的。有的共同课或基础课，也可能是选修课。

选修课，顾名思义，就是学生可以有选择地修习的课程。正因如此，所以情况比较复杂，许多学校的教务部门、系主任常常因为对选修课的复杂情况掌握不够，在制订教学计划、指导选课、处理学籍上发生一些困难。所以有必要多说几句。

选修课按性质分，有下列几类。

第一，加深专业理论的选修课。这类选修课一般是在学习有关专业课之后选修的，是比专业课更深更专的课程，或者是专业课中不可能充分阐述的先进科学理论和最新技术成就，目的在于扩大、提高、加深学生的专业知识，特别是培养学生的科学研究能力。这类课程，着重于传授科学思想、研究方法，培养学生对于某个分支学科的兴趣和科学研究的能力。专门组课程、有特长的教师以其科研成就所开的课程多属此类。有的选修课程，可能同研究生学位课程有所交叉。

第二，加宽基础知识的课程。如文科各专业学习通史、思想史，物理专业学习普通化学，化学专业学习普通生物学，财经类专业学习法学概论、民法以及工艺课程等。还有"引文入理""引理入文"的课程，横向学科的课程，都起着加宽基础知识的作用。

第三，扩充学生科学文化知识的课程。学生根据其专长或兴趣爱好所选的课程，如新科技讲座、作品选读、文艺欣赏和音乐、美术之类课程。这类课程虽然同专业不一定有直接联系，但可以满足学生对于文化、科学、艺术的需要，开阔思想，丰富精神生活。

对于不同性质的选修课，系主任指导学生选修时，在掌握上应有所不同。

一般，第一类多属于专业性的，要鼓励水平较高的学生选修；第二类，对于水平较高的学生，只要学有余力，也可以多选几门；对于第三类课程，则不宜选得太多，以免分散精力，影响专业学习。

选修课按条件分，还可以分为限制性选修课和非限制性选修课两类。

第一，限制性选修课，习惯上叫作指定选修课。如某一专门组开设若干门课程，这个专门组的学生，就必须按规定从中选修几门。这可以说是选修中的必修。有的学校的公共必修课，也可以让学生有选修余地。如规定每个学生必修一两门社会科学，但并不规定必修哪门社会科学，可以让学生在学校所开的社会科学课程中，如政治学、法律学、伦理学、社会学、教育学等课程中任选一两门；或规定必修一两门自然科学，可以从物理学、化学、生物学、天文学、地质学中任选一两门。这可以说是必修中的选修。在国外的大学中，多有如此规定。我国有些大学也试行这种办法，使学生对社会科学、自然科学都有所涉猎，以提高他们的科学文化素养，开拓他们的眼界和思路。

应当弄清限制性选修课同必修课的区别，不要把限制性选修课当作必修课或变相必修课。有的学校，由于认识的原因或实际的困难，开不出必要数量的选修课，为了提高选修课的比例，就把其他必修课改为限制性选修课，指定每个学生都必须"选修"。教学计划表上是选修，实际上是必修，这种做法是不对的。限制性选修课，顾名思义，就是限制在一定范围内的选修。这个名称比习惯用的指定选修课好。因为指定选修课很容易被误解为指定必须"选修"的课程。所以教育部在新颁布的有关条例中改称为"限制性选修课"。

第二，非限制性选修课，以往也叫作任选课。它是指学生可以根据自己的需要或兴趣选修同专业有关或无直接关系的课程，不受一定范围的限制，所以叫作非限制性选修课。这个名称也比以往叫作任选课好，因为任选课容易被误解为学生可以任意地爱选什么就选什么。任何选修课，都必须在系主任或系主任所委托的教师或班主任指导下选课，它同国外一些大学自由放任，完全随学生兴趣爱好任意选课是不同的。那样会导致有些学生所学课程杂乱无章，甚或出现为了凑学分而投机取巧的现象。为了保证培养专门人才的基本规格，学生选修课程必须是有指导的。我们的选修制度，是中国式的选修制度，不能照搬外国的选修制度。

　　顺便提一下，有的教学计划，把课程分为公共必修课、基础课、专业课、任选课四类，如上所述，这种分类是不够严密的。

　　教学计划结构中的课程结构，是比较复杂的问题，所以多说几句。下面的几种结构，比较简单，就只提一提。

　　2．教学形式结构

　　教学计划还要规定每门课程的教学形式，苏联的教学计划也叫作教学环节。属于一门课程的教学形式有课堂讲授、讨论课、习题课、实验课、课程设计、学年论文、考试考查等；不属于一门课程的教学形式有生产实习（教育实习、临床实习等）、社会调查、毕业设计、毕业论文等。当然，这种划分不是绝对的。如实验课、课程设计和学年论文，也可以是不属于一门课程，而是跨课程或独立开课的；而社会调查也可以是属于一门课程的一种教学形式。一门课程，应当应用什么教学形式进行教学，每种教学形式应当占用多少时间，要根据课程性质、内容、任务而定。

　　3．学时分配（学分分配）

　　教学计划要具体规定每门课程，每种教学形式，按周、学期分配时数；整个教学计划也要规定按周、学期分配时数和总时数。学分制教学计划还要规定学分的分配。

　　4．学历

　　教学计划还要规定学年、学期的起讫和周数；上课、考试、集中的实习活动、生产劳动、军事训练、科研训练等的起讫和周数，以及寒暑假的起讫和周数。我国历来习惯，每一学年分为两个学期，两个假期。1949年以前学期较短，假期较长；1949年以后，学习苏联经验，学期较长，假期较短；1966—1976年间，学期最长，平均每学期达二十三四周，假期极短，寒暑假合起来也就五六周。国外一般学期都较短，假期都较长，比国内1949年以前的还要长。有的国家在很长的假期里再安排一个较短的学期，成为第三学期。这个第三学期，能起机动、调节的作用。为修满学分以便提前毕业的学生可以利用第三学期加修；实习、大实验、各种学术活动、科研训练以及班级集体教学活动、为生产实习、军事训练等，也可以在第三学期进行，以免与选修课冲突。不必加修也不必参加集体教学活动的学生也可利用第三学期和假期去做工。我国现在也有大学试行一学年三学期制，借以解决实行学分制之后所产生的部分困难，并留给学生机动的时间，以便学生灵活掌握。究竟学期长些好还是短些好？一学年两个学期好还是三个学期好？有待于试验、研究。但有一点可以确定的，就是学期拉长，不会按比例增加知识累积数量与智能提高程度，1966—1976年间学期最长，可是知识学得最少；假期适当延长，在学生学习上并不浪费时间。假期或第三学期学生可以广泛地增长知识和才能，所以有较多接触社会实际的时间；也可以得到较充分的休息，以便精力充沛地迎接新的学年。

教学计划的结构，大致就是这样：课程结构、教学形式结构、学时分配、学历等几个组成部分。其中最重要的是课程结构。

（二）制订教学计划的原则

上面把高等学校的教学计划画了一个基本的轮廓，同时指出：一份简明的教学计划，体现了许多教学原则，包含了许多内容，要照顾到许多方面，处理许多关系。所以制订一份合理的教学计划，应当根据以下原则。

1. 必须符合党的教育方针和高等教育培养目标

提出这条原则的理由、意义，我看可以不必解释了。要解释的是贯彻这条原则，应当处理好政治与业务、理论与实践、学习与健康等关系。也就是说，要符合德、智、体全面发展的教育目的。在智育方面，要符合在传授知识的同时发展学生智能的培养目标。

首先，要处理好政治和业务的关系。教学计划除了全国统一规定的政治课、德育课之外，还要留一定的时间，让学生能够参加政治学习、政治活动和社会活动。当然这些活动的时间不宜过多，只能占约1/6。此外，有些活动虽然不是直接的政治活动，但与它是有关系的，例如劳动与军训，教学计划也应做适当安排。前几年有的学校删掉了劳动，现在高等学校一般都恢复了，但如何组织才能收到实效，是值得进一步研究的。军事训练，前几年有许多学校砍掉了，现在已经恢复。为什么应当坚持对大学生进行军事训练？我们认为，这是由我们大学的培养目标和规格所决定的。毫无疑问，我们所培养的大学毕业生，理应是坚持社会主义的骨干。他们不仅是某一个专业领域的专门人才，而且首先应当是社会青年的骨干。既然是社会青年的骨干，那就应该是骨干民兵。前几年，曾经有这样一股风，似乎搞四化建设，就不需要进行军事训练了，战备也可以不要了，这是一种错误的思想。一些资本主义国家的大学生至今尚且要参加军事训练，我们社会主义国家的大学生怎么能不做必要的备战训练，准备随时保卫祖国呢？

其次，要处理好理论与实践、传授知识与发展能力的关系。作为一个专门人才，应当既有理论知识，又有实践能力。理论要加强，实践也不能削弱。"十年动乱"之后，针对"四人帮"对基础理论的破坏，提倡加强基础理论学习，这是对的，也收到很好的效果。但实践性教学环节却大大削弱了。根据许多大学的质量分析，理论知识大多已达到或接近1966年以前的水平，而实践能力却比较低。实验、实习的时数大幅度减少，社会调查、生产实习在一些专业的教学计划中也被删去，或计划表上虽列了，实际并未执行。当然，存在许多实际困难，如实验设备不足、工厂不欢迎、生产实习经费困难等问题。但对于实践能力的重视不够是主要原因。我们曾对毕业生进行了一次普查，接到几百封用人单位和毕业生本人的来信，普遍反映专业基础知识和专业知识还可以，但运用理论知识解决实际问题的能力和动手的能力太差。在修订教学计划时，必须适当加强实验、社会调查、生产实习这些实践性教学环节。同时，要安排一些有利于培养大学生自学能力、表达能力、科研能力、组织管理能力的课程或活动，如查阅文献、使用工具书、使用现代化测试仪器和计算工具、写作、演讲、管理知识等。本科生在科研、设计、论文方面，也应当加强训练。这样，才有利于培养出来的专门人才适应社会的需要。

再次，要处理好学习与健康的关系，解决好学生学习负担过重问题。学习负担过重，影响身体健康，搞过学校管理工作的同志都知道，这是一个学校的老大难问题。其所以难以解决，是因为造成学习负担过重的原因是复杂的。有教材、作业、考试太多的原因，有教学方法和学习方法不当的原因，还有学习条件以及生活条件不良的原因等。教学计划门数、时数过多不是唯一的原因，但却是重要的原因。20世纪50年代初学习苏联经验，就是以苏联当时的教学计划为模式，每学期齐头并进8门、10门以上课程，每周上课30多个课时，还要将苏联5年、5年半的教学计划压缩在4年修完。到50年代中期，学生负担过重就成为严重的问题。以后虽几经修订教学计划，课程门数、教学课时也有所减少，但没能根本解决问题。教学计划请专家制订或修订当然是必要的，因为他们掌握专业知识。但是，单靠某一学科的专家不行，要有教育学家、心理学家、教育管理专家参加。学科专家，往往从需要方面考虑得多——这个专业需要灌输给学生多少知识；这门课程很重要，要多给一些课时，如此等等，对可能的方面考虑较少。问题太严重了，学校只好下达行政命令，一律砍掉百分之多少。这当然是出于不得已的措施，不是根本解决问题的办法。无法删砍，只好"浓缩"，不久之后，又悄悄地增加上去。解决这个问题，一定要树立德、智、体全面发展的观点，要贯彻"少而精"教学原则，切忌只看到一门一门的课程，争门数、争课时，忘记了全面发展。

对于学生学习负担过重问题应当如何看？负担过重，影响身体健康和文化生活，当然不好，但也不是负担越轻越好。学习毕竟是一种艰苦的脑力劳动，轻轻松松地成才是不大可能的。这几年来，在新的"知识无用论"的冲击下，有些大学生产生厌学情绪，有的教师也不敢抓或不愿抓，教学秩序有所松弛，有些学生不再刻苦学习，在长知识的大好年华，却虚度光阴。将来总要为"不学无术"而悔恨终生。当然，这只是一时的、局部的现象。许多高等学校，正在下大力气扭转这个局面。

2. 必须反映科学技术的发展和社会主义建设的需要

专门人才，要作为社会主义建设各个专门领域的骨干，他们必须懂得社会主义建设对于科学技术的新需要，掌握科学技术的新发展、新成就。理科、工科、农科、医科是这样，文学、法学、财经也是这样。所以，教学计划必须充分反映科学技术的新发展。高等学校培养大学生是为了科学技术的将来发展，必须预料他们毕业后 5 年、10 年之后可能遇到的情况和问题。高等学校的教学内容不但要反映以往的科学、当前的科学，而且要反映未来科学发展的远景。因此，有人主张学科的广度和深度应包括三种成分：原有的，以往重要的科学内容；现代科学发展的新内容；未来科学的内容。第三种成分，只是一种预测的、假设的，即在现代科学的主要方向，预见其未来，以现代科学的理论知识为基础来预测未来科学发展的领域。如果按照这种观点来评价我们的教学计划，应当承认，许多专业教学计划，反映以前科学的内容过多，反映当前科学的内容不足，反映未来科学的内容很少甚至没有。我们许多专业，是按古老的学科设置的专业（这并不是不可以）。哲学、历史学、法律学、政治学、物理学、化学、生物学，按其专业名称来说，都是古老的学科。问题不在学科名称是否古老，而在必须对这些古老的学科注入新鲜的血液。拿生物学专业来说，这是很古老的学科，也是 20 世纪 50 年代以来发展很快的学科，是富有生命力的、具有广阔前景的学科。它有许多古老的、描述性的内容，也有许多现代的生物化学、生物物理、细胞学、遗传学的新成就，还有分子生物学、生物工程学这些可以预料的发展方向。为了学习新的成就和研究未来发展领域，就需要更多地学习数学、物理学、化学、电子学等基础知识，学会应用电子计算机、电子显微镜以及各种新的测试仪器的技能，而不只是放大镜和显微镜了。如何制订生物学专业教学计划，就要正确处理老的、新的、未来的以及基础的知识之间的关系。我曾经同几位生物系的老教师开座谈会，向他们请教如何修订教学计划。老教师们的发言，归纳起来有三种态度：一种态度是对生物科学的新理论、新成就接触较多，本人也有所研究，他们兴致勃勃地主张应该让学生多学数学、物理、化学基础知识，学习生物化学、生物物理等专业知识。一种态度是赞成这个方向，不过老的有用的东西还是要保留，认为自己读生物学的时候，不懂数学、物理，现在赶不上了，只能继续搞自己所熟悉的东西，但支持中青年教师向新方向发展。还有第三种态度，他们说：不懂数学、物理、化学，照样是生物学家，念那么多数学、物理、化学，把生物搞到化学、物理领域去，究竟还办不办生物系，设不设生物学专业。专家们主张不一，暂时只好来个折中。老的减一点，新的加一点，数学、物理、化学也加一点；老的删不了，新的要增加，基础要加强。所以，现在生物学专业的教学计划是理科各专业中必修课程门数和学时数最多的一个专业。看来，还得等一个时期，问题才能逐步解决。苏联为保证教学计划能够反映社会对专家质量的要求，曾发动了各科学领域、各业务部门的专家、干部，逐个专业制订出专家质量标准，它的内容涉及高等学校教学工作的各个方面，包括对毕业生应掌握的知识、技能的基本要求，他们将担负的工作职责以及发展方向。作为制订教学计划，教学大纲和毕业生分配、使用的依据。我国有的高等学校也这样搞，这是教学改革的一项有意义的工作。

在我国，专业教学计划与社会需要不相适应这个问题之所以难以解决，不仅是由于我们对各行各业专家质量缺乏科学的标准，还因为我们培养出来的人才，虽然同社会主义建设不那么对口，还是能照样分配出去，工资照拿不误。虽然学非所用，用人单位有意见，但压力不是那么大。如果劳动力市场起调节作用，学生不适应劳动力市场需要，毕业即失业，学生不来了，则非改不可。我不认为劳动力市场调节是很理想的，那种调节往往是缺乏远见的、被动的，因而从科学发展的长远观点看，是不理想的。但市场起点作用，施加一点改革的压力，也无不可。当然，不能光听任劳动力市场的引导。这个问题之所以难以解决，还因为老的课程，专家们自己所专长的、熟悉的不愿放弃。的确，我们也不应当要求学有专长的老教师放弃有价值的老课，改开非其所长的新课，有价值的古老学科知识也还有个继承的问题。是不是可以作为选修课、研究生的课，让少数学生选学，使得我们的教学计划能够更多地反映科学的发展，适应社会主义建设当前以及相当一个时期的需要，也可以减少学生的负担。

3. 必须保证教学内容的完整性与系统性

教学计划是以其整体来实现专业培养目标的，不是只靠某一门或几门课程就能完整地实现培养目标。所以，教学计划中的各门课程，各种教学形式或环节，必须构成一个完整的体系，注意纵、横的联系。纵的联系，就是指课程的顺序和衔接。如基础课一般在专业课之前修习，这样才能用基础理论知识来解决专业理论或工艺课程的问题。生产实习、毕业设计、毕业论文总是安排在最后学年，以便综合地运用基础课、专业课的知识、技能。所以，课程有所谓先修课，后续课。即使是基础课，也要同中学的普通科学文化知识衔接，在普通科学文化基础上有所加深提高而避免单纯的重复。横的联系，是指各门课程之间，要有所分工，相互配合，避免重复或脱节。现在有些专业，课程内容的重复现象十分严重，特别是在社会学科、经济学科、管理学科的课程里，往往一个论点、一个原理，几门课程都讲。当然，不是说绝对不允许重复，同一个论点或原理，在不同课程中，从不同侧面来阐述，或在不同层次有所加深是允许的。而单纯的重复则是浪费学生的时间精力，令人厌烦。所以，教师应从教学计划的整体来看完整性、系统性，某一个论点或原理，在哪一门课程中展开最合适，其他课程能删掉则删掉，由于科学体系的缘故，不能删掉的则可"聊备一格"，不要展开，不要只顾自己一门课。有些新教师开基础课，可能出于好心，恨不得把自己所懂得的东西都一股脑儿倾注给学生，也可能出于卖弄知识高深，把专业课的内容也扯进课堂中。这些，都是缺乏全局观念的。

必修课程要形成一个完整、系统的整体的结构，这一观点比较好理解。选修课程是不是也是教学计划整体的组成部分呢？选修课程虽然不是传授教学计划所预定的知识，但从培养人才的整体观点看，它具有扩大、加深所学专业知识和发展学生智能的作用，也是教学计划整体中的必要组成部分，也同样要注意同其他课程的纵、横联系。同时，学生存在个别差异，应当发挥每个学生的聪明才智。因此，在保证学好基本的、必要的知识前提下，应当允许大学生从不同方面发展，可以多修一些或少修一些。应当在保证完整性、系统性的前提下，让我们培养出来的人才有所侧重，有特殊的专长。

苏联式的教学计划（这里所指的主要是 20 世纪 50 年代的教学计划），同美国式的教学计划比较，各有所长，各有所短。苏联着重于保证完整性、系统性，体系比较严谨，基础较厚，专业较专，所培养的人才一般能保证基本规格，但知识面不够宽博，而且基本上都是必修课，一刀切，培养出来的人才一个模子。美国式的教学计划，完整性、系统性不够，知识面较宽博，但基础不厚，专业较杂，留给学生发挥聪明才智的余地较大，较灵活，培养出来的人才，能够出一些特殊才能，也容易流于浮浅、杂驳，甚至不能保证必要的基本规格，既出人才，也出次品。美国大学院校联合会曾发表一份调查报告，指出美国的高等教育水平正在下降。教学、科研已被"市侩哲学"所占领。调查说，把贸易市场自由放任的哲学运用到高等教育领域，是导致教育水准下降的主要原因。现在，美国犹如一个超级市场，学生是购买者，教师则是推销学问的商人。时兴与潮流进入了本来应该只容纳智慧与经验的领域。这是美国人自己所写的调查报告，值得我们深思。总之，我们不能从一个极端摆向另一个极端，应当兼取所长而避所短。也就是在保证完整性、系统性，保证基本规格的前提下，多开选修课，让学生学得灵活些、宽博些。但灵活、宽博要有个界限，这个界限就是不能影响、降低或削弱基本规格。

因此，选修课同必修课应有个恰当的比例。比例要视不同的层次、类型而定，不要硬性规定30%或10%。专修科这一层次比例应低些，研究生这一层次比例应高些；文科、财经科可高些，医科就不可能太高了。就本科生这一层次来说，一般选修课超过30%可能太多，除医科外，低于10%可能太少。一般的能达20%就不错，这比较适合于我国高等学校的实际。

现在的主要问题除综合大学和基础较好的大学外，不是选修课开得太多，而是开得太少或开不出来。原因有二：一是认识上的问题，以为必修课才是重要的，因为它是每个学生非学不可的，总想把自己所开的课程，千方百计挤在必修行列中，至少也要排在限制性选修行列中，成为变相的必修课。一些水平较低的教师认为"我开的是必修课，学生非学不可的"，似乎就多了一层保证。殊不知教师的科研成果或某种专长，往往是体现在专业选修课中，而拔尖人才，往往也就在某一门选修课的影响下冒出来的。二是实际上的困难，20世纪50年代以来所培养的教师，就是一个模子。加以学校长期是"近亲繁殖"，缺乏必要的人才交流，致使学术观点、知识内容，都是师承一派，难以创新。于是在教学上出现这样那样的现象，叫作"你懂的我也懂，你不懂的我也不懂"，彼此彼此。如果毕业后老是抱着那几本讲义，科研工作没有做出成绩，选修课就很难开得出来。因为这些教师过去读大学时根本没学过选修课。现在许多大学教师，能完整地开一门课就不错了。根据提升教师职称的要求，副教授应能够开出一门必修课和一门选修课，但许多教师就感到很为难："放宽一点吧！能够开一门课也就可以升副教授了。"这种情况在过去是不可想象的。过去一个教师如不能同时开几门课是不能当教授或副教授的。从以上的分析可以看出，当前许多高等学校在开选修课的问题上，困难是不少的。所以，当前应当着重强调选修课的重要性，创造条件鼓励教师多开选修课。但也不要说过头话，像有的学校提出不论什么专业，选修课必须占40%以上。选修课不是越多越好，不要一阵风都去搬美国式教学计划。要保证学生系统地掌握必要的基本知识与技能，保证基本规格，并留有适当余地。一句话：要走中国自己的道路。

4. 必须合理地分配课程门数和教学课时

每门课程，应该分配多少教学课时，一般是根据以下几个方面来考虑的。

（1）本门课程根据培养目标所应完成的教学任务。例如，政治理论课，对于培养任何类型的专门人才，都有重要的意义，所以规定应占学时总数10%～15%。理科专业的高等数学，比医科、农科专业的教学课时多，是由于不同类型专业对于高等数学基础知识的广度和深度的要求有所不同。

（2）本门课程的分量与难度。例如，理工科的数理基础课程，分量较多，难度较大，教学课时都较多；化学专业的物理化学，政治经济专业的资本论，教学课时较多是由于难度较大；选修课一般教学课时较少是由于课程的范围较窄；有些课程，教学课时较少，并不是说不重要，而是教材内容较少或不那么难学。不应以教学课时的多少来评价一门课程的重要性，那样就会使得一些教师对于容易学习的课程也要力争增加教学课时。

（3）教学法上的特点。例如，外语课教学课时较多，除了由于当前学生外语水平偏低之外，也由于学习外语需要较多的课堂练习；分析化学，理论知识并不太多太难，但需要较多的实验课时；数理基础课程课时较多的原因，除了上述分量与难度的原因之外，也由于需要较多的课堂练习和实验。

现在的问题是教学计划中每门课程的课堂教学课时，特别是课堂讲授的课时偏多。同样的课程，教学课时往往比国外多得多。在国外，一门课程一般是30、45、60个课时，一个学期修完。全年课程在100个课时以上的也只是少数。一门课程一般不连续开两年，如果分量确实太多，一年学不完，往往开成两门课，如"高等数学Ⅰ""高等数学Ⅱ"，每门课程虽有所连接，但各自独立。而我们有的课程竟连续开3年，一门课程两三百个课时，学分十几二十个，出现"长流水，不断线"的局面。这不利于学生机动灵活地安排学习计划。降低上课时数，是一件很艰巨的工作，这里有一个认识问题，有一个师资水平问题，也有一个教学方法问题，不能用浓缩教材的办法来硬压课时，要从提高教学水平来解决这个问题。

每周要排多少教学课时才合理？不能只看需要，还要看可能。可能就是学生的学习负担情况。每周学生课内外学习时间，应控制在48小时以内。这是按"6天×9时/天－6时＝48时"这个公式计算出来的。超过48小时，就要冲击政治学习、课外活动，剥夺星期六、星期天的休息以至晚上的睡眠时间。如平均以课内外1∶1.5计算上课时间，应以20课时为高限。多于20课时，学生负担就可能会过重。现在许多高等学校每周上课时数有越来越多的趋势，有的高达 24 课时，甚至 26、28、30 课时。如果学生每周上课达到 28 课时，那么，他还有多少用于自学的时间呢？还有多少机动灵活的时间呢？上课时数这么多，自学时数所剩无几，学生听完课以后，来不及系统复习和深入思考，便匆匆忙忙做习题，赶紧查查书本里面有没有什么现成的例子和公式，只要可以套上去的，就赶快把它套上去，至于理解如何、消化如何就顾不上了。为什么会产生这种情况呢？为什么上课时数减不下来呢？就是因为片面地考虑"需要"，而不太考虑"可能"。事实上，这个"需要"是否真正需要，还得打一个问号。有不少教师错误地认为，教师的任务就只是传授知识，而传授知识都必须由教师讲授，似乎教师的课讲得越多，教学任务就完成得越好。正是由于不少教师有这样错误的认识，因此，制订教学计划时，各门课程常常出现争学时，特别是争讲授时间，这个问题一直很难解决。

当然，20 课时的高限，是就一般情况说，还得看专业、年级、课程，教材内容以及学生的个别差异而定。一般来说，低年级可达到这个限额，高年级还应低些，因为高年级自学能力较强，应有较多的自学时间；人文、社会学科的专业应低于其他学科的专业，因为人文、社会学科可以少讲些，让学生用更多的时间自己看书自学。体育课、实验课、课外自学和作业较少的课，稍微超过 20 学时的限额也还说得过去。学生水平高，能力强而又身体好的，可让多修一门课，多两三个课时，但如果每周超过 24 课时，显然就过重了。

学生负担问题不只看周课时，还有一个课程门数，特别是"重头课"门数的问题。同时并进的课程，一般以 5～7 门为宜，高年级还应少些，超过 8 门就头绪太多了。"重头课"是指较难的课程，需要较多自学时间，作业往往也较多，每学期以两三门为宜，所以"重头课"要尽可能分散。那么，是不是同时并进的课程门数越少越好呢？例如，单科（课）独进，或者把课程适当集中，几周上完一两门课，结束之后再上另外的一两门课，每门课程每周教学课时都达十个八个课时，十几个课时，行不行？除特殊情况如短训班或函授班集中面授外，单科独进的学习效率是较差的。一门课每周上课时数太多，难于消化；反复学习同样教材，大脑皮质的兴奋点过于集中，容易疲劳。据说，马克思研究政治经济问题疲劳时，就演算数学习题，读莎士比亚的作品，这是有生理学的道理的。

合理分配课程门数和教学课时，总的指导思想是全面地考虑学生的德、智、体全面发展。所以，制订教学计划的第一条原则，即必须符合党的教育方针、高等学校培养目标，是一条基本原则。其他几条原则，是从不同的侧面来保证实现第一条原则的。

讲完制订教学计划的这些原则之后，还必须指出，执行教学计划，必须具有相对的统一性、稳定性与一定的灵活性。

如前所说，教学计划是指导学校教学工作的基本文件，它的基本内容、基本要求，应当具有统一性，才能保证培养专门人才的基本规格。对于必修课程的设置，选修课程门数、课时，各种教学形式的比例，要采取严肃的态度，力求统一，认真执行。不应五花八门，各自为政；也不应凭主观意愿，任意增减。如大量削减实验、实习、课堂讨论与习题课，以致降低教学质量；或任意增加课堂讲授，课外辅导变成变相讲课，以致增加学生学习负担。

教学计划也是学校教学组织、教学管理、教学秩序的基本依据，如果频繁修改，就会造成组织、管理问题，使教学秩序不稳定，打乱教学的内在联系，出现重复、脱节现象，弊害很多。多年来，我们的教学计划是"年年修改，级级过渡"。教师工作难以安排，学生不能预知几年中将学习什么。一份教学计划，总得执行几轮才能取得一些经验，如果全面评价它的优缺点，还得对毕业生进行追踪研究才能看清楚。那种年年修改，多半是草率的、缺乏科学根据的，无非是为了表示教学计划也得不断改革而已。多年来，这种令人苦恼的经验教训是够多了。教学计划经过慎重制订审批之后，至少应稳定几轮不变。要变，也得从一年级开始，少搞打乱计划的过渡计划。

当然，统一性、稳定性只能是相对的，必须有一定的灵活性。灵活性是统一性与稳定性的前提条件，没有灵活性，也就很难保证统一性与稳定性。每所大学，各有特色，历史、师资、设备等条件不可能完全一致，近年来历届学生的年龄、水平也有所不同，还有许多偶然因素。加上我们所积累的经验也还不够，过于强求一律、绝对不变确有一些困难。因此，在统一、稳定的原则下，应允许有一定的灵活余地，允许在必要时做一些临时改动。例如允许调整个别经努力尚无法开出的课程，选修课程视各系条件自定，课程的顺序、教学形式和时数、实验的个数、生产实习、毕业论文或设计的时间等，可以经一定审批手续做必要的调整。

教学计划的基本结构和制订原则讲过之后，下面顺便谈谈有争论的学分制教学计划。

三、学分制教学计划

学分制是一种具有弹性的教学计划，是以选修制为前提，以学习量为计算单位的教学计划。有人也把它叫作"教学制度"，或"教学管理制度"，不很恰当。因为作为管理制度，只是它的派生的意义，而不是它适应学生"个别差异"的本质意义。为什么叫作弹性的教学计划，可以从它产生的历史背景来理解。19 世纪 90 年代美国哈佛大学首先采用欧洲个别学校曾经试用过的学分制。这个时期，班级授课制度过于呆板，不能适应个别差异的缺点，已经充分暴露，被人们所指责。教育工作者，努力寻求解决办法，提出种种有利于适应个别差异的具有弹性的教学组织形式和措施。如按能力分班或分组，一校之中，设两个以上平行的班，或一班之中，设两个以上平行的小组，教学进度不同，或者教材内容多寡、难度不同，各平行班、组到一定时期有所交叉，以便进行调整。其后，还有采用个别教学的方法、自学辅导的方法，如曾被介绍到我国来的道尔顿制便是一种学生包干自学，教师从旁指导的方法。这些措施，一般只用于中小学，尤其是多用于小学阶段。美国强调个性自由发展，这类试验搞得很热闹，但能坚持的并不多。选修制、学分制这种具有弹性的教学计划就是在这个时期出现的。出现之后，逐渐为世界许多国家所采用。在中国，蔡元培于 1917 年任北京大学校长之后，对北京大学的改革工作之一，就是"改年级制而为选科制"。他之所以提出以选科制代替年级制，不只是为使学生能于"专精之余，旁及种种有关系之学理"，而且是作为实现个性自由发展的具体措施。同时，他也从教学法角度提出改年级制为选科制的必要性："年级制之流弊，使锐进者无可见长，而留级者每因数科课程之不及格须全部复习，毫无兴趣。"1922 年，当时的教育部颁布"新学制"，就正式颁行选科制和学分制。大学课程分为共同课必修课、分科必修课、分科选修课和任意选修课四类。每门课程给定若干学分，修满一定学分总数才能毕业。中学也同时采用选科制与学分制的教学计划。中学的学分制到1932年取消，而大学则继续沿用。中华人民共和国成立前的高等学校一般都用学分制。1952年学习苏联教学计划，又改学分制为年级制。所以，50岁以下的教师，对学分制缺乏感性认识；60多岁的教师有感性认识，也得重新研究，因为我们不能照搬美国的或以前的学分制。但学分制的优点和若干基本规定，却是值得我们借鉴的。在评价学分制的得失之前，有必要说明学分制的基本规定。

（一）学分制的若干基本规定

1. 关于学分数量的规定

第一个问题是如何给定一门课程的学分？通行的标准是每周上1课时，一学期算1个学分。如某门课程每周上3课时，一学期给3个学分。上1课时，课外自学一般应为2小时左右。由于课外自学难以精确计算，所以一般只根据上课时数计算。也有的大学把课内外都计算进去，学分数很高。但实际上是一样的。自学时间少的，如体育课、实验课、实习课等，可以按两三个课时计算1个学分，需要自学时间多的，如高年级难度大、参考书多的课程，也可酌加学分，1课时算2个学分或2课时算3个学分。生产实习、科研训练、毕业设计、毕业论文等，可根据所应花的时间折算学分。一般每工作一周可折算1个学分。它的根据是这样的：一门课程上1课时，如果自学2小时，共3小时，每学期以16周或17周计，则 $3 \times 16 = 48$ 或 $3 \times 17 = 51$，大体与每周课内外学习时数相当，也就是说50小时左右的学习工作量。这样，如果某专业的毕业论文，要求学生应净用8周或400小时左右时间来完成它（包括搜集资料、做实验、写作、修改、誊清等一切工作在内）。可以给定8个学分。当然，这只能是一个大略的概算，不可能很精确。

第二个问题是如何规定每个学期的学分数？如前所述，学生每周上课以不超过20课时为宜，每学期学生所修的学分数，也以不超过20个学分为宜。高年级还可较少些。所以，一般规定为每学期修16至20个学分。美国、日本的规定，也多是十七八个学分。

第三个问题是如何规定总学分数。各类型的专业，学分总数可以有所不同，但差别不可太大，因为学习年限相同，学习的实际时间应当大体相同。1978 年武汉文科教材会议所制订的几份学分制教学计划所规定的学分数分别为：汉语言文学 146、历史 130、哲学 143、经济 125、教育 134，这些都是文科，相差竟达 21 个学分；中华人民共和国成立前国民政府教育部的规定是，文、理、商、农各学院和法学院的政治、经济、社会各系 132 个学分。工学院和法律系 142 个学分。日本京都大学规定为 130～140 个学分这个幅度。学分总数是怎样得出的呢？拿四年制大学本科来说，学习时间共八个学期，每个学期如果是修 16～20 个学分，取其中数 18 个学分，则 8×18＝144 个学分。因为总学分数是指每个学生必须修满的最低总数，显然不能弄得太高。在 4 年之间，可能有些学生少数课程补考仍不及格，不能取得该门课程的学分；也可能个别学生因身体健康缘故，某一学期被限修学分；以及某门选修课退选之后无法改选其他课程等。如果学分总数满打满算，不但水平低的学生难以达到，一般水平的学生也将感到很大压力，逼得他们修更多的学分，加重了负担。当然，订得太低则学习太松也不好。例如有的学校只规定修满 120 个学分就可毕业，那么将有大量学生只念 3 年就可毕业。现在的主要问题是许多大学所订学分总数偏高，多数在 150 个学分之上，甚至达到 160 个学分之上。这样每学期平均达到 20 个学分，个别学期就得大大地超过 20 个学分才能有"保险系数"。作为最低的总数，以略低于中数为宜。有的大学体育课、生产实习、毕业设计或毕业论文等不计学分，学分总数还应相应降低。

上面所说的，只是就一般的计算标准而言。因为学分计算标准不同，各国、各大学的学分总数大不相同。如法国的短期大学，规定只要修满 10 个学分；加拿大大不列颠哥伦比亚大学规定 4 年只要修满 68 个学分；美国有的大学一年以 3 个学期计，规定 4 年应修满 180～200 个学分，麻省理工学院规定 4 年必须修满 360 个学分，有的系规定应达 385 个学分。我国上海交通大学规定应修满 400 个学分，比麻省理工学院还多。我国至今未有明文规定学分计算的标准，因标准不同，很难说 400 个学分一定比 150 个学分的负担重。但上面所说的精神是值得我们规定学分时参考的。

2. 关于学分制的学籍管理规定

关于学分制的学籍管理规定也有几个问题。

第一个问题是学生如何获得学分。修完一门课程，考试及格，即可获得该门课程的学分。不上课的学生，事前可以申请免读，参加考试，达到规定的成绩（所规定的成绩，一般应比"及格"为高）也可获得学分。每门课程的学分，一般以一个学期计。有的大学规定全年课程，必须在第二学期考试及格才计学分。这种计算，可能较为合理，但在技术上会发生一些困难。

第二个问题是关于补考与重修的规定。不及格课程补考及格之后仍可取得学分。补考不及格不给学分，其中必修课程须重修，否则不得毕业。中华人民共和国成立前的大学生，最怕的是英文课不及格，因为英文课是一切系科的共同必修课，不及格要重修，重修再不及格就不得毕业；其他必修课不及格，还可以转系，理科可以转文科，文科也可以转理科。至于选修课程，如果学生不愿重修，丢了学分而已；但限制性选修课程如无其他适当的选修课可代替，仍应重修。

第三个问题是关于编班的规定。采用学分制，原则上不存在留级问题。但在行政管理上仍然需要编班。一些国家的部分大学，连编班也不要，但我国全日制普通高等学校不宜这样做，因为我国大学的班级是一个学生集体的基层组织，有许多活动要在班级中进行，集体生活也在班级之中。编班一般仍以入学年限为依据，新生入学编在一年级，第二年编在二年级……依此类推。但如果所取得的学分太少，就不能依此升级。例如美国密歇根州立大学规定四年应修的最低学分总数为 180 个学分。不满 40 个学分的编在一年级，不满 84 个学分的编在二年级，不满 129 个学分的编在三年级，130 个学分以上的编在四年级。厦门大学原规定，不满 30 个学分的编在一年级，不满 65 个学分的编在二年级，不满 100 个学分的编在三年级，100 个学分以上的（含 100 个学分）编在四年级。根据已修学分数编班，比学年制按几门课程不及格留级合理，因为课程分量有多有少，每周上 6 课时的课程与 2 课时的课程显然不能等值。

为什么每个年级不是按总学分的 1/4 的累计数编班，各年级的编班标准总是稍低于 1/4 的累计数呢？因为稍低于 1/4 的累计数，可以努力赶一赶。如果距离 1/4 的累计数过远，说明不可能赶上去，才把他编在下一个年级。那么，这同学年制的留级有什么区别呢？区别就在于不管编在哪一年级，凡已经取得学分的课程都不必重修了。

第四个问题是关于加修与限修的规定。水平高、能力强的学生，经系主任批准，每学期可以加修两三个学分，约为一门课程；学习困难的，身体太弱而又不需要休学的，系主任可以批准限修学分。因此，有的学生可能提前毕业，有的学生也可能延长修业年限。抽调出来兼搞政工工作的学生，也可少修学分而延长修业年限。国外还有许多大学生，边工作，边在大学学习，一个学期修若干个学分，五年、六年……学分积累满额了毕业，灵活得很。

第五个问题是关于毕业的规定。学生必须修完教学计划所规定的各门必修课程和若干门选修课程，并且达到最低学分总数才能毕业。实际上，差不多每个学生毕业时所取得的学分总数比最低总数稍多些，因为如按最低学分数来安排每学期的选课，万一中途出现一点问题，就有可能不能如期毕业，所以学生总愿打个"保险系数"。当然，"保险系数"不应过高，过高则负担过重。

如果既规定学生毕业须修满最低学分总数，又规定一定的学习年限，习惯上就把它叫作学年学分制，以区别于不规定学习年限的学分制。

学分制，只能体现学习的数量与最低质量，不能表明学习的质量高低如何。一个学生，如果他所修的课程都只是刚好及格或经补考及格，未免质量太低；尤其是授予学士学位，按国家规定必须是学习成绩优良的。如何比较准确地衡量一个学生总的成绩是否优良，现在各校通行的办法是看几门课程得优，几门课程得良，还有几门课程仅及格或补考及格。但是，各门课程的学习成绩是不等值的，显然不能把每周上课 6 课时的课程同仅有两课时的课程简单地平均。每门课程应当给以相当的系数然后求其平均数。这个系数就是该门课程的学分数。这种计算方法，就叫作"绩点制"或"积点制"。

绩点制的计算公式如下：

$$\frac{A \times 学分数 + B \times 学分数 + \cdots + n \times 学分数}{学分总数} = 平均绩点$$

式中：A、B……n 代表某门课程的成绩，学分总数可以是一学期、一学年或四学年所取得的学分总数。

用百分制，计算起来较麻烦，可按规定折算为等级记分法。每个等级给定相应的绩点。如"优"给 4 个绩点，"良"给 3 个绩点，"中"给 2 个绩点，"及格"给 1 个绩点，"不及格"不给绩点。

设：某生某学期修 20 个学分，所修各门课程的成绩和学分如下：

A—优，2 学分

B—良，4 学分

C—中，4 学分

D—及格，4 学分

E—及格，3 学分

F—良，3 学分

代入上述公式：

$$\frac{A \times 4 \times 2 + B \times 3 \times 4 + C \times 2 \times 4 + D \times 1 \times 4 + E \times 1 \times 3 + F \times 3 \times 3}{20} = 2.2$$

如果某生 4 年所修课程的总平均绩点 2.2 个绩点，而学校规定总平均绩点应达到 2 个绩点才能毕业，达到 2.5 个绩点才能获得学士学位，那么这个学生可以毕业，但不能获得学士学位。

绩点制还可作为评三好学生、奖学金的根据。

（二）学分制的优点和可能产生的问题

从上面所谈，可见学分制（包括选修制）有如下一些优点。

第一，它有利于适应个别差异，因材施教，这是学分制的基本优点，也是它的本质意义所在。采用学分制，有的学生可以提前毕业；有的学生可以延长学习时间，不必因留级而重修所有课程，以减少时间和精力的浪费；学生所学内容，可以在保证基本规格的前提下，有所侧重，学得灵活，有的学生可以多学一些，有的学生可以少学一些。这样能更好地适应培养专门人才的需要。

第二，多开选修课程，既有利于发挥教师的专长，又有利于鼓励教师积极参与科研工作。有些科研成果、学术创见开必修课尚不成熟，凑几个学分也勉强，那么，就可以开一两个学分的选修课，哪怕有几个对此感兴趣的学生选修也行。这种课，师生可以探讨得深入些，也可以较具体地传授科研的经验与方法。选修制也有利于改革或淘汰陈旧落后的课程。有些教师就是把必修课作为"铁饭碗"，抱残守缺，反正学生得耐着性子听我的课。这也是学术竞争的一个方面。

第三，学分制还有利于推广高等教育。业余大学、开放大学、函授大学、自学考试，都可以通过一门门课程的学习和考试，积累学分，完成学业。

学分制虽然具有以上种种优点，但是在实行学分制过程中，会碰到不少困难，也可能产生一些缺点和问题。主要是有以下几个方面。

教学计划的完整性、系统性易受破坏。学生所学的知识，被分割为一门门孤立的课程，削弱了基础理论、基本知识和技能的学习；学生的学习计划往往很难保证完成。有的学生，只凭一时兴趣，缺乏深思熟虑，盲目选修，该修的不修，不必修的大量选修，所学知识不成系统。这种情况，在国外是常见的。还有的学生，不能很好地估计自己的主观能力，贪多求全，以致负担过重，有时还会给某些学生造成投机取巧的机会，选修那些教学不够严格、评分偏高的教师所开的课程，借以凑足学分。

大家反映得最多的是排课以及其他教学管理上的困难。例如选修课多，学生各选各的，容易发生碰课，难以根据学习心理排课，特别是大家踊跃选修的跨系、跨专业的选修课，学生来自各系、各专业，碰课多，往往就要排在正常的上、下午上课时间之外，如中午、晚上等时间。

如何解决这些问题？国内某些采用学分制教学计划多年的大学已经积累了一些经验。主要是：吸取学年制的优点，制订中国式的学分制教学计划。要保证有比较宽厚的必修基础课程；要使必修课和选修课密切结合，形成专业的完整体系和合理的课程结构；加强学生的选课指导，不能放任自流。我们的原则是指导下的选修，不是绝对自由的任意选修。至于排课以及教学管理上的困难，是可以通过实践积累经验加以解决的。例如排课，并不是没有规律可循。有的大学已用电子计算机排课并进行教学管理。实行绩点制，大家所顾虑的是工作量过大。如果通过电子计算机来计算每个学生的绩点，也是轻而易举的事。至于选修课程与班级集体活动的时间发生冲突的问题，可以安排在假期或第三学期加以解决。

我的看法是：学分制教学计划所具有的优点是主要的，应予以肯定。执行学分制教学计划过程中的困难以及可能产生的缺点和问题，同学分制本身并非有必然联系，是可以解决、可以克服的。但并不是很容易解决、很容易克服的。所以，每所大学是否采用学分制教学计划，要看条件是否具备，准备是否充足。什么条件呢？认识是否一致或基本一致；是否已能开出足够或基本够的选修课程；是否通过试点，积累了一定的排课和其他有关教学管理的经验。如果条件不够成熟，准备不够充分，不要急于把年级制改为学分制。如果急于求成，形式上改革了但内容实质没有改革，把课时简单地换算为学分，换汤不换药，可能效果不好，群起反对，走回头路。

第六讲

高等学校的
教学过程

游华山（2001年）

　　教学，是一种为实现一定教育目的而组织起来的有计划、有步骤的教育活动。教育活动有一个过程，这个过程就叫作教学过程。教学的基本任务是传递人类的科学文化知识。教学过程是教师与学生共同参加的双边活动过程。一般来说，教师对于所传递的科学文化知识是已知者，而学生是未知者，对学生来说，教学过程就是在教师的主导下，认识世界，获得知识的过程，所以也叫作学生的认识过程。学生的认识过程，既要遵循人类一般认识过程的共同规律，又有其特殊规律，而高等学校的教学过程，又具有不同于一般教学过程的特殊性，可以说是具有特殊性的特殊性。

一、教学过程的特殊性

　　人类的一般认识过程是：从实践到认识，从感性认识到理性认识，再从认识到实践。列宁简明地概括为："从生动的直观到抽象的思维，并从抽象的思维到实践。"毛泽东同志在《实践论》中表述为"从感性认识而能动地发展到理性认识，又从理性认识而能动地指导革命实践"和"实践、认识、再实践、再认识"。

　　学生的认识过程总的来说，也要通过一定的实践获得一定的感性认识作为基础，如果没有一定的实践和一定的感性认识，也必须从形象思维活动到抽象思维活动，逐步到达理论的认识。同时，学生学习理论，最终也要回到实践中去指导实践，这就是"学以致用"。所以，学生的认识过程总的来说，是符合一般认识过程的。

　　但是，在学校学习期间，学生的认识过程是否都要先从实践获得感性认识，从感性认识上升到理性认识，然后又要回到实践中去指导实践呢？不可能。即使是小学生，他们所获得的知识也不可能都是先通过实践然后才获得的，不可能都先来感知一番。对于大学生来说，更不可能。在大学里读书，可以从书本开始，可以从概念开始，可以从一个概念过渡到另一个概念，从已知的知识过渡到未知的知识。人们往往把"从概念到概念""从理论到理论"看作是"理论脱离实际"，这恰恰违背了教育规律。如果排除"从概念到概念""从理论到理论"，要求大学生获得每个概念都必须通过自己的实践，从感性经验中概括出来，那是不可设想的。而且，有许多知识是无法通过实践来获得感性认识，然后飞跃到理性认识的。如微观的电子、原子，宇宙的天体，数学的许多定理，历史的规律，以及哲学概念等，要获得这些方面的知识，常常是从一个概念过渡到另外一个概念，以一个或若干个已知的概念、定理为前提，通过推导来获得的。同时，也不可能要求学生把在教学过程中所获得的认识，马上就应用到实践中去。学生学了许多知识之后，要到毕业以后才有机会用。即使是在学校里面就可以通过实践验证的理论，也不可能都安排学生亲自参与实践。如物理的理论知识、化学的理论知识在学校里虽然可以搞实验观察，但也只能选择重要的进行某些重点的实验和观察，无法一一重复人类过去千百年来获得这些知识的全部认识过程。如果是那样，大学的学习就不知要花多少时间。在大学短短的几年里，不可能去实践前人经过千百年的实践获得的知识的全过程。我们只能像牛顿所说的："踩在巨人的肩膀上。"学生就是要踩着前人的肩膀，踩着巨人的肩膀爬上去。这就形成了学生认识过程的特殊性：学生的认识过程可以而且应该利用前人的成果，从前人所总结的书本知识开始，而不必一一从个人的实践经验开始。同时也可以不必马上回到实践中去，只是有重点地进行一些作业的实践，实验的实践，高等学校教育还可以安排一定的生产实践。所有这些，在教育学上有个专门名词叫作"教学实践"，即教学性实践。所以，有人说，高等学校教学过程，不是"实践—理论—实践"，而是"理论—实践—理论"。这话有一定的道理，但是不完整。为什么不完整呢？因为作为学生个人来说，可以从读书，从学理论开始，但是书本知识、理论知识却是前人经过实践得来的。正如毛泽东同志所说："多数的知识都是间接经验的东西……在我为间接经验者，在人则仍为直接经验。因此，就知识的总体说来，无论何种知识都是不能离开直接经验的。"

"理论—实践—理论"的公式没有能够完整地反映出学生所学习的理论的源泉是什么，这样就会离开人类认识的总体，孤立地来看教学过程。同时，就学生个人认识的总体来说，包括从小学到大学，包括进小学以前，也就是从出生以后，这样一个认识的全过程，也是要有一定的实践作为基础的，通过一定的感性认识的，否则，一个人就根本不可能有所认识。人没有一定感性认识，是不可能对客观事物有所认识的。

那么，学生在学校里学习，从理论开始，从间接经验开始，他的感性认识从哪里获得的呢？有两个获得的来源。一个是在教学过程之外。例如，学生没有学习电学之前，不管初中学生还是高中学生，他已经有了一些有关电的感性认识。因此，学习电学时，就不必要把这些东西重新搬出来，再来感知一番，而可以通过第二信号系统把学生原有的感性认识召唤回来。学生熟悉了的东西，我们只要通过语言文字的描绘，甚至提一下，就能把他原有的表象召唤回来。又如，医科的学生，当然有许多知识需要在临床实习中掌握，但是学病理学时，有些现象，譬如说发烧，学生一般都有发烧的常识，就不必要先到医院去摸一摸患者的发烧，获得感性认识，然后再进行病理理论教学。所以，虽然从理论教学开始，从书本开始，但是从个人认识的整体来说，学生还是有感性认识做基础的。

一个是在教学过程之中。那么，那些没有办法得到感性认识的教学内容该怎么办呢？如原子、宇宙天体、历史规律……诸如此类，学生无法直接感知。这可以利用语言或图表重新组织学生已有的感性认识，使学生获得新的知识。当然这种做法不同于前者，它的感性认识不是完整的，教师只能够模拟式地对学生进行讲解。如我们说原子核处于原子的中间，电子绕核高速运动。原子结构是否就这样简单呢？实际上并不完全如此。但在学生尚未学习量子力学之前，就只能如此描述。它不完全，但仍有一定的真实性。所以说，另一来源就是教师可以通过第二信号系统来重新组织学生已有的有关的或相似的感性认识，使学生的理性认识能建立在一定的感性认识的基础上。现在生物学上讲 DNA（脱氧核糖核酸）的双螺旋结构，我们就很少有人看见过它，在一般的实验室也不一定看得清楚这种结构。那么，怎样给学生形成 DNA 的双螺旋结构的感性认识基础呢？这就得通过图表、教具或通过语言的描述。

由此可见，"理论—实践—理论"这个公式，无论从人类认识的总体说，或从学生个人认识的总体说，都没有完整地反映出学生个人认识过程的总体。我们是否可以用下面的公式比较完整地表述学生的认识过程：

"实践……理论—实践—理论……实践"

这个公式表明，教学过程是符合一般认识过程的，但它只是认识的全过程中一个特殊的阶段。因为它的理论的源泉是实践，它的理论的归宿也是实践，不过它的实践不一定在教学过程之中，而可以在教学过程之外。明确这一点是很重要的。

"文化大革命"期间批判所谓"三中心"，否定了书本知识，否定了课堂教学，否定了教师的主导作用，这种"批判"是错误的，但为什么是错误的，如果你不从理论上分清是非，换上另一种说法，就很难判别它的是非。例如，有人提出学生的"学习要在实践的基础上向理论方面发展"。这个提法对不对呢？对于研究工作来说，这个提法当然是正确的。然而对于教学过程来说，它又是错误的。如果把在实践的基础上向理论方面发展作为教学过程的规律，那就只好让学生一天到晚去开门办学，从做中学，这就把学生获得知识的途径限制在个人的狭隘的经验之中，只能靠个人狭隘的经验获知一些表面现象，然后才能提高到理性认识上来。这样学生将无法掌握高深的理论。实践已经证明，这是少、慢、差的教学。那么，它的错误实质何在呢？它的错误实质就在于借口遵循人类认识过程的一般规律，却违反了教学过程的特殊规律。"四人帮"把"实践第一"的论点作为打人的棍子，实际上却把"实践第一"的观点简单化、机械化，从而粗暴地践踏了这个正确的观点。

按照"实践……理论—实践—理论……实践"的公式，学生的学习可以从书本开始。当然，要有一定的直观教学和课堂演示，要尽可能多地安排一些实验、实习、社会调查等，不要又走向另一个偏向，把实验、实习、社会调查大量压缩了。只有这样，才能使学生在较短的时间内掌握大量的知识，学习高深的理论。也才能培养学生的抽象思维能力。

但是，也应该看到，这个可以从书本开始，可以从理论开始的特殊过程隐藏着一个消极因素，那就是容易导致理论脱离实际。同时，因为所学习的知识不是自己的直接经验，也不牢固，容易遗忘。学生读书，如果一直是从书本到书本，从理论到理论，往往就会以为理论本身就是"自足"的、"完整"的，就容易产生理论脱离实际的问题。为了解决这个问题，在教学过程中有一条重要原则，叫作"理论联系实际"。为了使知识不易被遗忘，还有一条原则，叫作"巩固性原则"。即学生对所学知识还要做巩固工作。

"理论联系实际"的原则，"文化大革命"期间叫得最响，当时所有的教学理论都被批判了，所有的教学原则都不能讲了，所有的教学方法除"十大教授法"外也不能讲了，但是，这一条原则却可以大讲特讲的。"四人帮"是不敢反对这条原则的，但是，这条原则却被他们严重地歪曲了。

这条原则叫作"理论联系实际"，不叫"实际联系理论"，更不叫"实际代替理论"。如上所述，从人类认识的总过程来看，实践是主体，理论是从实践中抽象出来的；但是，从教学过程来看，理论是主体，大学生的学习主要就是为了掌握理论。所以，不应该倒过来。有没有人提出过"实际联系理论"这样一个口号呢？没有，但是前些年实际上却在这样提倡。"文化大革命"期间所提倡的"典型产品（工程）组织教学"，就是"实际联系理论"，甚至是"实际代替理论"。为什么？主体是典型产品（工程），通过典型产品（工程）这一实际，做到哪里，学到哪里，做的时候遇到不通不懂时，才去学一点有关的知识。其结果是东补一块，西补一块，学生所学的知识支离破碎。如当时提出过造船专业的学生入学后，三年之内造好一条船，就算学了一个造船专业，就可以毕业。我们知道，造一条船最先要搞设计，如船体设计、动力设计以及其他设计，而最困难的正是设计。造船一定要从设计开始，然后才能施工。大学一年级的学生，造船的基本知识都没有学过，怎么能搞设计，结果还是老师代学生做。可是"文化大革命"期间的报纸却把这类事吹得神乎其神。甚至有人提出把学生招来后，装一台电子计算机，装完以后就算电子计算机专业毕业。这是根本行不通的。其原因就在于任何一个产品都凝结着众多的学科理论，哪怕是一个最简单的产品，都需要凝结着数学、化学、力学、电子学的各门学科知识。而任何一门学科的理论不只是应用于一个具体的产品，而是可以应用于许多的产品。产品生产的系统跟学科系统是两码事。通过搞一个典型产品的教学，对于一个产品来说是完整的，但是对学科理论来说是割裂的、片面的。这样做，并不是"理论联系实际"，而是"实际联系理论"或者是"实际代替理论"。

前些年对待课堂教学、书本知识有一种批评意见，说是教师在"黑板上开拖拉机，在书本里种田"，至今还偶然能听到这类批评。可是你要学习拖拉机，尤其要学习内燃机，你不在黑板上开拖拉机行不行？如果不是单纯学习驾驶，而是要学习构造原理，不用线条、图表、符号在黑板上弄清楚，行吗？

一个大型化工厂，管道很多，流程复杂，要学化工产品的生产流程，不在黑板上画，仅到一个大工厂去看，你是弄不清楚的。恩格斯在《自然辩证法》中说过：十万部蒸汽机并不比一部理想的蒸汽机更能令人信服地证明从热当量中能够得出机械运动，而这部蒸汽机却是撇开了辅助条件，像几何学的线或面一样只是表现着纯粹的、独立的、真正的过程，它是绝不可能制造出来的，但却能使人弄清楚热的机械当量。同理，种田也要依靠书本里所写的科学道理，才能提高农产品的产量与质量。

"文化大革命"期间宣扬的"典型产品组织教学"，是完全错误的，它歪曲了理论联系实际原则，对提高教学质量是有害的。但是，批判"典型产品组织教学"不能批过了头，不能认为绝对不可以用典型产品来组织教学。高等学校是专业教育，有它的特殊性。有些课程，或其中某些章节是属于工艺性的，学生已经学过了基础理论知识，现在需要把理论知识应用到某一产品的生产过程中去，用一个具体的典型产品来组织教学是完全可以的，因为它并没有破坏学科的系统性。如工科的某些工艺课程，往往就需要拿一个典型产品来"解剖麻雀"。在学生实习中，也往往要通过典型产品或典型工程来组织教学。这样做，是不是违反了教学过程的特殊规律呢？当然不是。因为这里所指的是在学生已经掌握学科组织的系统理论知识基础上，才可以按生产过程的系统来组织教学。把按生产过程的系统来组织教学作为前者的补充与发展，作为理论联系生产实际的重要环节，对于专业教育，尤其是工科的专业教育是完全必要的。我们批判"典型产品组织教学"，是批判把"典型产品组织教学"作为教学过程的指导思想或原则，而不是把它作为一种具体的组织教学的方法。

上面，我们论述了教学过程是一个特殊的认识过程，是学生在教师的主导下，能动地认识世界、获得知识的过程。但是，这个观点，并不是没有争论的。下面将几种不同的观点简要介绍一下，使我们能透过不同观点的争论，较为全面深入地认识教学过程的本质。

二、教学过程的本质与规律

教学过程作为特殊的认识过程，是由于教学的基本任务是传递人类的科学文化知识与技能所决定的。教师在教学过程中所选择的教学内容，所采用的教学方法，所运用的教学手段，都是为了传授知识与技能。能够把人类已有的知识与技能顺利地转化为学生所掌握的知识与技能，使学生能够深入牢固地理解与掌握，就是成功的教学。这是传统的教学观点。

这种传统的教学观点是有根据的。人类社会发展的历史，归根结底，是种族的延续与发展和文化的延续与发展。前者是通过基因的遗传与变异来实现的，后者则是通过教育与发明创造来实现的。如果说，教育在人类发展史中的基本功能就是将人类社会已有的和不断更新的经验、知识、观念、道德……一切精神的和物质的文化一代一代地传递下去，那么，教学作为教育的主要途径，它的基本功能，也就是传递人类文化，传授已有的知识与技能。这种观点，是传统的，也是朴素的。它无须进行高深的理论论证，就能为常人所接受。因为无论从远古教育的起源来看，将使用生产工具从事生产劳动的经验和技能、氏族社会的道德规范传递给下一代；还是从现代的学校教学来看，将各种高深的学问和高精尖的科技传授给学生，都可以得到证明。也可以说，这是不证自明的常识。

这种朴素的观点，经过教育理论家应用辩证唯物主义的认识论进行论证、引申与提高，就成为上面所论述的特殊的认识过程或叫作学生的认识过程。有人说，所谓特殊的认识过程这一概念是 20 世纪 50 年代从苏联的教育学引进来的。这是事实，但不是盲目照搬。因为这种教学观点，既与中国传统的、朴素的教学观相符，也与西方传统教育学派的教学观相符，并有辩证唯物主义认识论的论证。所以一经传入，就为中国教育理论界所接受并深信不疑，成为指导教学实践的主导理论，而在指导实践上，也是有效的。它不但有效地提高了中小学学生的科学文化水平，保证了普通教育的质量，还培养出大批基础扎实、学有所长的专门人才。

但是，这种传统的教学观点，受到众多来自各方面的挑战。其中主要有两种教学观，一种是"发现说"，一种是"发展说"。

发现说认为，教学过程不应是学生被动去接受教师传授知识的过程，应是学生自我发现知识的过程。就是说，学生可以在教师的指导、帮助之下，通过自学和研究，去发现自己所未知的新知识。这种说法早已有之，杜威的

"从做中学"教学原则和"五步法"的思维术，桑代克的尝试错误说，都有学生自我发现知识的含意。但明确提出发现教学理论的，一般认为是现代结构主义心理学家布鲁纳所提出的。他认为，学科知识有其内在的逻辑结构，学生只要掌握了基本概念、基本原理，按照学科的逻辑结构，就可以去发现自己所未知的知识。他说："我们的中心思想是如果你理解了知识的结构，那么这种理解会使你可以独立前进；你无须为了知道各事物的属性而与每一件事物打交道，只要通过对某些深奥原理的掌握，便可能推断出所要知道的个别事物。认识是一个巧妙的策略，你借此能获悉许多事物的情况，纵然你头脑里记住的事物数量并不多。"[①] 按照系统论的观点，每一事物都有一定的结构，反映客观事物的知识也有它一定的"知识结构"，从而，作为课程的学科也存在一定的"学科结构"，学科的基本结构就是基本概念、基本原理及其关联方式，"不论选教什么学科，务必使学生理解该学科的基本结构"。可以说，布鲁纳的发现说，是从他的"学科结构论"引发出来的。因为学科有其严密的逻辑结构，所以学生才得以根据已有的知识，循着学科的逻辑结构，通过自学、讨论和其他方式，去发现未知的知识。当然，这些知识是社会已经存在的，所以他的所谓"发现"，事实是指学生的"再实现"。正是由于布鲁纳的发现说是由学科结构论引发出来的，所以在逻辑起点上，它就同"从做中学"分道扬镳，它不但没有打乱学科的系统性，而且加强了学科的逻辑性。"学科结构论"和"发现教学法"（简称"发现法"）可以说是布鲁纳的结构主义教学理论的两个主要内容。关于发现法，我们将在下面讲"教学方法的改革"中再做比较详细的介绍。

发现说是有理论与实际根据的。首先，它建立在结构主义方法论和认知心理学的基础上，符合当代系统科学的原理；其次，它适合当今科学技术迅猛发展的特点，既要求学生掌握比较宽厚的基础知识，又特别要求发展学生的自学能力、创造能力，所以一经布鲁纳等人的提倡，就为世界所广泛重视。如果说，实用主义的从做中学，只能适用于普通学校教育，尤其是幼儿园与小学低年级的学习，那么，发现说及其所用的发现法，更适合于学习理论知

---

① 布鲁纳. 教育过程再探 [J]. 邵瑞珍，译. 教育研究，1979（1）：61–65.

识，因为它并没有打乱学科系统，也不排斥课堂教学、书本知识和教师的主导作用。20 世纪 80 年代初，我国高等学校的师生，曾纷纷主张由学生自主学习，通过自学、讨论以及社会活动去获取知识，自我发展，与当时广泛传播的发现说不无直接或间接的关系。只是由于按照发现说来组织教学过程，不但要求教师有更为广博的理论修养和实践知识，而且对教学法要求更高，否则自主学习会成为放任自流。正因如此，所以自主学习风行了一段短时期，但受到一些责难，近几年除了还有一些高校的教师继续搞有关自学指导的教学方法改革试验之外，已经不多见了。

应当肯定的是，发现说是有其教育理论价值与积极意义的。首先，它对传统教学的注入式、满堂灌是一种有力的冲击；其次，它在发挥学生在教学过程中的自觉性、积极性，发展学生的智力能力上，有积极的作用。

但是，不管传统的观点也好，发现说也好，都只是把教学过程作为智育的过程，所重视的都是学科的系统知识。它们的区别在于是这样传递知识还是那样传递知识，在教学过程中是重视还是不太重视学生智能的发展。而知识与智能，都属于智育的范围。发展说则认为，教学过程不只是智育的过程，还是学生整个身心发展的过程。理论界通常把苏联的赞可夫作为发展说的代表人物。其实，赞可夫虽曾明确地提出发展的教学观点，但他的实验工作和理论成就主要还是在智育方面。倒是中外许多教育家对于教学过程是学生身心全面发展的过程早就有所论及，尤其是现代教育学派总有其成套的理论和方法。发展说传至中国，也很受重视。因为它符合全面发展学说——教育目的是培养全面发展的人，教学是教育的主要途径，教学过程也应促进人的全面发展。同时，它也符合当前提倡培养"四有"人才（邓小平提出的"有理想、有道德、有文化、有纪律的社会主义新人"）的要求。发展说在教育理论的发展上，也有积极的意义。它有利于人们从社会学、伦理学、心理学以及生理学等学科的基础上来研究教学理论，寻求新的教学方法。所以，对于发展说的提倡，教育界并没有多少不同意见。

那么，发现说、发展说，是否可以否定或代替传统的教学观呢？有人认为，把教学过程作为一种特殊的认识过程，是"陈旧过时"的，容易导致学生死读书的理论，是用哲学的认识论代替教学过程的理论，束缚了人们对教学过程的全面深入的认识，因而主张要摆脱这种理论。对此，王策三教授在他所著的《教学论稿》中持不同的意见。他认为："教学过程本质上是一种认识过程，这是马克思主义的观点，应该坚持，但要克服对教学认识的简单化理解。"① 我原则上同意王策三教授的意见，并认为教育的社会本质是人类文化的传递与延续，因而教学过程的本质应当是传授知识和技能的过程，可以叫作"个体认识社会化"或"社会文化个体化"的过程。但如果把教学过程仅仅看作是学生被动地接受现成的知识和技能的过程，那就简单化了。首先，知识是前人的实践经验所总结的概括性的理论认识，它不仅揭示了事物的规律，而且"凝聚了各种情感、意志、性格等精神的力量。因此，它不仅具有智力的价值，而且还具有伦理的、美学的多方面的价值"②。其次，学生的认识过程，不应当被理解为就是被动地接受现成知识的过程。人类一般认识过程，就是一个能动的飞跃，学生在认识过程中，也要主动地去认识客观事物的规律以及包含在知识之中的精神力量。教师在教学过程的主导作用，也不仅仅表现为单纯传授知识，而应在传授知识的同时培养学生的有关能力，发展学生的智力，还要发掘知识中所包含的多方面的价值。正是由于过去对传授知识和认识过程都存在简单化的理解，所以我们的教学论显得很贫乏。应当吸取"发现说"和"发展说"的合理因素，来丰富我们的教学理论，加深我们对教学规律的认识。

把传统教学观点和发现说、发展说的合理因素结合起来，我认为教学过程的基本规律可以做如下表述："教学过程是在教师有目的、有计划的引导下，学生主动积极地掌握知识和技能，发展智力能力，形成正确的世界观、人生观、价值观，全面发展个性的统一过程。"这条教学过程的规律，有如下含义：第一，教学过程是认识过程，相对于一般认识过程来说，它有自己的特殊性；第二，教学必须在教师的主导下，发挥学生的能动性；第三，在教学过程中，必须使学生既掌握知识技能，又发展智力能力；第四，学生在掌握科学知识的基础上，形成正确的世界观、人生观和价值观；第五，在教学

---

① 王策三. 教学论稿［M］. 北京：人民教育出版社，2005：111 – 116.
② 南京师范大学教育系. 教育学［M］. 北京：人民教育出版社，2001：383.

过程中，全面发展学生的个性，包括情感、意志、性格等。

这条教学过程的规律，要求我们按规律办事，教学工作必须完成三个方面的任务：传授知识，发展智能，进行思想政治和道德品质教育。这三个任务都是评价教育质量的标志。唐代韩愈把教师的任务概括为："传道、受业、解惑。"如果换成现代的说法，所谓"传道"就是思想道德教育，所谓"受业"就是指跟随老师学习知识，所谓"解惑"有点发展智能的意思。当然，这种类比是不全面的，但可以说明教师在进行教学时，思想上要是有了这三个任务，教学就会考虑得周到一点。要完成这三个任务，比单纯只是传授知识一项任务复杂得多，困难得多，因此，教师要做好工作就必须研究教学法。如果一个教师只是单纯地传授知识，不全面考虑教学任务，只要这个教师口齿伶俐一些，表达能力强一些也就可以上好课。常常听到有的教师说：我不研究教学法，课照样上得好。的确，作为传授知识来说，你的课也许上得不错；但如果问你是否三个任务都完成得好，这就很难说了。同样，作为学校领导在评价一个教师的教学效果时，也应当根据这三个任务来全面衡量，这样才能促进我们的教学质量全面提高。

讲到这里，我们所说的只是一般教学过程。上面说过，高等学校教学过程，除了遵循一般教学过程的规律之外，还有它的特点。下面就谈一谈它的特点。

三、高等学校教学过程的特点

高等学校教学过程的特点、归根结底，是从第一讲所讲的高等教育的基本特点所派生出来的，或者说是高等教育的基本特点在教学过程中的体现。当大学教师，不仅要懂得一般教学过程的原理，还要掌握大学教学的特点。为什么有些中学优秀教师，很有经验的、教学方法很好的教师，到大学教课却不很适应？一般人认为是由于大学同中学在学术水平上要求不同，大学应当教得"高深"些。这只是教学内容方面可能产生的不适应，还有教学方法方面的不适应。习惯于中学的教学方法，影响其掌握高等学校教学过程的特点，教大学生仍用中学的教学方法。根据高等教育的基本特点，我认为高等学校教学过程有如下特点。

（一）体现专业目的性

高等教育是专业性教育，因此，高等学校教学过程要有明确的专业目的性。在苏联教学理论中，把这个叫作"职业倾向性"。意思是，高等学校的教学工作直接或间接地都朝向一定专业目的，也就是具有某一职业倾向。具体地说，就是高等学校要根据专业培养目标来组织教学工作。这个特点特别明显地体现在高等学校的教学计划上。教学计划所列一切课程，都应该直接或间接地朝向专业培养目标，按照专业方向，建立合理的知识结构和能力结构，使大学生能顺利地从学校的学习生活过渡到社会的独立工作，即从学习过渡到就业。例如，高等师范院校的培养目标是中学教师，那么学校的教学计划就要培养学生将来从事中学教师工作所必需的知识和能力。在知识方面，对于与专业有关的学科，应当学得宽厚些，但不一定要学得太窄太专。所谓不必太窄太专，是相对而言的，并不是说师范本科生只要学好高中教材范围内的知识，师范专科生只要学好初中教材范围内的知识，那是一种误解。"记问之学，不足以为人师"。教师所掌握的知识，应当比所要教的知识宽些、厚些、深些，而且要懂得教育学、教学法、心理学、教育心理学的知识。掌握这些知识，并不比综合大学本科生容易。在能力方面，不仅要求有较强的自学能力，而且要求有较强的表达能力，还要有教育和教学的技巧。总之，专业目的、职业倾向制约着高等学校教学过程。

（二）突出自觉性、创造性和独立性

高等学校的学生，大多数是年龄在 20 岁左右的青年，处于青年的中、后期，他们的抽象思维能力比较强，已经具备了从事艰巨的抽象思维活动的能力。同时，他们已经受过了普通教育，有一定的知识积累，有一定的能力水平。他们的自我意识比较强，创造性思维活动正处于活跃时期。因此，高等学校教学过程就应当特别重视对学生的自觉性、创造性和独立性的培养。在教学过程中，对他们的自觉性、创造性、独立学习、独立思考、独立工作等也应有更高的要求。这里有必要说明一下：教学过程的创造性和独立性，一般是指学生在教师的启发、指导下，借助读书或实践，通过自己的独立思考，获得人类已有的认识成果；或用所学的知识，自己去分析问题、解决问题，完成一定的学习任务。如果不是把创造性理解为科学家的发明创造，不是把

独立性理解为不要教师指导的完全独立的工作，那么，普通学校教学过程，也存在一定的创造性和独立性因素。但在不同的学习阶段，学生学习的创造性与独立性，在程度上有所不同，性质也起了某些变化。高等学校教学过程的创造性与独立性，进入了较高的发展阶段，逐渐接近科学家的发明创造和工程技术人员、管理干部的独立工作的特点。这不但因为大学生已经具备了上述的条件，而且大学生要为过渡到从事实际工作和科学研究工作做好准备。还因为创造力与独立工作能力是培养未来专家的重要方面，我们只有把大学生培养为富于创造力和善于独立学习、独立工作的专门人才，才能使他们在社会主义现代化建设中起骨干带头的作用；也才能在新技术革命中，起推动社会发展、人类进步的作用。所以，在高等学校教学过程中，必须对大学生的自觉性、创造性和独立性逐步提高要求。

（三）注重科学研究

教师应该把科学研究引入教学过程之中。这个特点是上述第一、第二个特点相结合所必然带来的特点。中小学的教学过程是一般的教学过程，"他们主要不是探求新的真理，而是学习和继承人类已有的认识成果，是把他人的认识转化为自己的认识，把人类的认识转化为个体认识"[1]。高等学校的教学过程，主要也是学生的认识过程，但不单是一般的学生认识过程，要求有一定创造性的因素，而不是单纯学习和继承人类已有的认识成果。因此，必须把科学研究的因素引进教学过程，哪怕是简单的、初步的科学研究，也有利于培养有创造性的高级专门人才。在高等学校的教学过程中，不仅要对学生传授知识，发展他们的创造能力，而且要培养他们的科学精神、科学态度、科学道德和科学方法。科学精神、态度、道德、方法的培养，不只是为大学生毕业后从事科学研究做准备，而且是每一个高级专门人才所应当具备的素质和能力。举例来说：一个医生，他不一定从事医学研究，只是看病、开药方、做手术，但同样要有科学精神、科学态度、科学道德和科学方法；一个工程师，他不一定要在工程技术上有什么新发明，但每次工程设计，每一个工程技术问题的解决，也都必须具有上述的素质和能力。有一位美国教授到

---

① 华中师范学院教育系. 教育学［M］. 北京：人民教育出版社，1982：123.

我们学校做报告，批评我们的教学计划把毕业论文作为必要的组成部分。他说："我们美国培养博士研究生才必须写论文，硕士还可以不写论文；你们的本科生就要写论文，是不是因为你们的大学生太少，毕业后都要到科学研究部门搞科学研究工作？"这只能表明他不懂得把科学研究引进教学过程的深刻意义，不懂得毕业论文、毕业设计对培养专门人才的深刻意义。现在有些同志也主张本科生不写论文，理由就是美国不把本科生培养为研究人才，教学计划一般不要求学生写论文。除特殊专业外，我认为本科教学计划还应当要求学生写论文较好，因为科学精神、科学态度、科学道德和科学方法都是每个高级专门人才所应具备的素质和能力。

高等教育是培养专门人才的教育，一方面，专门人才的培养，不只是要掌握基础理论知识，而且要能运用理论知识解决实际问题；因此，不只是要掌握科学知识，而且大多数专业要学习科学技术，以至工艺课程。这一点同普通中学是不同的。普通中学所学习的内容，一般只是普通科学文化基础知识。还有更重要的一方面，专门人才的培养，科学研究能力和创造创新能力是很重要的，因此，创造性活动在大学教学过程中有更重要的意义。专业教学计划中有课程设计、毕业设计、学年论文、毕业论文、科学研究训练等活动，都是培养学生创造能力、科研能力的重要形式。这些既是大学教学过程的组成部分，又是科学研究的过程。也就是说，把科学研究的因素引进大学的教学过程。那么，大学的教学过程，就可以有一部分是从实践的基础上，学生经过自己的分析、综合、抽象、概括，进行理论上的提高，得出结论。这就遵循了人类的一般认识过程。总之，大学的教学过程，基本上仍是传授知识的过程，但有些课程是工艺性课程，有些教学形式已经把科学研究的因素引进教学过程中来。这就不能完全照搬普通教育学中所说的教学过程的特殊性，以为任何从实践开始，获得感性认识，然后自己做理论加工，向理论方面发展，都是不符合教学过程特殊性的。高等学校教学过程，可以说，具有特殊性的特殊性，即在一般教学过程之中，又有自己的特点。这种特殊性的特殊性是螺旋式地上升，既遵循教学过程这一特殊认识过程的规律，又上升到人类的一般认识过程中来。

第七讲

高等学校
教学原则（上）

在挪威（2005 年）

讲教学理论为什么要着重讲教学原则呢？因为教学规律、教学内容、教学方法都与教学原则有密切联系。教学原则在教学理论中，起承上启下的作用。所谓承上，是说教学原则体现教学任务，反映教学规律；所谓启下，是说教学原则是教学内容、教学组织、教学方法以及教学手段运用等一系列活动的准则。掌握了教学原则，有利于解决各种各样具体的教学问题，也有利于总结自己的教学经验。

究竟有哪些教学原则呢？由于各家说法不一，各家提出的教学原则有多有少，因此，至今还没有一个权威的说法。

我国比较有系统地接受外国所提出的教学原则，是从 20 世纪 50 年代学习苏联凯洛夫《教育学》开始的。凯洛夫《教育学》提出的五条教学原则是直观性、自觉性、系统性、巩固性、可接受性。这 5 条教学原则实质上是 17 世纪夸美纽斯的教学原则的翻版。不过，夸美纽斯的教学原则是用唯心主义的理论解释的，凯洛夫则力图用唯物主义的认识论来解释这 5 条原则，这是他们的不同之处。当然凯洛夫的唯物主义有点形而上学的观点。以往不少教育家也曾论述过教学原则，但却没有像凯洛夫《教育学》那样比较系统地阐述教学原则。例如，我国近代著名教育家陶行知就曾论述过教学原则。他的主要教学原则叫作"教、学、做合一"，他还提出"在劳力上劳心"，当然，他没有明确说这就是教学原则。中国古代许多学者也先后提出过许多很有意义的教学原则，但都没有说明这就是教学原则，也没有形成体系。凯洛夫的五条原则是不是完善呢？不，它没有全面体现整个教学过程的基本规律和教学的基本任务。如这 5 条原则没有一条反映教学的目的性和方向性。可以说，它们主要是传授知识的原则，仅仅这 5 条原则，无法说明教学的基本任务是什么，所以说它不全面。后来经过了许多人补充修改，有人提出 7 条原则，凯洛夫《教育学》在 20 世纪 50 年代修改时，教学原则也由 5 条增加到 7 条，增加了教学的思想性原则和方向性原则。苏联的其他教育学专著也对教学原则做了许多补充。有的书上所列教学原则，达到 13 条之多，国外还有人写到 33 条之多的。中国对这个问题一直有不同的看法，华中师范学院等校合编的《教育学》就提出 7 条教学原则，《中国大百科全书·教育卷》提出 9 条，车文博同志写的《教学原则概论》提出 8 条，南京师范大学的《教育学》则把它们合并为 4 条。

为什么对教学原则有这么多提法和分歧，这本书这样提，那本书那样提呢？这是因为，教学原则并不是客观规律本身，如果它是正确的，那也只是客观规律的主观反映。既然是人们对客观规律的认识，各人理解不同，从而各人对教学原则的提法也就不同。尽管如此，由于教学原则是从前人教学实践经验基础上加以概括提炼的，各种提法大同小异，基本的东西还是差不多的。

教学原则只能列举一些主要的，对教学过程具有普遍指导意义的规律性的东西，如果不是对教学过程具有普遍指导意义，就不能作为主要的教学原则。比如说，前些时候，曾经争论过"精讲多练"是不是一条教学原则的问题。精讲多练是在小学、中学的语文教学中总结出来的一条原则。把它作为语文教学的原则，是大家都承认的。运用到其他某些需要多练的课程，也可以研究。但是，把它作为普遍性的教学原则，教育理论工作者持保留看法，因为它在教学过程中并不具有普遍指导意义。

从高等教育的角度考虑，我们不单要研究普通教育的教学原则，而且要着重研究高等教育的教学原则，要研究那些对高等学校教学具有普遍指导意义，而且又是主要的教学原则。这些原则跟普通教育学所讲的教学原则有些名称相同，但是内容不同；有的连名称也不同；有的在普通教育学列为教学原则，而在高等教育学可不列；有的普通教育学未列为教学原则，但高等教育学认为它是高等学校主要的、有普遍指导意义的东西，则列为教学原则。总之，在讲高等学校教学原则的时候，第一，对普通中小学总结出来的教学原则要十分重视，因为它们之间有共性。正因为这样，所以《高等教育学》书上所讲的许多教学原则，同一些普通《教育学》书上所讲的教学原则在基本内容上往往相同，但在运用上有所不同。第二，要根据高等学校教学过程的特点来确定高等学校教学原则，提出高等学校教师进行教学工作所应共同遵守的准则。从上述两个方面认识出发，这里提出了适用于高等学校的 10 条教学原则。

一、科学性与思想性相结合的原则

教学过程的任务既要传授知识，又要进行思想政治、道德品质的教育。

后者统称德育。德育应当在教学过程中进行。在进行智育的同时，还要进行德育，这就是我们常说的"寓德育于智育之中"或"教书育人"的意思。

学校对学生进行德育，主要有两条途径，一条是教学，一条是教学以外的组织建设和有关活动。教学以外的组织有共青团、学生会、班委会等；教学以外的活动有各种课外活动、政治学习、社会活动，现在人们把它称为"第二课堂"。两条途径都是必要的。绝不能只看到教学以外的思想政治工作的重要性，因而放弃或忽视通过教学途径对学生进行德育。从一定意义上说，寓德育于智育之中的这条途径，具有更经常、更重要、更深刻的意义，从长远观点看，也是一条效果较好的途径。为什么呢？有以下理由。

第一，大学生是中、后期青年。大学生有一定的文化知识基础，一定的社会经验，一定的独立思考能力。他们对许多事物都要问一个为什么，要从理论上弄清楚，认为要有科学上的根据。有人说：当代青年是"思考的一代"。其实，任何时代的青年，尤其是大学生，都是好思考的。不过，由于历史的、社会的原因，使当代青年更好思考。这是好事，对我们教育工作者也就提出了更高的要求：对大学生进行思想政治教育，要有科学的根据，要有逻辑的论证，才有说服力，才能使他们信服。不言而喻，通过教学进行思想政治教育，有利于提高科学性、逻辑性，从而有利于加强说服力，也有利于形成学生的深层的意识。

第二，教学工作是高等学校经常的、量大面广的工作，对学生的智育和德育可以也应该密切结合着进行。通过教学进行德育，对学生世界观、人生观、价值观和道德品质的形成可以发挥经常性的积极作用。学生所接受的教育是潜移默化的，它不一定能立见成效，但是它有利于在学生头脑中生根，到一定时候就会开花结果。

第三，学校里教师的人数总是比政治工作人员的人数多，与学生接触也多。同时，有学问的教师在学生中的威信都是比较高的，因为这些教师能经常给学生传授有益的知识。而思想教育的有效性与施教者的威信有很大的关系，因此，通过这些教师对学生进行思想政治、道德品质的教育，效果就比较好。过去，在"左"的错误思想影响下，把大学的高级知识分子都看成是"资产阶级的知识分子"，生怕他们在课堂上讲课宣扬"资产阶级思想"，或不相信他们也能对学生进行无产阶级思想教育。这种"左"的错误当然应当批判，也已经被批判。教师在课堂上传授知识的时候，如果把正确的思想内容融合在里面，学生听课，在吸收教师所传授的知识的同时，也把他传授的思想内容加以吸收，这对学生的思想是有深远影响的。如果我们的专职政工人员能与教师密切配合，相辅相成，共同对学生进行德育，收效是会很大的。可是过去一谈起对学生进行思想政治工作和道德品质教育，往往被认为只是党团组织、政工人员的事，而且认为对学生进行思想政治教育的方式，无非就是开会、做报告、搞政治运动等。由于基本上不信任教师能对学生进行德育，当然也就不可能重视通过教学这条途径来做学生思想工作。在这种情况下，教师的力量无法正确发挥，同政工人员的工作无法相互配合，二者有时甚至是相互排斥的，这对提高思想政治教育的效果来说是不利的。今天，在党的正确路线指引下，我们应该提倡教师通过教学工作对学生进行德育，我们也应该相信，我们绝大多数的教师是能够也愿意对学生进行思想政治教育、共产主义道德品质教育的。这样，我们才能把教师和专职政工人员这两股力量很好地结合起来。

以上我们着重谈了在教学过程中进行思想政治工作和道德品质教育的重要性，但是不能由此得出教学以外的思想政治工作和道德品质教育是不重要的结论。在我们的高等学校里，教学以外的思想政治工作和道德品质的教育工作也是十分重要的，不是教学所能完全代替的。因为：第一，通过这条途径进行德育，针对性强，能及时解决学生的某些思想认识问题。比如，为了防止某种不良思想倾向，集中做几次报告，开讨论会，如何防止等，这样的活动针对性比较强，能及时收效。教师在教学中进行思想教育时，就不太可能有这样的针对性。第二，能够结合当前形势进行教育。并不是任何思想政治工作和道德品质教育都能结合在教学里面进行的，这些就必须进行专门的工作。教学内容有一定的系统性、相对的稳定性，很难随时结合当前的政治形势进行思想政治工作，必须由专职政工人员来承担。曾有一段时间，高等学校反对政治活动过多，劳动过多，强调寓德育于智育之中，这是无可非议的。但有的人认为，只要搞好教学就行了，致使一些必要的政治活动被取消，政工干部想改行，学生的思想政治工作差不多处于无人过问的状态。这就从一个极端走到另一个极端，显然也是错误的。应该说，上述两条途径、两种人员在高等学校对学生进行德育都是需要的，都是不可缺少的，二者应当相互通气，相互配合，把两股力量拧成一股绳，这样对学生的思想政治工作和道德品质教育就更为有效。

寓德育于智育之中或通过教学进行思想政治工作和道德品质教育，这并不是我们现在的发明创造，古代早已有之，唐代韩愈就说过："文以载道。"意思是做文章是为了说道理，讲道德。宋代张载也说过："志学然后可以适道。"意思是要立志好好学，刻苦学，然后才能够求得高尚的道德，懂得更多的道理。西方教育家赫尔巴特也讲过："教学如果没有进行道德教育，只是一种没有目的的手段，道德教育如果没有教学，就是一种失去了手段的目的。"第斯多惠提出过："教学要有教育性。"西方学者都想通过教学对学生灌输道德思想。可见，寓德育于智育之中，古人早就懂得，封建社会有，资本主义社会也有。但是，只有马克思主义的教育理论，才能够提出科学性与思想性相结合的教学原则。这是因为，无产阶级的世界观和科学真理是一致的，共产主义是科学的结论，不是主观愿望，党性和科学性在本质上是一致的。因此，"寓德育于智育之中"的原则同科学性与思想性相结合的教学原则，虽然有相似之处，但是后者比前者深刻，跨进了一大步，只能是社会主义学校的教学原则，而不可能是资本主义社会的教学原则。它不仅是社会主义学校的一般教学原则，而且是第一条原则，首要的原则。因为这一条原则，集中体现了社会主义学校教学的本质，社会主义学校的一切教学活动不单可以使科学性与思想性相结合，而且应当使科学性与思想性相结合。资产阶级的教学原则则不行，出于阶级利益的需要，资产阶级要对学生进行"剥削有理"的道德观点或者灌输宗教迷信思想以及悲观主义、利己主义等教育。所有这些，根本不可能和科学性相一致，因为它违反了自然科学规律，违反了社会发展规律。例如，他们向学生灌输"剥削有理"的思想观点，就与社会发展的客观规律相违背。他们要对学生进行宗教道德教育，就与达尔文的进化论学说相抵触，直接违反生物学规律。资产阶级社会流行的悲观主义、利己主义思想观点，都是与社会发展的规律相违背的。人类社会的发展是不断前进和上升的，而这些道德观念则是没落的、腐朽的。因此，在资产阶级学校里面，不可能提出，也不可能实行科学性和思想性相结合的教学原则。只有对无产阶级进行世界观教育，进行道德品质教育，才能够要求这些思想教育要建立在科学性的基础上，而且也只能建立在这个基础上。如果对学生进行的思想教育不符合科学规律，则这个思想教育不是马列主义的，只能是打引号的。例如，"四人帮"所宣传的，无不打上"马列主义""毛泽东思想"的标签，但它的"马列主义"与科学性不一致，是违反科学性的，也就是假马列主义、反马列主义的，所以无法使青年人相信。即使开始能起欺骗作用，但是讲到后来，越讲越不通，所谓的"大批判组"的文章越写越荒谬，越写越离奇。广大知识青年就是通过自己的独立思考，从相信到怀疑，从怀疑到抵制、反对的。因此，这条原则告诉我们，对学生进行思想教育，要观点明确，事实确凿，立论严谨，有根有据，推论要合乎逻辑，要有说服力，绝不能因为要对学生宣传某种观点，就任意夸大事实，违反科学原理。如果这样，其效果将适得其反。比如，为了鼓舞学生的干劲，就不适当地夸大人的主观能动性；为了激励学生发展创造能力，就贬低知识的意义，否定"知识就是力量"，向学生提出违反科学的不切实际的要求，这些都将产生不良的后果。

科学性与思想性相结合的教学原则，说起来道理很简单，但要结合得好，并不容易。有时是由于教材本身科学性不足或者是思想性不足；有时教材的科学性、思想性都不错，但是教师在理解上有错误。举个例子，我曾经听过一堂语文课，一位教师讲贾谊的《过秦论》，原文中有这样一段：列国"尝以十倍之地，百万之众，叩关而攻秦。秦人开关延敌，九国之师，逡巡而不敢进"。他将原文做了讲解后，又加了一段自己的看法，他说："贾谊的文章是夸张的，其实，哪有那么容易的事情，几十万人打仗，死伤无数，秦兵损失也很大，哪能秦国城门一开诸侯之师就吓跑了？"下课后我问这位教师，你讲这篇《过秦论》是什么目的？《过秦论》是一篇很好的、典型的中国古代论说文，论说文就要说理，教师教学生学习论说文，也得有理有据，你对学生讲贾谊的文章是文学上的夸张，岂不是告诉学生今后写论文，也可以不讲道理，任意作文学上的夸张！这就违反了教学原则和教学目的。事实上，我了解这位老师的专业水平还是相当不错的，这堂课讲得也很清楚、很生动。但应该说，他对该课的教学目的理解不够。列国以十倍之地，百万之众，本应把秦国打败，结果倒是秦国把列国军队赶走了，这正说明秦国士气旺盛，才能以少胜多，并不是什么文学上的夸张。我举这个例子，无非是要说，即使是讲文学作品，也要讲究科学性和思想性的结合，科学性如果站不住脚，对学生思想教育也会受到影响。

在教学中贯彻科学性与思想性相结合的原则有以下几条。

第一，要保证科学的正确性与严肃性。教师对科学的原理和概念的解释，可以由浅入深，由不完全到比较完全，但是不允许歪曲。我们不应该要求教师一下子把所有概念都给学生完全解释清楚，只能由浅入深，循序渐进。教师只能根据学生学习的逐步深入，对科学原理和概念的解释也随之由不完全到比较完全。但是，在任何情况下都不容许歪曲事实，产生科学性的错误，尤其要防止为了追求讲课生动而歪曲科学的原理和概念。有的同志可能会说，既然要保证科学的正确性与严肃性，那么，教师上课能否讲一些科学上有争论的问题，或者讲一些科学上不成熟的东西，能否介绍一些唯心主义的东西，谈一些资产阶级的思想观点。大学与中学在处理上述问题上应当是有区别的。中学的教学要求科学性和严肃性，一般不把科学上有争论的，或者反面的东西向学生介绍。大学的教学当然也要求科学性和严肃性，但在具体做法上，可以与中学不同。对大学生可以讲一点唯心主义的东西，可以讲一点形而上学的东西，可以介绍一些资产阶级的理论，也可以讲不成熟的、未定论的东西，而且在一定程度上必须讲。为什么？因为大学生已经不是学习普通科学文化知识，而是在学习某一专门学术领域的知识，教师就必须引导他们深入到学术领域里面，了解不同的学术见解，探讨不同的学术流派，否则，就不能很好地培养他们的独立思考能力，就培养不出高质量、高水平的学生。在课堂上介绍一些科学上不成熟的东西，甚至仅仅是一些假设，有利于启发学生的创造性思维。讲述一些错误的东西，不等于违反了科学性，但是必须进行批判和分析，不允许做客观主义的介绍，也不允许津津乐道之后，最后轻描淡写地说一句"这是唯心主义的，资产阶级的"就完了。要给学生介绍一些反面教材，但是，同时要引导学生学会分析批判。这样，科学性与思想性相结合的原则就贯彻得更深刻了。因为教师不仅把科学的正确的东西告诉了学生，而且也告诉学生哪些是错误的东西及其错误之所在。即不单是给学生以滋补品，而且给他们打防疫针。对大学生来说，打防疫针更加重要，因为他们不可避免地要接触到许多"病菌"，因此应当设法增强他们的免疫力。

第二，思想性要从科学性中引申出来。不要离开科学知识另外补贴思想标签，更不要牵强附会，搞那种简单化、庸俗化的"政治教育"。"文化大革命"期间曾经盛行过讲一段业务课念一段语录，事实证明这是无效的。教师必须钻研教材内容的思想性，发掘教材内在的思想性。自然科学主要是对学生进行辩证唯物主义的世界观和方法论的教育，对学生进行四个现代化建设的教育，鼓励学生为社会主义祖国的强大、为科学事业的发展做贡献，激发学生这种热情。不要求教自然科学的教师在课堂上讲当前的政治任务。社会科学的课程一般比较直接与学生的思想政治有联系，但是，也一定要围绕教材内容进行恰当的联系，绝不能强行要求教师离开教材内容，进行某一特定的思想政治和道德品质教育。教学原则所说的通过教学对学生进行思想政治教育，主要是指教师在进行业务教学的同时，有计划地解决一些根本性的思想认识问题，这种教育对学生起着潜移默化的影响，不能急于求成。因此，教师要努力发掘教材内容的思想性，把思想教育寓于业务教学之中。车文博所著的《教学原则概论》中有一个例子，很能说明深入挖掘教材内容思想性的重要：大多数教师在讲鲁迅所写的著名小说《祝福》时，大讲祥林嫂的形象是善良的、勤劳的，但由于受封建社会压迫，她又是愚昧的、迷信的，对祥林嫂的这个形象做这样分析，不能说不对，但不深。这不是鲁迅塑造祥林嫂这一形象的深刻意义。祥林嫂由虔诚地捐门槛到怀疑人究竟有没有灵魂，正是对黑暗的社会、痛苦的遭遇开始了初步的思考。这才是《祝福》这篇课文的深刻的思想性所在。这个思想性说明什么问题呢？正如恩格斯所说："贫困叫人去祈祷，而重要得多的是教人去思考和行动。"(《英国工人阶级状况》)贫困迫使人们去思考和行动，思考自己为什么这样贫困，应该用行动来改变这种贫困。祥林嫂经过了无数的苦难到最后开始思考了，这是鲁迅写《祝福》的本意所在，主题所在。祥林嫂生活在那样的历史条件下，思想认识当然有一定的局限性，还不可能开始行动。但是，她最后终于开始思考了，思考就是行动的前兆，这就是说，对教材钻研较深，能抓住主题，才能挖掘教材内在的思想性。

此外，贯彻思想政治和道德品质教育不能仅仅依靠教材，还有一个重要方面，就是依靠教师自己的以身作则、言传身教。例如，教师要求学生对学习严格认真这是对的，但自己上课时却老是出差错，这样，这位教师就没有做到以身作则，他的行动就抵消了他所讲的道理，学生也不会信服教师所讲的观点。总之，科学性与思想性相结合的教学原则，体现了在教学过程中传授知识与培养学生的世界观和道德品质这两个任务的统一，因此，也可以说它是"红"与"专"统一的原则。

二、知识积累与智能发展相结合的原则

学校智育主要是通过教学进行的。智育的任务包括传授知识和发展学生智能两个方面。反映这个任务的原则，就是知识积累与智能发展相结合的原则，或者叫传授知识与培养智能相结合的原则。智能就是智力和能力的合称。智力是人们认识客观事物并做出适当反应的心理能力，平常叫"智慧"或"聪明程度"。智力的重要构成要素是：注意力（广度、集中性）、观察力（敏锐性、精确性、周密性）、记忆力（持久性、准确性、重现）、思维能力（深度、敏捷性、逻辑性、条理性）、想象力（丰富、深刻性）。此外，还有一些特殊的智力，如对音乐的感受与反应，对色彩的感受与反应等。智力诸构成要素中最主要的是思维能力。我们平时说某人很聪明，主要是指他的思维能力较强。当然，有时也并非完全如此。如某人记忆力特别好，我们也说他智力很高；某人想象力很丰富，我们也说他智力很高。能力是指在智力的基础上，掌握知识，运用知识，并作用于客观事物的本领。能力是多种多样的，对大学生来说。主要应具备的能力是：自学能力、表达能力、操作能力、创造能力、组织管理能力。

智力与能力实际上是密切联系、不可分割的。智力是内在的，能力是其外化的（内在的智力表现在外面就体现为能力），能力是在智力基础上形成的，是智力的综合运用，智力必须通过能力表现出来。知识与智能有联系又有区别。

一方面，知识的积累是发展智能的必要条件。这是因为人的智能不能凭空发展，它要有一定的知识基础，或者说要有一定"载体"。而科学知识，是

前人的智慧的结晶，它内在地蕴藏着多种智能的要素，可以通过引发这些内在的智能要素来发展学生的智能。列宁说："我们需要用基本事实的知识，来发展和增进学习者的思考力。"只有当知识积累达到一定数量，人们才有可能应用这些知识来思考问题、分析问题和解决问题，才能够发展创造能力、自学能力、表达能力等。特别在今天科学技术高度发展的情况下，如果缺乏宽厚的基础知识，要想使能力高度发展是不可能的。一个知识贫乏的人，是难以从事复杂的现代科学技术问题的研究设计的，也是难以做好现代化的经营管理工作的。他可能也有某种创造性，凭一时的灵机一动，或者凭一些经验来做某些假设，甚至搞成某种发明创造。但是，他不可能有计划地、系统地研究比较复杂的科学技术问题，也不可能处理复杂的经营管理问题。

另一方面，智能发展又是掌握知识的前提条件。自学能力强的人，接受知识常常又快又深；思维能力强的人，比较易于接受难度更高的知识。因此，发展智能与掌握知识二者是密切不可分的。但是，有了知识并不等于自然而然地就能发展智能。一个人的知识多，有利于智能的发展，但并不等于此人的智能就一定强。有些人知识积累很多，但却是食而不化的"书呆子"。另外，一个人如果单纯着眼于智能的发展而不扎扎实实地打好坚实的知识基础，那么，他的智能发展将是有限的，并且容易流于浅薄，只会夸夸其谈，碰到某些比较困难的问题就会感到束手无策。知识与智能这种既有联系又有区别的关系告诉我们，在教学中，传授知识与发展智能应该都给予足够的重视，把两者结合起来。厚此薄彼，或把两者分割开来，都会给培养人才带来缺点和问题。传统教育思想在教学法上的主要错误在于重视传授知识而不重视智能发展，这是我们当前教学改革中所要解决的主要问题，也就是说，当前要着重研究如何在教学中发展学生的智力，培养学生的能力。但是，也要避免一些偏向。有人鼓吹今后所需的专门人才不是"知识型"而是"智能型"（或"能力型"）的，教学的任务是培养智能而不是传授知识。这种把知识与智能分割开来而提倡厚此薄彼，使得有些学生误以为可以不必刻苦地钻研，不必系统地掌握知识，就可以发展智能。而他们所认识到的发展智能，又往往是从一些浅薄的宣传文章或小说中得到"启示"的，以为只要脑筋灵活、能说会道、善于处理人际关系，将来就能吃得开，就能干大事、发大财，在社会上当"强人"。这样学生就不认真听教师讲课，认为现在要培养智能，不必学那么多知识，近年来高等学校中所出现的轻视课堂教学的现象，不能不说与鼓吹这种"知识无用"的谬论有关。

当然，我这里所说的是要防止可能出现或已经初露的偏向。今天的主要问题是改革只传授知识、忽视发展智能的传统教学方法，要认识对大学生智能的培养具有重要的战略意义。从社会发展现状来说，在新的技术革命浪潮冲击下，科学技术的迅猛发展，经济体制的改革，社会主义建设步伐的加快，都要求将成为各个领域、各个生产部门、各个管理部门的骨干人才的大学生具有较高的智能。同时，从智能发展规律来看，大学阶段，大学生的生理成熟、身体成长的高峰期已过去，身体一般不再长高了，但具备了高度发展智能的生理条件，智能却正在向高峰发展。有人说，这个时候是青年智能发展的"黄金时期"。如果能好好利用大学生这个时期的最有利条件，可以促进他们的智能高度发展；但是弄不好也可能会错过这个大好时机，甚至会压抑他们的智能发展。例如，有的教师在教学中引导学生死记硬背，有的讲课不是启发式，而是硬灌知识，这样都会使学生的智能得不到很好的发展，实际上起了压抑学生智能发展的作用。

由于科技发展、社会发展的需要，也由于大学生身体、生理上的可能性，所以现在世界各国高等学校的教学都很重视在大学阶段培养和发展学生的智能。当前，许多教学改革的理论、方案、措施，差不多都是围绕着如何更好地培养和发展学生的智力、能力，发挥学生学习的主动性、创造性与独立性而提出的。我国高等学校过去受传统教育的影响很深，长期的封建社会都是提倡死读书，对学生智能的发展一向是不重视的。20世纪50年代全盘学习苏联的那一套，而苏联那套也是欧洲大陆的传统教育体系，重视知识而不重视智能发展。由于这些历史的原因，致使在教学中发展学生智能问题成为当前我国高等教育的一个薄弱环节，这个问题已经引起各地方、各学校的重视，有不少同志已把它列为自己研究的重点课题，但在教学实践上还没有被充分重视，在高等学校讲堂上，只灌输知识的教学仍比比皆是。

如何发展大学生的智能，方法很多，很难一一列举，下面只提几条原则性意见。

第一，要教给学生规律性的知识。规律性知识即是有共性、有相对稳定性的那些基本原理、基本概念，以及由这些基本原理、基本概念所构成的知识体系。掌握了这些共性的原理、概念，学生才可以透过现象把握事物的本质。如果传授的都是一些零碎的经验或办法、措施，描述的都是一些表面的现象，这就不利于学生透过现象把握事物的本质。只有教给学生带规律性的、具有共性的知识，才能使学生以这种共性和规律性去理解和掌握千差万别的事物，去解决纷繁复杂的问题。如果学生所接受的只是一些孤立的知识，就难以构成学生知识的结构、知识的体系，碰到情况发生变化的时候，他就不会灵活运用所学到的知识。只有掌握了共性的、规律性的知识，他才能"举一反三"。所谓举一，是指学到规律性的知识；所谓反三，是指把带共性的知识迁移到有关事物中去，这在心理学上叫作"学习迁移"。善于"举一反三"，是智力高的表现之一。而掌握基本的科学概念、原理，有利于知识的迁移。著名的美国心理学家、教育家布鲁纳主张要教给学生的是学科的"基本结构"。所谓"基本结构"就是学科的基本概念、原理，把它构成完整的模型。概念、原理，摆在整个结构中是比较容易掌握的（也比较容易记忆），并有利于培养知识迁移的能力。他说："学科的基本结构是通向训练迁移的大道。"如果只能传授给学生一些局部的知识、经验，从激发智慧来说不会有什么收获。也就是说，如果学生所学的知识是一些各自孤立的、应用性的、经验性的知识，杂乱无章，要在这个基础上发展学生的智能是困难的。

第二，教材要有一定的难度。教材要从大多数学生的水平出发，但不能迁就学生现有的水平。有的教师把难度大的教材删掉不讲，或者把复杂的理论问题简单化，把深刻的理论讲得很肤浅，这绝不是深入浅出，而是浅入浅出，这对于培养学生智能十分不利。我们搞管理工作的同志要注意，有的领导同志片面要求教师讲课要容易一些、再容易一些，听到学生反映课程听不太懂，就不加分析地认为教师的课讲得不好，甚至由此给教师施加压力，这种看法和做法不一定对。如果教师所讲的内容过于容易，学生听课后不用费劲就知道了，一般来说，学生对这样的教师是没有意见的，但学生没有意见不一定是好事，因为这样的教师只是传授了浅易的知识，却没有同时培养学生的智能，没有启发学生的思考。从教学原则来看，这样的教师并没有完成全部教学任务，至少培养智能这个任务没有完成。因此，学校各级领导在听到学生对教学的反映时，一定要调查研究一下，看看教师讲课的难度究竟是否合理。在正常情况下，教师的教学应当有一定的难度。如果教师讲授的内容过于容易，将会使学生智力的负荷不足，这就不能很好地发挥学生智能的潜力，不能使学生在克服困难中不断前进。而且，负荷长期不足，还会压抑学生智力的发展。教材有点难度，会不会造成学生学习负担过重呢？这里必须强调指出，不要把教材难度和学习负担等同起来。学生负担过重往往是由于学习量过多所引起的，很少是由于教材难度所引起的。也就是说，学生负担过重，往往是因为教师塞给他的知识太多，作业太多，次要的教材太多，而不是因为教材太难。教材有一定难度，只要教师在教学过程中善于引导和启发学生，不一定会形成学生的学习负担过重，而且在学生的智能得到发展的情况下，他的学习负担可能反而减轻。厦门大学曾办了一个为江西、福建培养师资的英语培训班，学员都是外语系毕业、正在担任英语教学的教师，请了一位外国专家来讲课，每次上课，她给学员发 3 张密密麻麻的外文资料（一段新闻稿或一篇短文等），让学员阅读 10 分钟或 15 分钟后，就把资料收走，然后要求学员复述大意，或者回答资料中的问题。开始时学员跟不上，很苦恼，在规定的时间里，有的人只看了资料内容的一半，有的人只看了1/3。表面看来，学员学习负担很重，但是经过 2 周的训练，学员逐渐适应这种教学方式了，阅读外文资料的能力大大提高了，大家也不再感到学习负担重了。我由此想到，如果我们学校某位教师对学生也采用这种教学方式，那可不得了，学生一定哇哇叫，大堆的意见马上会反映到教务处或校长那里去，于是，教务处或校长可能会下个命令：不行！不能这样干。这样做，看起来减轻了学生的负担，但学生的能力就难以培养。其实，学生能力提高了，反而可以减轻负担。可见，我们一定要用教育学的眼光来看待教学难度问题和智能培养问题。当然，教材难度也要适当，教师上课也不能尽讲那些学生听不懂的东西，学生把这种听课称之为"坐飞机"。这样做，其结果对学生智力的发展没有好处，对学生知识的积累也没有好处，这是不可取的。

　　第三，根据不同性质的课程和不同的教学环节，有计划地培养学生的智能。课程性质不同，教学环节不同，培养智能的侧重点也应有所不同。比如，理论性课程，应当着重培养学生逻辑思维能力；专业选修课应当着重培养学生的科学研究能力；课堂讨论应当着重培养学生的分析能力和表达能力；考试也应注重培养学生的理解能力与运用知识的能力。从某种意义上说，考试是一支指挥棒，应当正确利用考试这个教学环节，指挥和促进学生朝着有利于智能发展的方向前进，而不要利用考试去压抑学生智力的发展。现在的出国留学生考试，往往一次考 100 多道题，要求学生 2~3 个小时做完，我们不少学生平时考试习惯于慢慢吞吞，2 节课应当交卷，可总是拖到 3 小时或 4 小时。由于缺乏应考能力的训练，碰到留学考试往往就吃败仗。上面所说的这种考试方法有一定的好处，它可以测验学生的反应速度，训练学生思维能力的敏捷性。出一点是非题、选择题有利于培养学生的判断力；填充题就差些，有点像古代考举人、进士时帖经似的，把一段经文上下文盖住，只留中间几个字，要求考生写出原文，这种死记硬背的考题和做法是不足取的；当然，如果不是帖经式的填充题还是可以适当采用的。问答题可能促进学生的思维能力，也可能压抑学生的思维能力。比如说，出一道关于比较教育的考题，要求学生"叙述美国的教育制度"，这个考题就不好，因为考题的全部答案书本上已有，或讲课时已讲过，这就不能培养学生的能力。如果考题改为"试评美国的教育制度"，这样的考题就比较好些，因为考生在答卷时，必须全面了解美国的教育制度才能综合思考，权衡得失，进行评论。当然，这样的评论教师也可能已经在课堂上讲过。更为理想的考题应当是，要求考生结合评述美国的教育制度，分析其中有哪些不适合我国国情，有哪些可以为我国借鉴，这样的考题就能全面考查学生的各种能力，特别是有助于促进学生的思维能力。当然，出这样的考题应考虑难度适当，特别是不能与教材相离太远。总起来说，各种不同的课程，不同的教学环节，对于培养学生智力和能力各有不同的要求和作用，这要靠大家在实践中总结经验。

三、在教师主导下发挥学生自觉性、创造性与独立性的原则

教学过程是师生双边活动的过程。在教学过程中，师生所处的地位是不同的，教师教，学生学，两者的任务不同，作用也不同。教师对知识是已知者，学生作为受教育者，相对来说是未知者，或者知之比较少或比较浅。就

传授知识而言，只有已知者，才能有计划地采用适当方式把知识传授给未知者，而不能由未知者来设计如何传授知识。这个关系不能颠倒。因而，教师在教学过程中，应当起主导作用，这是一条客观的规律。当然，教师应该听取学生的意见和要求，但不能颠倒过来。我国在这方面曾经发生过两次大的失误，产生了许多不良的后果。1958 年"大跃进"时，曾经让一些从未学过某课程的学生去编该课程的教学大纲和讲稿，并把它作为"新生事物"，让教师照着学生所编的大纲、讲稿上课，结果打击了教师的积极性，使教学质量严重下降；"文化大革命"期间，把教师统统撇开，学生自己编大纲和教材，自己上课，其结果造成教学质量更加严重下降。

掌握知识是个能动的飞跃过程，要把教师的知识或者书本的知识转化为学生的知识，只有通过学生自己的头脑加工，才能把教师所传授的知识转化为学生的知识，没有任何人能代替学生自己的加工劳动。历代的皇太子享有各种各样的特权，生活起居，样样有专人侍奉，几乎任何事情都可以由别人代办，甚至犯错误后，也可以让太监代他挨打，可是唯有读书这件事无法找人代替。因为读书要动脑子，这是任何人所不能代替的。只有学生积极开动脑筋，积极思考，才能有所得。只有自觉性高，积极性高，勤学苦练，收获才大。学生如果不爱动脑筋，应付功课，他的收获就少。高分数也许可能通过投机取巧、弄虚作假而获得，但真正的收获和本领则是无法弄虚作假的，也是不可能侥幸获得的。掌握知识需要通过学生自觉积极地去争取，而应用知识去解决问题，又是一个能动的飞跃，更需要学生自己勤奋钻研，勇于实践。

这条教学原则在普通教育学上，一般叫作"教师主导下发挥学生自觉性、积极性原则"，或者叫作"教师主导与学生自觉性、积极性相结合的原则"；在高等教育学中，我们把它叫作"在教师主导下，发挥学生的自觉性、创造性、独立性的原则"。这是针对上述高等学校教学过程的特殊性而提出的。高等学校培养的是高级专门人才，是国民经济以及政治、文教、科技各个部门的骨干，国家对他们的要求与中小学生不同。我们培养出来的大学生应当是有自觉性、创造性、独立性的人才。他们应能够对所接受的知识做出必要的判断，有自己的见解，善于独立学习、独立思考、独立工作，有创造的才能。在我国，还有一层更为深刻的意义，那就是我们培养的是有社会主义觉悟的、有文化和专业知识的人才。在社会主义建设中，专门人才最可贵的品质之一，就是不但要有高度的自觉性、积极性，而且能发挥创造性和独立性。这种品质在大学学习时就应该认真培养，等到大学毕业后，他们才能出色地为社会主义社会工作。

那么，我们强调培养大学生的创造性和独立性，要学生学会独立学习、思考和工作，是否就可以不要教师主导呢？有的人认为，中小学的教学，教师要主导；在高等学校，不应当再提教师主导了，大学生应该以自学为主，教师只起辅导作用就行。比如说，对大学生特别是高年级学生，我们要求他们自己读书，自己找参考书，自己找资料，如果条件允许，高年级的实验、选修课实验，应该由他们自己设计和安排，写论文、搞设计也由他们自己选题，自己提出论文的大纲，自己找资料，自己研究，自己写出论文，教师加以辅导。以此为理由来否定教师主导作用是对主导作用的误解，误以为教师主导仅仅就是教师讲，学生听，我安排好，你照着干。这种理解是不全面的。教师主导是个原则问题，主导的方式则可以多种多样，大、中、小学可以有所不同。在小学采用的教师主导方式在大学不完全适用。大学不能"抱着"学生走，甚至不能"牵着"学生走。但是，不管是对大学生或是对研究生，教师还是要指点他们的。只要是学校的教学活动，只要存在师生关系，哪怕在研究生阶段，导师还是要主导，导师就是要起主导作用。研究生的导师不是教学辅助人员，研究生必须在导师指导下进行独立的学习和研究。其实，从原则上说，函授教育、电视大学、自学考试，也有"教师主导作用"的问题。学生按照教学计划、教学大纲，通过书面教材、电视屏幕学习也是在教师有计划地指导下自学、做作业的。不过教师的主导方式方法与普通学校大不相同。某些教师为什么会产生上述那样的误解呢？因为这些教师把主导作用与独立研究做了片面的、简单化的理解，把教师主导作用与学生独立钻研对立起来了，以为教师主导作用就是学生的一切活动都要置于教师指导之下，教师对学生的学习，应当"抱着走"或"牵着走"，否则就被认为是放任自流。这些教师不了解，如果没有学生学习的主动性、自觉性，教师的主导作用也将落空。例如，在课堂上教师搞"满堂灌"，形式上似乎是教师主导，教师怎么讲，学生就怎么记，学生回答问题也完全按教师所讲的一字不漏地来回答，这样做的结果，事实上教师主导作用落空了。为什么？因为所谓教师主导，就是要引导学生主动、积极地进行思维活动，如果他没有动，那么你的导就落空了。

在教学过程中贯彻这条教学原则，有以下几点要求。

第一，要对学生进行学习目的性的教育，这里所讲的目的性教育，是指广泛的多层次的目的。

最高层次的目的是要教育学生为社会主义的现代化建设、为两个文明建设、为共产主义的远大目标学好本领。有了这个宏伟的最高层次的目的，学生学习的自觉性就高。

第二层次的目的是使学生明确专业的目标、意义和作用。有些学生不安心学某专业，思想问题很多，往往就是由于对本专业在社会主义建设中的地位、作用和意义认识不明确，致使学习受到不应有的损失，对这样的学生要抓紧进行具体的专业目的教育。事实证明，专业思想坚定的学生和专业思想有问题的学生，两者学习的效果是大不一样的。对进修班的学员来说，也有一个学习目的性的教育问题。有的学员来学习以前，目的性很明确，我是搞高等学校管理工作的，应当成为教育管理行家，因此，我要好好学习教育理论，学习管理知识。有的学员可能抱着一种无所谓的态度，组织上让我来学习，我也就奉命办事，能够学多少就算多少。可能还有少数学员对学习有何作用持怀疑态度，认为我不学这些，还不是照样干工作？经过一段时间的学习以后，情况就发生了变化，大多数学员就会从无所谓或怀疑到目的性明确，自觉性高，感到学与不学大不一样。但也不是所有人都能这样，班领导、教师就要千方百计地进行第二层次的目的性教育。

第三层次的目的是指一门课在专业培养目标上的意义。一门课在社会主义建设中的意义，在教学计划中的地位，教师在教这门课开始时要说一说。当然，不只是开头说一说而已，应当在整个教学过程中，通过教材的具体内容，不断对学生进行目的性教育，使学生的认识不断深化。

第四层次的目的是指教师在教学的每个单元，都要进行目的性教育，使学生了解这个单元的教学内容究竟有什么意义和作用。

目的性教育是从大到小、从远到近的，教学活动应该有远的目的和近的目的，如果只有大的、远的目的，很难使学生经常保持自觉、积极的态度，如果只讲近的目的而不讲远的目的，有时就可能走上歧路。总之，目的性教育既要有远大的目的性教育，又要有具体的近的目的性教育。

第二，要使学生理解学习过程，掌握学习方法。学生不仅要明确学习所预期达到的目的，还应当了解学习过程的步骤和方法。"心中有数"，才能掌握学习的主动权。教师不但要使学生知道学习什么，而且应当让学生懂得如何学习。学生理解学习过程并掌握了学习方法，就能较好地自己安排学习的进程，加强学习的信心，检查学习的效果。

第三，要善于掌握学生在学习过程中的心理状态，发挥学生各种非智力心理因素（动机、兴趣、意志、态度）的积极作用。学习动机是指学习要达到某种目的的"心理动因"。强烈的学习动机可以提高学生学习的自觉性、积极性，如果没有强烈的动机，学生的积极性、自觉性就不高。孔子说："不愤不启，不悱不发。""愤"和"悱"就是某种心理状态。"愤"是指学生强烈的求知心理状态；"悱"是指学生亟求表达思想的心理状态。学生在这种心理状态下，教师如果及时启发一下，效果就很好。因此，教师应注意学生学习过程中的心理动因，激发他们的学习动机，调动他们的学习积极性。学习兴趣是学习过程中的一种很活跃的心理因素，这种心理因素，不单是来源于理智，而且带有一定的感情色彩，也就是说，学习者不只是在思想上、理智上认为必须自觉积极学习，而且在情感上感到学习很愉快。古人说："知之者不如好之者，好之者不如乐之者。"但要搞好学习，不能光凭学习兴趣，学习中总会碰到困难，也不可能将艰深的理论，都化成为像讲故事那样以情节引人入胜的东西。因此，只有学习兴趣还不够，还得有学习意志，教师还得注意培养学生的学习意志。由上可见，对学生学习起作用的心理因素是多方面的，有智力因素，也有非智力因素，教师应努力调动他们积极的心理因素，使他们具有明确的学习目的，强烈的学习动机，浓厚的学习兴趣，坚定的学习意志，而这些心理因素外在的表现就是学习态度。因此，教师要考查学生的学习目的、动机、兴趣、意志，就要经常注意他们的学习态度。对学习态度要经常进行分析，发现问题及时研究解决，不断地端正他们的学习态度。

第四，要用启发式，不要用注入式。究竟什么是启发式，什么是注入式，不太容易弄清楚。比如说，中小学的教师在课堂上经常提问，让学生回答问题，这是否就是启发式？大学教师在课堂讲课，往往一讲就是两个小时，从头讲到尾，从不提问，这是否就是注入式、"满堂灌"呢？教师在课堂上提问题可能是启发式，也可能是注入式，如果所提问题，只是单纯重复教材或讲课内容，有什么启发呢？启发式并不是一种具体的教学方法，没有一种固定的方法，也不能定出一个公式，而只能是"导而弗牵，强而弗抑，开而弗达"（《学记》），它是各种各样能够引发学生积极思维，使学生自觉掌握知识的教学方法的总称。因此，有人称之为"启发式原则"。例如，在课堂讲授中，要求教师以自己的积极思维来引起学生跟他同步进行思维活动，也就是说，教师的积极思维活动，通过语言表达出来之后，引起学生的思想共鸣，这个就叫作启发式。如果不是这样，哪怕教师讲得再清楚明白，提问得再多，也是注入式而不是启发式。是不是启发式，不能从形式来判断。

不仅课堂讲授要采用启发式，其他各个教学环节也都要采用启发式。例如，实验课应当尽量防止学生"照葫芦画瓢"。"照葫芦画瓢"的实验课就是注入式。教师最好是指导学生特别是高年级学生自己动手安排实验，不要由教师或教学辅助人员把一切给学生安排得好好的。做实验之前，教师只需对关键的地方做必要的提示，不应当把实验指导书写得详详细细，学生只需照着实验指导书这边按一下电钮，那边加一点化学药品就算完事了，这种实验教学只能是注入式而不是启发式。教师在布置作业时也应尽量不让学生"照方抓药"，要通过作业，引导学生运用书本上或教师讲的知识去创造性地解决问题。教师出考试题目也应当是启发式的。例如，关于商品二重性应当怎样出考题，一般总是这样命题："试述商品二重性"或"什么是商品二重性"。出这样的题目不好，因为考题的内容教师都详细讲述了，学生只需照抄照背就行了。如果考题改为"为什么商品具有使用价值和价值？"这就比上面的考题要好一点，学生答卷时必须稍微思考一下。不过这种考题仍不太理想，因为书上基本上都有现成答案。如果出这样的题目"废品是不是商品，为什么？"这样的考题就比较好。因为答案既在书中又不在书中，书本上找不到现成答案，但却可以运用学过的理论来说明废品是不是商品。而且，如果是口试的话，还得准备回答教师故意提出的问题："废品不是还可以拿到市场处理吗?"这自然就会把商品的价值和使用价值理论统统用上去了。

第五，要对学生严格要求。严格要求和自觉性、独立性是一致的。正因为要培养学生的自觉性、独立性，教师对学生的要求就更高、更严格，马马虎虎是培养不出高度的自觉性和独立性的。教师的严格要求，可能有时引起学生的不愉快，但是学生终究会感谢严格的老师的。师严道尊、严师出高徒是有道理的。相反，那种马马虎虎的"好好先生"，可能容易讨好学生，但是终究要受学生轻视埋怨的。当然，严要有"度"，不是越严越好，要做到合理的严，苛求是不恰当的。

四、理论联系实际的原则

理论联系实际这条原则是大家所熟悉的，它的根据是辩证唯物主义的认识论，理论与实践一致。但作为教学原则来说，它还有其特殊的意义，就是前面第六讲"教学过程的特殊性"中所讲的：在大学的教学过程，学生为了学习前人的经验，可以从书本开始学习知识，可以从书本到书本，从概念到概念，从理论到理论，不一定每个概念都从感性得来，都要用到实践中去，这是教学过程的特殊性。正因为有这个特殊性，就潜伏着一个消极因素，理论容易脱离实际。为了解决这个问题，我们强调理论联系实际这条教学原则就具有重要的特殊意义。

这条原则的理论根据，前讲已经讲了，这里不再详述。只谈如何贯彻这条教学原则。

（一）要讲清理论

在教学过程中，首先要使学生对理论的理解尽量透彻一些，包括尽可能地弄清楚这个理论的实践根据，或实践基础，尽可能地弄清楚这个理论在实践中究竟有什么用处。我这里所说的是"尽可能"，不是"一定要"，因为有些是做不到的。数学教师，能够一一讲清所有的数学理论从什么实践总结出来的吗？我看有些就讲不清楚。还有的数学理论，至今还弄不清楚它究竟有什么作用，它就是从某个理论推出来的，从公理推出来的，它是客观存在的东西，但人们还是不知道它有什么作用，说不定有那么一天，某项尖端技术，某个方面的问题，正好需要这样一个数学公式，拿过去就能用上。有不少数学理论是走在实践的前面的，在这种情况下，理论联系实际就比较困难。当然，这是讲极端的情况。但是，即使不是像数学理论这种极端的情况，有些理论也难以讲清楚怎样用于实际，往往是从这个理论推导到那个理论，从这个观点推导到那个观点，这在一些科学理论中是并不罕见的。相对地说，应用科学较易联系实际，教师应尽可能讲清其来源和去路；社会科学理论联系实际比上述课程好办一点，但是，一定不能勉强，不能硬套，弄得不好的话，就有可能发生牵强附会的问题。

有一点补充说明，为什么把"讲清理论"作为贯彻理论联系的第一点要求，而把联系实际作为第二点要求，这里不是一般的排列顺序，而有个先后的问题，即：在教学过程中，一般应当是理论在前，联系实际在后。要先讲清理论，然后才能联系实际，要先学习理论，然后才能运用理论武器去搞社会调查，去搞生产实习。曾经有人提倡过大学生入学后，先去参加社会调查一年半载，然后再进行理论提高，这种做法经过实践证明，效率不高。为什么？因为学生一进校就去搞社会调查，毫无理论准备，加之漫无目的，不知抓什么东西，这样的学习效果是不好的。应当先让学生掌握一定的理论知识，然后再组织他们根据理论去进行社会调查，这才有可能抓住需要调查的东西去联系实际，掌握理论与实际结合的知识。

（二）联系跟理论有关的实际

在讲清理论的基础上联系实际，联系生产实际、社会实际、工作实际、思想实际，一句话：联系跟理论有关的实际。在整个大学学习期间，我们给学生安排了许多实践性的教学环节。例如生产实习、教育实习、临床实习、社会调查等，这些都是必要的。这里有一点值得特别注意，所有实践性环节都必须在理论指导下，才具有教学上的意义。学生走出校门去参加各种社会实践活动，应当是在理论指导下的实践，才具有教学上的意义，否则就是"以干代学"，就是"文化大革命"期间提倡的"开门办学"。对于"开门办学"的批判，过去着重揭露"四人帮"政治上篡党夺权的阴谋，他们把学生派到社会上去，冲击工厂、农村，制造种种事端，我们从政治上对它进行了批判，当然是必要的。但是，从教育学的角度，从教学理论上对它进行批判，就没有说清楚，正因为没有说清楚，因而在批判"开门办学"之后，又出现了"关门读书"。应当说，"开门办学"是错误的，"关门读书"也是错误的。但是，大学生的学习，既要"开门"，也要"关门"，问题在于怎么理解。首先，读书要不要"关门"？读书当然要到教室里去，要到图书馆去，要到"高楼深院"去。从这个意义上说，要读书就要"关门"，不能不加分析地说，关起门来读书就是错。但是"关门读书"却是错误的，其所以错，就错在"两耳不闻窗外事，一心只读圣贤书"，只搞教条主义，不联系实际，完全不开门，不走出去。也就是说，就整个教学过程而言，关起门来读书是错误的。同样的道理，"开门办学"的错误，也不是错在"开门"。要让学生参加生产实习，让学生到社会上去调查研究。但是，如果整个教学过程都在那里"开门"，让学生天天都不进学校，不上图书馆，在社会上跑过来跑过去，这就是错误的，错在它是"以干代学"，没有用理论来指导实践。只有弄清"开门办学"的错误实质，才不至于左右摇摆，不至于批判了"开门办学"就搞"关门读书"；才能正确理解"开门"与"关门"的关系，两者必须配合起来。前几年，我们批判了"开门办学"之后，强调学习理论是必要的。有人说，就因为强调学习理论，把学生引到脱离实际。这话不对，强调学习理论并没有错，今后还要强调学习理论。但是，削弱实践性的教学环节则是错误的。这几年，在我们不少大学中，实践性教学环节的确是大大削弱了。因此，当前，我们应该特别重视和加强实践性教学环节。例如，工科大学的生产实习一定要搞好，理科的实验也要尽可能多搞。当然，有些问题的存在，并不完全是由于认识问题，也有许多实际困难。如实验要多做，但实验设备不够；生产实习要多走出去，但工厂不太欢迎，实习费用要很多，学生在外面的住宿费很高，又报销不了，等等。现在，办学经常碰到一些让人很头疼的事，如厦门大学的海洋系，学生理应出海实习。读海洋专业不出海是不对的，天天都在海上漂来漂去也是不对的。现在，这个系出海实习真困难，租条船出去，一天就要花万把块钱，如果出去实习一个月，那么，把全校生产实习经费给它这一个系还感到不够用。这是实际困难。对于这些实际困难，学校要千方百计地克服它，也希望有关部门帮助解决一些困难。总之，要加强实践性教学环节，才能培养有理论、有实践能力的专门人才。

第八 讲

高等学校
教学原则（下）

在办公室给学生修改论文（2005 年）

五、专业性与综合性相结合的原则

这条原则是中小学教学原则所没有的，它是反映高等学校教学过程特点的原则。上面说过，高等教育是专业性教育，因此，高等学校教学过程要有明确的专业目的性，或者叫作"职业倾向性"。不仅要求教学计划的整体要符合专业培养目标的要求，要符合培养某一专业的专门人才的要求，而且每门课程，每种教学活动，都要直接或间接围绕着专业培养目标，要为实现专业培养目标而组织起来。一般来说，专业课程的专业性比较明确，专业基础课也是围绕着专业培养目标而设置的，所以基础课的教学也应具有直接或间接的专业目的性；生产实习、社会调查、科研训练等教学活动的专业性比较明确，其他教学活动也应具有直接或间接的专业目的性。这样才能使各门课程、各种教学活动构成一个优化的系统来实现专业培养目标，使大学生就业前就有较充分的专业知识技能和专业思想的准备。

但是，当代科学发展的基本特征是学科的高度分化与高度综合相结合，在分化的基础上向综合方向发展。许多边缘学科、交叉学科、横向学科的综合面越来越广。不但各门自然科学之间，理论科学与应用科学之间相互交叉，而且自然科学与社会科学、人文科学之间也互相渗透。不但各科知识之间互相渗透，科学方法也互相移植。一方面，社会科学的研究大量采用一些自然科学研究中定量的研究方法，使研究结果比较精确，甚至许多自然科学的概念也被移植到社会科学中；另一方面，自然科学的研究也受社会科学研究的某些影响，出现了一些"模糊的"然而却是符合客观实际的理论与方法。所以培养现代化建设的专门人才，就要有比较广博宽厚的知识，要有融会贯通的能力，才能适应科学技术的发展，也才能处理纷繁复杂的事物。因此，不应当把专业目的性或职业倾向性理解得过于褊狭，以为只有"对口"的理论才要学，只有"实用性"的课程才符合职业倾向性。在资本主义社会里，学生为了增加就业机会，往往杂乱无章地选修各种互不相关的职业课程，许多高等学校为了迎合学生的需要，也往往开设各种互不相关的职业课程以广招学生，以至于形不成一个培养专门人才的教学计划的整体，降低了专门人才的培养质量，这是不可取的。

贯彻专业性与综合性相结合的原则，要求做到以下几点。

（一）建立合理的知识结构与智能结构

合理的知识结构与智能结构，它的客观依据是某一专业、某一层次的人才所需要的知识能力。一般来说，高级专门人才在知识结构方面，应当具有比较宽厚的"三基"；掌握主要的专业知识和技能，了解与专业有关的最新科技信息；还要通晓必要的横向学科；懂得一些虽与专业无直接联系但有利于扩大知识面的科学知识。但具体的知识结构是多类型、多层次的，以上仅指本科生而言。如果是专科生的知识结构，应当着重于应用知识、技能方面，对于其他方面不能要求过高。如果是研究生的知识结构，则在上述各个方面都应该有所加深与加厚，特别是专业理论应当加厚，与专业有关的最新科技信息、科技发展的前沿学科应当有比较全面与深入的了解。总之，不能用一种单一的结构模式和统一的规格来要求不同的层次和不同的专业。在智能结构方面，几种主要的智力与能力都应有所要求，但各种专业和各个层次可以有所侧重。例如，工科专修科对于操作能力应当有较高的要求，师范院校要特别着重培养学生的表达能力，研究生则应当对科学研究能力有更高的要求。同时，还应当指出，合理的知识结构与智能结构不是固定不变的，随着科学技术的发展，社会的进步，要对结构进行必要的调整。

（二）要用系统化、整体化的观点对待每一门课程和每一种教学活动

专业教学计划是一个完整的系统，每门课程、每种教学活动都是这个系统的组成部分或环节。系统是以它的整体来发挥培养人才的作用的。任何一门课程或一种教学活动，都只能在系统中起一定的作用，个别的功能不能代替整体的功能，整体的功能大于各自孤立的个别的功能。例如，培养一个翻译人才，外文很好而中文不行，翻译工作不可能做好；中外文都很好，但不懂有关的业务知识，也不能完成专业理论文章的翻译任务。又如，光有自然科学的理论知识而实验操作能力很差，也难以从事科学研究工作。所以，各门课程、各种教学活动必须密切联系，相互配合，才能发挥培养专门人才的最佳效益。

（三）要对学生进行专业目的和职业道德教育

关于专业目的教育，前面已说过，明确的专业目的有利于激发学生的学

习动机，提高学生的学习兴趣，加强学生的学习信心，有利于学生全面地完成学习任务，并为过渡到从事专门职业做好准备。至于职业道德，是人们从事一定职业所必须遵守的行为规范。忠于职守，有献身精神，全心全意为人民服务，是社会主义一切职业的共同道德要求。每种职业还有各自的道德责任和义务：医生要有救死扶伤的职业道德，教师要有诲人不倦的职业道德，财经干部要有廉洁奉公的职业道德，如此等等。必须使学生认识职业道德和专业知识技能在做好本职工作中具有同样的重要性，高等学校加强职业道德教育，是高等学校教师在教学过程中所应努力完成的任务，在市场经济不断发展的今天，尤有现实意义。

贯彻专业性与综合性相结合的原则，从上面这些要求来看，对教师提出了更高的要求。首先，教师必须使自己具有合理的知识结构与智能结构；其次，教师必须对学生的培养具有全面的、正确的观点。

六、教学与科学研究相结合的原则

这条原则反映了高等学校教学过程的特点，是高等学校教学过程所特有的原则，是普通教育学所没有的。

这几年来，高等学校谈科学研究问题，往往只是把它作为高等学校的一种社会职能来看待。也就是说，高等学校应当教育学生，出人才；承担一定的科研任务，出成果，以此说明科学研究对高等学校的重要性。其实，科学研究在高等学校中的重要性不仅在于出成果，更重要的是在于它是出人才的必要因素。前面说过，高等学校所培养的专门人才应当具有自觉性、创造性和独立性。培养这样的专门人才就必须把科学研究引进高等学校教学过程之中，使得学生在校学习时就具有科学研究的初步能力，这就是教学与科学研究相结合的原则的根据。从科学研究在高等学校的重要性来说，教学与科研相结合这一条原则，相对来说更具有本质的意义。至于说，高等学校要承担社会的一定的科学研究任务，要出成果，那都是从教学与科研相结合这一条教学原则派生出来的。为什么这样说呢？因为高等学校要培养高级专门人才，高级专门人才应当具有科研能力。因此，高等学校必须有能够从事科学研究的教师和能够用以进行科学研究的先进设备和图书资料。这样，高等学校才可能成为社会上科学研究的一个方面军。为什么我们不提普通中学要承担科学研究任务，不提普通中学要成为科学研究的一个方面军呢？因为普通教育，并不要求其培养学生科学研究能力。因此，普通学校的教师，国家并不要求他们进行科学研究，而且普通学校也不具备进行科研的必要物质条件，从而，普通学校也就不能够作为社会上科学研究的一个方面军。从以上的分析可知，在高等学校里，更本质的、具有更重大意义的是教学与科研相结合。但人们往往对此不够重视。报纸上和人们所谈论的，多是关于某所大学的科研工作，出了多少成果，经济效益如何，而对更本质的东西，即在教学过程中如何把教学与科研结合起来，培养专门人才的教育效益如何却谈得很少，这是不恰当的。我们要特别强调的是这个更重要、更本质的东西，使教学与科研紧密结合在培养大学生的过程中，使之发挥更大的作用。

高等学校贯彻教学与科研相结合的这条原则，主要通过这两条途径来实现：一条是通过各门课程的教学，即通过经常的教学活动来实现；另一条是在大学的教学计划中，安排一定的科学研究工作。目前，一般理工科大学都安排了科学研究训练和毕业设计，文科大学安排了毕业论文。在整个大学生学习的全过程中，我们很难说这两条途径中哪一条更重要。集中的科研训练、毕业论文、毕业设计，无疑对培养学生科学研究能力是重要的，但也要把科学研究贯穿在四年或五年的学习中，不要等到最后一个学期，学生快毕业时才安排科学研究活动，才来培养他们的科研能力。在教学过程中，怎样使教学与科研结合起来，需要进行什么教育，主要有以下几点。

（一）平时要对学生进行科学精神教育

即培养学生敢于创新、敢于克服困难，具有攀登科学高峰的雄心壮志，并且，敢于对前人的科学成果，根据新情况提出自己的见解。也就是说，"敢于怀疑"，但不是怀疑一切，而是根据新的情况敢于设想、想象，敢于提出某些具有独造性的意见。教师在教课时，对科学史做适当的介绍是有必要的。过去有一段时期，错误地否定了科学史的教学，认为教自然科学技术，只要教最新的科学成就，不必讲它的科学发展过程，尤其不应讲历史上的一些科学家，认为这是为资产阶级科学家涂脂抹粉，树碑立传。这些看法和做法显然是错误的。科学家就是科学家，我不知道用什么标准来划分科学家的所谓阶级属性，尤其是自然科学家的阶级属性。在历史上还没有出现无产阶级政权的时候，只能有"资产阶级"科学家。无数的科学家，本着科学精神，克服种种困难，为了科学事业而献身，对人类做出了贡献，后人为什么不能说？这怎么能说是为资产阶级树碑立传？这是毫无道理的。通过讲科学史，适当介绍一些科学家的成长过程，有利于培养学生为科学献身的精神。上面讲过，在大学的课堂里，可以讲不同观点的科学理论，可以有选择地介绍一些唯心主义的东西，也可以介绍一些不成熟的看法，其目的都是为了培养学生独立思考、独立分析的能力，同时，也是为了培养学生的科学精神。在高年级，教师向学生介绍多种学术观点，就能使学生视野开阔，思路活泼，这对培养学生的科学精神很有作用。总之，在平时的教学活动中，教师对大学生，就要用科学精神来培养他们，不要总是培养学生记一些现成的结论，人云亦云。这种培养方法很不好。要善于培养大学生既尊重前人的科学成果，又敢于提出有根据的怀疑，提出自己的见解，提出新的设想。

（二）要培养大学生的科学态度与科学道德

所谓科学态度，就是实事求是的态度，严谨踏实，一丝不苟，是就是，非就非，平时就要培养学生具有这样的态度。大学生做实验的时候，自己通过实验得到的数据，可能与书本上或老师所说的标准数据不一致。怎么办？是重做，还是偷偷地涂改自己的数据？如果采用后一种办法，我说这就是一个大问题，一个严重的问题。实验数据可能出现误差，但绝不允许涂改数据，弄虚作假。自然科学如此，社会科学也是如此。学生进行社会调查，如果调查结果与自己原来的假设相反，那你就得改变自己原来的假设，而绝不能够专门选择那些赞成我的某种观点的人去做调查，并以此来论证自己观点的"正确性"，这样做不行，这不符合科学态度。正确的做法应当是：调查结果与你原来假设的相符，你应当如实地写出结论；调查结果与你所设想的愿望相违背，你也得如实地写出结论，不能拣你所需要的东西写，更不能弄虚作假，谎报成绩。对科学研究来说，绝不能搞半点虚假，否则就谈不上准确性和科学性。做实验常常会出现误差，即使误差再大，实验者也应把它如实地记录下来，然后分析情况，查找原因，以求改进。不论是做实验，还是搞调查，教师都要随时教育学生养成老老实实的科学态度。

除了要有科学态度外，还必须具有科学道德。当然，我们的大学生在学习阶段，一般地还没有专门搞科学研究，因此，他们不一定存在科学道德问题。但社会上的确存在许多不讲科学道德的严重问题。有的人写文章时，抄袭人家的观点，甚至抄袭人家的文章，据为己有之后，抢先在书刊上发表。以致现在有的人写好了一篇论文，不愿拿到学术讨论会上去讨论。为什么？因为论文一拿到学术会议上去讨论，有的人就马上抄袭，抢先发表，或是原文照搬，或是改头换面，为了追求个人名利，可以不择手段，原论文作者即使十分气愤，但对于那些尚未发表自己论文的作者，因为还没发表，对此也无可奈何，这种事情已屡见不鲜。还有些人同搞一个科研项目，却互相封锁，甚至在同一个系、同一个教研室中，资料只要拿到自己手中就藏起来不给别人，这些行为都是属于缺乏科学道德的。在大学生身上，虽然没有明显暴露出这样一些问题，因为他们还没有接触到很多的科研项目，即使科学道德有点问题，也还没有这么厉害，但我们也要看到，在大学生中，也不是绝对没有这类问题。有的大学生在写论文时，就发生过这种情况：彼此的论文题目差不多，资料相互封锁，这种情况与科学道德的要求是不符合的，应当引起教师的重视。过去一段时间，我们对科学道德问题往往不像对其他道德问题那样重视。举个例子说，有一个大学生，在一份学生刊物上发表了一篇不健康的作品，引起领导和政工同志的重视，对他进行批评，他才说出这篇作品是抄袭某小报的。对于这些学术不端行为，应当引起高度重视。

（三）要对学生进行科学方法的训练

我们平时谈话，只要彼此能沟通思想就行了，不太讲究科学的思维方法。但在进行科学研究时，就必须讲究科学思维，立论要严谨，推理要严密。要训练学生的科学思维方法，就得引导他们学习科学家如何提出假设（假设不是幻想，当然幻想这个词不是很坏，也不一定是完全空想，心理学上说的幻想是有科学根据的），如何论证他们的假设，如何通过论证来求得科学的结论或推翻他们的假设，所有这些科学思维方法和工作方法，教师都要在平时的教学中，注意对学生进行有计划地培养。例如，要让学生平时学会正确地应用比较法，而不是随随便便进行类推类比。还要让学生学会正确地运用分析综合方法，能够把客观事物加以分析综合，找出它们的本质属性，然后加以理论概括。大学应当开设"科学逻辑""科学方法论"等课程，系统地训练学生的科学方法，各门课程也要就本门课程讲点科学方法。在科学方法的训练中，最基本、最重要的是科学思维方法的训练。

在教学过程中，除了对学生进行科学思维方法的训练外，还应该对学生进行其他科学方法的训练。例如，让学生学会使用工具书。现在许多大学生，包括文科大学生都会查《现代汉语词典》，但《康熙字典》就不一定会查，至于《说文解字》，恐怕连中文系的学生也不一定都懂。有许多人不会查文献，不会查各种索引、年鉴、手册，这是不好的。历史系的学生或中文系的学生，如果不懂得"目录学"，不懂得"版本学"，应该说是一件令人遗憾的事情。因为工具书的运用，有利于培养学生将来的科研能力。此外，教师平常还应教学生学会收集资料，注意经常在报纸、杂志上看到有用的资料就及时收集，学会做卡片，学会写提要。理科各系一般都设有一门"查阅文献"的课程，这门课是必要的，因为不会查文献的人要吃大亏，别人早已做出成果的课题，自己却还在那里拼命钻研，不仅浪费时间，而且不能很好地利用别人已经有的成果来提高自己的科学水平。还有关于实验题目的选取、实验仪器的装置使用、实验数据的处理、绘图的技术等，这些进行科研的手段，都应该在平时的教学中对学生加以训练。至于学会计算机应用，那就不仅是科研的需要，也是今后一切工作的需要。计算机已经成为我们终身使用的工具。

综上所述，科学精神、科学态度、科学道德和科学方法都是从事科研工作所不可缺少的，都要融合在平时的教学过程之中，由任课教师特别是高年级的任课教师，切实地把这个责任担当起来。在教学过程中，有计划地把科学研究融合进去，对大学生能够起潜移默化的作用。某些具体的科学研究方法的训练，可以放在教学计划的最后阶段如毕业论文、毕业设计中去完成。至于怎样通过写论文、进行毕业设计来训练学生的科学研究能力等教学方法另有教学专题，在这里就不详细谈了。

为了把科学研究引进教学过程，贯彻教学与科研相结合的原则，教师必须既要有教学实践经验，又要有科学研究实践经验。教师搞科学研究，不只是为了出成果，更重要的是有利于出高质量的人才。

七、循序渐进的原则

循序渐进原则，有的书上叫系统性与循序渐进原则。任何一门科学都有它严密的逻辑系统，或叫严谨的科学体系。教师的教学必须按照各门学科的逻辑系统，有序地让学生掌握每门学科的基本知识，也就是不要破坏它的逻辑系统，不要使它的科学体系支离破碎。但在教学过程中，还要考虑学生掌握知识的学习心理过程、学习活动过程。学生的认识过程只能由易到难，由浅入深，由简单到复杂。知识要逐步积累，认识要逐步深化。因此，学习只能循序渐进，不能采取跳跃式。"文化大革命"期间提倡的"典型产品组织教学"的错误，就是破坏了学科的逻辑系统，以致严重地降低了教学质量。

循序渐进这条教学原则是说，教师的教学应该把学科的逻辑系统与学生学习心理的顺序很好地结合起来。怎样结合呢？要以科学体系为依据，在学科的逻辑系统基础上，考虑学生的接受能力，由浅入深，逐步深化。一般来说，学科的逻辑系统，与学生的学习心理、认识过程的心理活动，即由简单到复杂、由浅入深的学习心理是一致的。如"形式逻辑"，概念—判断—推理，这个体系既符合学科的逻辑系统，也符合学生的学习心理。教过逻辑学的老师，都认为这个体系比从前有些逻辑学教科书"从三段论法讲起，再回头讲概念、判断"要合理。但是，也有不完全一致的看法。如历史系如何讲中国史？如果按照科学体系，应该由中国古代史讲到中国近代史，再讲到中国现代史，这个历史的体系也就是它的科学体系。但是，大学历史系的学生读中国古代史，就必须读许多古籍。要一年级学生读许多古籍，学生会吃不消。因此，首先要学生读点历史文献，学点古文，然后才能读古代历史。从由近及远，由易到难这个角度看，应当说，现代史先读，然后读近代史、古代史。但是按这样的顺序学历史，就与历史发展的体系不一致。怎么办？多年来这个问题历经教改，意见纷纭：有主张"从古到今"的科学体系；有主张"由近及远"的学习顺序；也有主张"中间开花"，先讲近代，接着讲现代，最后讲古代，照顾"由易到难"的学习心理顺序。在"文化大革命"中，还有第四种主张，所谓"古为今用"，打乱系统性，按"评法批儒""批判宋江"等政治运动的需要来组织教材。我的意见是：应当在基本保持科学的逻辑系统的前提下，对内容做适当的调整。例如，学生在一年级学中国通史，从古到今，古代史部分不要求学得太深（当然，它要比中学的内容深一些），不要求学生钻研许多古籍，等到将来学断代史时加深，然后再搞科研。因此，我比较赞成在历史系一年级，学一年中国通史，二年级、三年级再学断代史、专门史。世界通史也放在一年级或二年级学，然后再学国别史、专门史。这样就可以既不打乱系统性，又能使学生由浅入深地学习。前面我在讲科学性原则的时候曾经讲过，学生学习科学概念和科学原理，可以由不完全到比较完全，但以不违反科学性为原则。根据这个道理，学生在一年级的时候，从保持教学体系完整性来说，有些课程必须学，但教师讲深了学生不懂，只能讲浅一点，虽不够完全，但不违反科学性，先讲浅一点，然后再逐步加深，这在教育学上叫"螺旋式的课程编制"，过去也叫"圆周式的组织"。用"圆周式的组织"这个名称不太好，圆周与圆周之间不一定有联系，还是"螺旋式的课程编制"这个名称好。"螺旋式"是既考虑了系统，又考虑了学生学习心理。究竟应该如何运用循序渐进的教学原则呢？

（一）在教学计划的安排上要考虑先修课与后修课之间的联系，基础课与专业课之间的联系

为什么在一些理工科，总是规定先修高等数学课，后修物理课呢？因为，学习物理学要用许多高等数学知识，但是高等数学要学很长时间，物理也要学很长时间，不可能等到完全修完了高等数学再修物理。因此，一般地安排第一学期修高等数学，第二、第三学期继续修下去。把普通物理放在第二学期开始修，这样就可以先于物理课多少学到一些高等数学的知识。这就是考虑到有关课程的前后联系性。我们现在提倡学分制、选修制，那么，学分制、选修制会不会打乱教学计划的循序渐进呢？如果处理不当，是有可能打乱的。但如果正确处理，就不会出现这种情况。前面已讲过，选修课并不是由学生盲目地选课，必须由系主任指导。系主任指导学生选课的一个重要依据，就是考查他选修某门课程时，是否已经具备必要的基础知识。如果没有必要的基础知识，就不能批准他选修这门课。

（二）必须重视教学内容的相互衔接，防止脱节或重复

高等教育是在普通教育基础上进行的专业教育，因此，大学的教学内容一定要与中学的教学内容相互衔接，要避免脱节，也要防止重复。例如，大学的政治课同中学的政治课，内容重复，而教政治课的教师也不太了解中学讲过一些什么政治理论，教物理课的教师也不了解中学讲过一些什么物理内容。这样，大学与中学的教学内容就发生重复。如果内容重复，就会导致学生学习兴趣不大，积极性不高。当然，为了使大学的教学内容与中学的教学内容衔接起来，有些必要的重复是在原有基础上的加深加宽，这不仅是必要的，而且也是符合"螺旋式"课程编制原则的。有些学生开始进大学时，并不懂得这个道理，认为教师讲的东西，自己在中学时期都学过，而且自以为学得很好了，否则，怎么能考上大学呢？可是，经过一段时间的学习，到期中考试或考查的时候，成绩却比高考时下降很多，这种情况是经常可以见到的。其主要原因就在于学生自以为懂的内容，事实上他并不太懂，他不了解大学的课程比中学的课程是加深加宽了。等到两三个月或一个学期后，才慢慢懂得了这个道理，于是赶紧补做。既然如此，我们为什么不在大学生开始入学的时候，就给他们讲清楚这个问题呢？总之，在贯彻循序渐进这一条原则的时候，既要重视中学的教学内容与大学的教学内容之间的互相衔接，也要重视大学各门课程之间在教学内容上的互相衔接，不脱节，不重复。目前，在一些高等学校中，课程内容重复的现象还是不少的，应当引起重视。

（三）要克服学生好高骛远、急于求成的思想

大学生应该多读点书，应该钻研较深的学问，这是值得提倡的。但是，做学问不能好高骛远，不能急于求成，必须循序渐进。有人会问，既然鼓励大学生要广泛阅读一些较深、较难的东西，现在又提出学习要遵循循序渐进的原则，二者是否有矛盾？我们认为两者没有矛盾。作为教学原则的循序渐进，与作为鼓励大学生扩大知识面的要求，二者并不是对立的。学生应当扩大知识面，但同时也应当循序渐进。如果好高骛远、急于求成，没有学过一点政治经济学的基本理论就去研究西方的经济理论，那就没有办法掌握马列主义政治经济学的基本理论，并用它来鉴别西方的经济理论，那样做，对学习没有好处。我们要求大学生既要扩大知识面，又不要好高骛远、急于求成。同样，我们也要求教师不要好高骛远。一般说来，有经验的老教师好高骛远的比较少，往往是一些经验不足、水平不高的新教师，为了表现自己懂得很

多，讲基础课时，常把专业课的内容拉了进去，结果讲得不深不透，学生听得叫苦连天，还给将来的教师讲专业课造成了许多困难。

八、"少而精"原则

"少而精"原则，是指教师在教学过程中，必须正确处理数量和质量的关系。也就是说，在教学的时候，要控制数量，提高质量。这条原则，有人称为教学信息量的最优化原则。现在，知识的信息量越来越多，一个人的精力有限，任何专家，哪怕专门钻研一门很窄的学科，也不可能把这门学科所有的信息都装进自己的脑袋。我是研究高等教育学的，但是我承认，很多高等教育学的理论我不懂，有不少书我没有读过。有位同志问我："你读过南斯拉夫德拉高尔朱布·纳伊曼著的《世界高等教育的探讨》这本书没有？"我说，我读过它的引言，并且对书中的一句话"大学对一切都进行研究而就是不研究它们自己"引起共鸣。但我还没有通读全书。这并不奇怪，世界上的书那么多，哪怕钻研的学科面很窄、很专，也不可能把这门学科的所有知识都搞清楚。何况大学生虽分专业，并不是那么"专"，而且上课的时间有限，大学4年的授课时数一般是2 200学时左右，即使达到2 800学时，上课时数也还是有限的。因此，"少而精"是解决这个矛盾的一条十分重要的原则。也就是说，大学的任何一门课程，哪怕是研究生的课程，也只能学这一门课程最基本的、主要的理论，这里所谓最基本的、主要的是就其相对意义来说的，当然，研究生比本科生就要学多一点，学深一点。从这个意义上来说，各级各类学校都只能教给学生最基本的、主要的东西。小学是这样，中学是这样，大学包括研究生教育也是这样。但是，这条"少而精"原则在普通教育里没有提出，这当然不是说中小学的教学不存在数量与质量的矛盾问题。应该说中小学也有这个问题，但因为中小学所传授的是普通科学文化知识，知识量毕竟很有限，而且统一的教学大纲、统一的教科书有较严格的限制，因而数量与质量的矛盾不是十分突出。高等学校的情况则不同，它的每个专业都涉及许多领域的知识，因此，教学上数量与质量的矛盾显得特别尖锐。在新知识激增的当代，这个问题如果解决不好，矛盾还将越来越尖锐。如果说中小学的教学还可以不提"少而精"原则，那么，在大学就要把它作为一个重要原则提出来，以便解决上述矛盾。

现在，我们不少课程，教科书越编越厚，指定的参考书和习题越来越多，学生一天到晚忙于看教师指定的教材、参考书，做教师指定的作业，十分被动紧张，这怎么能发展他们的智能呢？可见，"少而精"这条教学原则不仅对处理数量与质量的关系是至为重要的，也是更好地发展学生的智力、培养学生的能力所不可缺少的。

对"少而精"这条原则，过去曾经有过一些误解，也出现过一些错误的做法。有的同志不是全面地理解"少而精"的含义，而是片面地强调越少越好，甚至下令所有课程都要砍掉1/3或1/2，书本一律从厚变薄。其结果是，教材内容被"浓缩"了，形式上砍掉了许多内容，但砍去了"肉"，留下的是"骨头"，学生读起来非常费劲。应该说，这样的教材既不"少"，更不"精"。在"文化大革命"的后期，有些"工农兵学员"说，学校发给他们的教材都是薄本子，他们不满足，宁愿到旧书摊去买以前出版的厚本教材读。我问他们为什么要买这些被"批判"过的教材，他们说，发的薄本教材读不懂，而以前的厚本教材读得懂。为什么那些薄本教材学生读不懂？因为这些教材理论支离破碎，内容只剩下一些"骨头"，把必要的说明、必要的推导过程和论证依据全都删掉了，剩下干巴巴的一点结论，那学生怎么能读得懂呢？因此，对于"少而精"原则，应当做全面的、辩证的理解，不要以为强行砍掉一些教学内容就是"少"，如果砍得不当，这只能是形式主义的"少"，实际上反而会加重学生的学习负担。正确贯彻"少而精"原则，应该实事求是地把那些次要的内容删去，把那些陈旧的、与主题关系不大的内容删去，凡应该重点阐明的教学内容，不仅不能少，而且还应详细阐述，直至学生真正理解和掌握为止。

还有人认为，"少而精"的原则与今天提倡大学生多读书是有矛盾的，他们举出过去大学的外语课有个很大的缺点，就是只让学生精读，不让学生泛读，以致学生的外语水平难以提高。现在就应当提倡学生泛读，在精读的基础上，组织学生泛读、快读，让学生尽量读快一点，读多一点。那么，"少而精"的教学原则不是与此相违背吗？我们认为，这是一个误解。前面我们已讲过，"少而精"的关系是辩证的，它与"多而杂"是对立的。真正的"少而精"是虽"少"而"多"；如果"多而杂"则必然是虽"多"而"少"。学生的学习应当循序渐进，今天的"少"，正是为了明天的"多"。如果一味追求"多而杂"的"多"，那么，实际所得将比"少而精"还"少"。这个道理并不难理解。如果教师只顾向学生大量灌输知识，而不注意培养学生的自学能力，学生所接受的知识虽然很多，但不巩固、不深入，又缺乏获取新知识的能力，这样学生的知识再多也就只能是教师所教给的那些，而且实际上还要打折扣。相反的，如果教师教给学生基本的知识，注意培养学生的自学能力，学生就能够不断地获取更多的新知识。提倡学生泛读、多读外语，主要目的就在于提高学生的阅读能力。学生学得少一点、精一点，能力强一点，他们将不断地用自己已有的知识去获取更多的新知识。可见，"少而精"虽少而多，"多而杂"虽多而少。今天学习的"少"，正是为了明天学习的多，这就是教学数量与质量的辩证法。

九、量力性原则

这条教学原则的含义，是指教师对大学生在教学上的要求难度，必须适应学生的接受能力，必须适应学生身心发展的规律。道理很明显，学生的学习要受到知识程度和能力水平的制约，只有采用适当的方法，才能收到较好的教学效果。过去在"左"的思想影响下，这条教学原则也曾受到过批判，硬说是一条"消极"的甚至是"反马克思主义"的原则，是"否定"了人的主观能动性等。今天看来，这些"批判"是毫无道理的，其实质是用主观的唯心主义来批判唯物主义。为什么这样讲，因为在"左"的思想影响下，任意夸大人的主观能动性的现象到处可见。有一段时期不是大力宣传"人有多大胆，地有多高产"吗？好像粮食产量的高低是由人的胆量的大小决定的，这不是主观唯心主义又是什么？在这种情况下，当然就要批判，要坚持唯物主义的量力性原则。为什么说量力性原则是唯物主义的，因为它反映了教学过程的客观规律。

对于量力性原则应当做辩证的理解，不能把量力性原则理解为教学内容越容易、越简单就越好，教师讲课难度越小就越好。这种理解是片面的、有害的。量力性原则，应当从两方面理解：一方面，教师教学要从学生的实际情况出发，不要勉强让学生承担力所不能及的学习任务；另一方面，教师又要在教学中不断提高内容的难度，不断提高对学生的学习要求，要让学生在力所能及的范围内，经过艰苦努力去克服学习上的一个个困难，使他们得以不断进步。因此，对于量力性原则的正确表述应当是：教学应当尽量地"难"，"易难"的标准是学生只要经过努力就能达到的难度；教学也应当尽量地"易"，"易难"的标准是学生必须经过努力才能达到的难度。这两句话其实讲的是一码事，就是说，无论是难或易，都必须经过学生努力才能达到。这就是量力性的本质意义。总之，教师的教学内容不能太易，也不能太难。虽容易，但不会使学生松懈，而必须不断努力进取；虽难，但不会使学生丧失信心，而能够不断地克服困难前进。

十、在班级教学中因材施教的原则

前面讲的量力性原则，主要是针对全班的学生来说的，针对班级集体来说的，因材施教则是针对个别差异、个性特征来说的。这两条教学原则都是古代就有了的，并不是我们今天的创造发明。不过，这两条原则产生的历史背景不同。因材施教原则产生于封建社会，那时是采取个别教学，所以很重视因材施教。量力性原则则是在资本主义社会才出现的，这时是采用的班级教学，所以特别重视量力性。从它们产生的背景，我们就可以了解到这两条教学原则的性质不同，量力性是对一般学生的要求，因材施教是对个别学生的要求。但我们今天提倡的因材施教与封建社会所提倡的是根本不相同的，我们不可能回到封建社会的贵族式学校搞个别教学。有的教师怀疑，现在我们的大学提倡搞学分制，提倡学生自己选课，自己钻研。这是不是个别教学？我们说：不是。学生自己选课也好，自己钻研也好，我们的教学组织形式基本上还是班级教学制，学分制也不是个别教学，而是按不同课程组织班级教学。因此，我们提倡的因材施教必须放在班级之中进行，而不是单纯的个别教学。还有一种说法是，新的技术发展了，社会组织将由集体走向分散，工厂由集体劳动走向个体劳动，学校由班级教学走向个人学习，甚至连学校也可以不要了，学生都在家里通过计算机，通过人机对话来自学。对于这种从西方某些学者抄来的所谓"发展方向"的科学性，我是持怀疑态度的。有人认为班级教学形式是传统的，从而也是"落后"的，今后教学改革的方向之一应当是以家庭式的个别教学来代替学校式的班级教学。对此，我也是有所怀疑的。即使这是可能的，也不是今天的事，号称已进入信息社会的美国，今天也还是要办大学，大学里也是以班级教学为主要的教学形式，通过计算机或其他形式的个别教学只是一种辅助形式。对于社会主义学校来说，班级集体教学还有一个重要的意义，即对学生进行集体主义的教育。

　　现在以及可见的将来，我们的教学形式，还只能是班级教学。因此，贯彻这条教学原则时，教师首先要考虑的是怎样面向班级全体学生，针对学生的身心发展特点，针对大多数学生的程度和水平来组织教学。对全班学生的教学要求，基本上应是统一的，要有一个基本统一的规格，在统一规格的前提下，尽量照顾学生中的个别差异。这条教学原则指的是在班级教学中因材施教，而不是在个别教学中因材施教，这二者是根本不同的。为了照顾学生的个别差异，教师可以采用各种不同的办法进行教学。例如，对水平较高的学生，可以让他们多修学分，选修较高水平的课程，可以为他们多指定一些参考书，或者出一些难度较大的作业题；对水平差的学生，可以适当地进行个别辅导，这些做法都是行之有效的。还应当指出，我们所说的因材施教，并不是仅仅对水平特别高或特别低的学生而言的，我们所说的因材施教是对每个学生而言的。具体地说，这个才不是"天才"的才，当然也包括"天才"的才，但绝不只是"天才"的才；这个才也包括才能特别低的学生，但是也不只是对才能特别低的学生，而是针对各种各样不同程度、不同智能、不同个性心理的学生的。根据学生的各种不同情况，教师应分别给予他们适当的帮助。例如，对那些思想敏锐，反应快，但粗心大意，作业和实验常出差错的学生，教师就应该一方面肯定他的思想敏锐，另一方面对他的作业和实验操作严格要求，不合要求的就得重做，这样不断地训练他的耐心和细心，这就是因材施教。同样地，对那些反应较慢的学生，教师一方面要肯定他们认真刻苦的精神，另一方面则要指导他们改进学习方法，提高学习效率，特别是对那些习惯于死记硬背的学生，教师应布置一些比较容易的思考题给他们，逐步引导他们独立思考问题。对于那些有特殊爱好、特殊专长的学生，教师应一方面帮助他们发挥其所长，引导他们向专长方向发展；另一方面要告诉他们不能偏科学习，对教学计划上的各门课程所应掌握的基本知识和技能不能降低要求，更不能顾此失彼。总之，因材施教绝不只是针对聪明的学生或水平特别低的学生而言的，它作为一条教学原则，是面对各种各样的学生来说的，因而教师对所有的学生都有一个因材施教的问题。

第七讲和本讲所讲的十条教学原则，力求从不同的方面来反映教学过程的规律，这些原则合在一起，构成教学原则的体系。这里有几点需要加以说明。

第一，十条原则中最重要、最具普遍意义的是第一条至第四条。第五、第六条是高等学校特有的原则。所以我对这几条原则讲得比较详细。第七条至第十条，是从不同的角度来处理教学中的各种矛盾、解决教学中的各种问题的。这几条在普通教育学中已有详细阐述，所以我就只是简单地说一说。

第二，各条教学原则彼此之间是相互联系、相互制约、相互促进的。在教学过程中，往往很难说某项教学活动只需贯彻某条教学原则，某项教学效果只是遵循某条教学原则的结果。实际情况是，一项完成得较好的教学任务，往往是既符合这条教学原则，又符合另外几条教学原则。因此，在教学过程中，不能孤立地看待或遵循某条教学原则，而应当全面地理解和遵循各条教学原则，这才能不断地把教学工作推向前进。

第三，教学原则是人们在教学实践中总结出来的。原则不是客观规律本身，而是人们通过实践进行总结、制订出来的。原则是否符合客观规律，还需要在教学实践中不断检验，不断完善。各种教科书以及前面讲的这些教学原则，应当说都在一定程度上被认为是符合客观规律的。尽管各人的提法有些不同，但这些教学原则很多都是受过检验的。当然，情况是不断变化的，这些原则将来还要发展，还可能修改，不是一成不变的，特别是作为高等学校的教学原则，前面所讲的这些，现在还很不成熟，希望大家共同探讨。

第四，教学原则对于指导教学工作具有极其重要的意义，但是，有了这些教学原则，并不能代替教学方法的研究，也不能代替教学经验的总结。为什么？因为教学原则只是为教学方法的研究和教学经验的总结提供了一定的理论依据，它并不能代替那些具体的教学方法和教学经验。教师掌握教学原则是必要的，但如何遵循教学原则，则需要他们在日常的教学工作中不断地创造好的教学方法，总结好的教学经验。

第九讲

潘懋元文集
PANMAOYUAN WENJI

课堂讲授

作学术报告（2006 年）

一、课堂讲授在高等学校教学方法体系中的地位与作用

高等学校教学过程，要按照一定的教学内容，运用一系列的教学方法来完成教学任务。由于高等学校的专业是多种多样的，课程教材也是多种多样的，所以高等学校的教学方法，一般来说，要比中小学所用的教学方法复杂多样。在长期的教学实践中，形成了一个教学方法体系。这个教学方法体系，按教学形式分，包括如下的五种类型组织形式。

（一）课堂教学

在全日制普通高等学校教学中，课堂教学是基本的组织形式。成人高等教育，除函授大学、自学考试之外，一般也以课堂教学为基本的组织形式。我国高等学校的课堂教学形式，如大家所知道的，有课堂讲授、课堂讨论（讨论课）、实验课、习题课（课堂练习）等。

（二）现场教学

现场教学是指在课堂以外的生产过程，在社会活动现场进行教学，有的称为实践性教学。课堂教学一般是根据前人的经验总结，把复杂的生产过程、社会现象改造为抽象的知识形态、理论体系，以之传授给学生；现场教学则是把理论知识所产生的现象和对象的发生、发展、运动、变化，按其本来面目显示给学生，并且使学生置身于其间，在实践中学习。高等学校现场教学形式，通常有参观、调查（社会调查）、实习（教学实习、生产实习、教育实习、临床实习）等。

（三）自学指导

自学，在高等学校的教学过程中具有比中小学更为重要的意义，而且随着年级的递增，自学的作用越来越重要，学习时间的比例也越来越高。这不仅因为大学应当掌握的知识量较多，不可能也不必要都通过课堂教学或现场教学来获得，大量的知识要通过自学来掌握；更重要的是随着科学技术的迅速发展，知识的更新周期越来越短，尤其是专门性的、应用性的知识与技术，更新期更短。作为高级专门人才，必须具有较强的自学能力，才能不断地吸收新的科学技术成就，适应科技发展的需要。作为教学过程组织形式的自学，

是在教师指导下的自学，它包括指导学生制订自学计划、布置与检查课外作业、读书指导（查阅文献资料）、复习与练习指导、辅导等形式。

（四）科研训练

上面已经讲过，把科学研究引进教学过程是高等学校教学过程的主要特点之一。平时，除了结合前三种组织形式进行科研训练之外，还应当组织经常性的科研活动，如学术报告会、学术讨论会、科学兴趣小组或研究会，吸收高年级学生参加教研室的科研工作等；此外，还有学年论文、课程设计、毕业论文、毕业设计等集中的科研训练形式。

（五）学业成绩的检查与评定

学业成绩的检查与评定是教学效果的信息反馈与评估。就其性质来说，也是一种教学方法形式。但因其内容复杂，有许多需要专门研究的问题，如命题、评分、质量分析等。所以一般教育学另辟专章进行讲述。高等学校的学业成绩检查与评定，包括平时检查（日常观察、作业检查、课堂提问、书面测验等），学期或学年的总结性检查（考查、考试），毕业论文答辩等形式。

课堂教学、现场教学、自学指导、科研训练、学业成绩的检查与评定这五种类型的组织形式，形成了高等学校教学方法体系。五种类型及其各种形式，各有特点，各有其作用，在培养大学生的全过程中，必须相互配合才能取得良好的教学效果。每种教学形式与方法，只有在教学过程这一系统中处于恰当的地位，并与其他的形式与方法配合得好，才能取得最优化的效益。但是，在各种各样的教学形式与方法中，课堂讲授在全日制普通高等学校教学方法体系中是最基本的形式，居于教学方法体系中的主导地位。

课堂讲授之所以是基本形式，处于主导地位，是由传授知识的特点所决定的。科学知识是前人的实践经验所总结的理论知识，具有高度的概括性和深刻性。如何掌握，需要由已经掌握了科学知识的教师来给学生阐明，使学生集中注意到基本的、本质的方面来。不经讲授，由学生自学行不行？行！不是有自修大学、自学成才吗？但就一般情况而言，由于学生水平和时间的限制，往往不可能或不容易抓住本质的、基本的东西，完全靠学生自己探讨要花很多时间，往往事倍功半。在短短的大学学习期间，要掌握大量知识，就需要教师通过课堂讲授加以引导，以便较经济地取得知识。如读一本历史书，学生可能自己逐步地理解历史规律，也可能迷失在大量的历史现象中，不能通过现象看到历史发展的规律，掌握不到本质问题。读一本自然科学书，也可能碰到许多原理、概念难以理解，要花许多时间、精力才能弄懂。正是由于课堂讲授在传授知识方面具有这种低时耗、高效益的价值，所以，随着科技信息量的增多和专门人才培养任务的日趋复杂，课堂讲授的作用不仅没有降低，反而明显提高了。我的意思并不是说自学不重要。恰恰相反，当前教学改革的要点之一，就是要减少课堂讲授，增加学生课内外的活动，包括讨论、实验、实习、自学等，以便更好地培养学生的自学能力和其他能力。但课堂讲授还是起着主导的作用。其他的教学形式，就其主要任务来说，多数是围绕课堂所讲授的知识加以巩固、深化、扩大和运用。如复习是对课堂讲授的巩固、深化，实验是对课堂讲授的理论的验证或提供感性认识的基础，生产实习、毕业论文是对几年来课堂讲授所获得的知识的综合应用。这些都是对课堂讲授不同程度的巩固、深化、扩大和运用，或者是课堂讲授的继续、延伸。学生自学，一般也是围绕课堂讲授，在教师的启发、指导之下进行的。

一所大学的教学质量如何，主要决定于课堂讲授的学术水平和教学效果。这并不排斥其他教学形式所起的作用，而是以课堂讲授为基本形式，配合其他教学形式才能构成一个完整的教学过程系统来完成教学任务。鉴于它的重要性，我们对于课堂讲授应有更高的要求。所以助教一般不能当主讲教师，要由较高水平的讲师以上的教师来担任课堂讲授工作。

由于高等学校教学方法很多，无法一一详讲，只能着重讲最基本的，也是每个教师都要实践的课堂讲授形式。其他种种教学形式，必要时教师们可以自学高等教育学的有关章节。

二、课堂讲授的基本要求

（一）课堂讲授要有明确的目的性

任何一门课程都是教学计划的一个组成部分，在教学计划中占有一定的地位。每门课都要从自己本门课程的角度出发来实现专业培养目标。所以，要求讲授要有明确的目的性，教师的课堂讲授应当体现专业培养目标的要求。

这就不能由教师随心所欲地想讲什么就讲什么。例如，工科院校的"金属材料"这门课程是冶金专业、机械专业、建筑专业、材料专业都要开设的专业基础课。但这门课程在不同的专业中各有侧重，冶金专业着重讲金属材料的微观结构；机械专业着重讲金属材料的工艺性能及热处理方面；建筑专业着重讲金属材料的强度、机械性能；材料专业则着重讲金属材料的使用性能、检测规格及储运、保管等。不同专业对同一门课程就有不同的侧重点，教师就要根据不同专业的培养目标，确定本门课程的教学目的、要求和重点，以便为这个专业的培养目标服务。

（二）课堂讲授要保证科学性

讲授的目的性要依靠讲授内在的科学性来实现，而不能靠不切实际的夸夸其谈。这个道理是显而易见的。以下只讲几个课堂讲授科学性的问题。

第一，大学的课堂讲授能不能搞"百家争鸣"？能不能讲唯心主义的东西？对中小学来说，这样搞是不妥当的，必须讲科学上已有定论的东西。而根据科学性与思想性原则在高等学校运用上的特殊性，恰恰可以把"百家争鸣"引进课堂，可以讲唯心主义的东西。因为大学所传授的是各个学科的专门理论知识，这就存在种种学术争论的问题。过去，我们不敢把唯心主义的东西拿到课堂上来讲，即使引进了课堂也是简单从事，仅仅摘其片言只语作为批判的靶子。那样做的结果不利于扩大学术眼界，提高辨别是非的能力。记得有位大学毕业生，竟然提出"资产阶级教育学是否认为教育属于上层建筑"这样令人啼笑皆非的问题。看来这位学生没有接触过资产阶级哲学，因而不知道资产阶级哲学是不讲"上层建筑"这一马克思主义的概念的。我们在课堂上允许"百家争鸣"，不是宣扬错误的东西，也不是纯客观地介绍，而是在马克思主义指导下，给予正确的分析和评价。这样做会不会违反科学性呢？不会，这正是符合科学性的要求。

第二，关于介绍科学新成就的问题。教科书是相对稳定的，新书的出版周期又很长，学生仅依靠教科书或科学专著自学很难及时掌握有价值的科学最新成就，因而教师在讲授时，可以而且应该在教材之外，不断引进新的科学成就，以充实学生的新知识，引起学生对新科学成果的兴趣，养成学生注意科学发展的习惯。但是，引进的新成就应该是属于基本的、重大的成就，而不是丢开教材的许多重要内容不讲，去讲一些枝节的零碎的东西，以炫耀教师自己的知识渊博。那样做是错误的。

第三，讲述的概念要准确，必须是科学的概念。使用概念要注意概念的准确性，不能在课堂上随便讲不科学的概念，或运用概念不当。比如，普通化学中的原子与离子、电离与电解、液态与溶液、白色与无色、同系物与衍生物等都不能混用。近年来，社会科学新的名词概念很多，有从自然科学移植过来的，有从外国引进的，还有杜撰的。对此，在讲授时要严肃对待，不要以为越新越多越好，没有确切科学内涵或你所不理解的概念，还是少用为妙，以免引起学术上的混乱，如果引用了，你就要自己先弄懂，然后向学生讲清楚。

（三）课堂讲授要有思想性

讲授的科学性本身就包含了思想性，但不等于讲授的科学性就是讲授的思想性。对于与课程、教材紧密联系的思想观点，教师可以适当点明、发挥，但不宜延伸过远，离题万里。思想性必须同科学性结合起来，如讲授"自然科学史"就要有意识地培养学生科学的世界观，讲明唯物主义同唯心主义的斗争，进行辩证唯物主义的教育；讲授"中国科技史"时，要进行爱国主义教育，还可以讲述科学家如何为科学事业的发展、为人类的文明毕生奋斗，以进行为人民服务的人生观教育。选用教材，补充教材，特别是文科课程，举例子都要注意思想性。至于教师的态度、动作、语言也要考虑到思想教育的作用，不能给学生以不良的影响。教师不应在课堂上老出差错。有的教师由于课前准备不足，在课堂上推导公式或演算经常出差错，搞得满头大汗。不但教学效果不好，教育效果也不好。如果教师老是出差错，他又怎么能严格要求学生呢。

（四）课堂讲授要重视理论联系实际

课堂上是讲授理论的，根据理论联系实际原则在高等学校运用上的特殊性，讲清理论，也正是联系实际的最重要的环节。怎样联系实际呢？首先，应讲明这个理论产生的背景和实践根据，说明理论是在一定时间、条件下所产生并可以解决一定的实际问题的，使学生所掌握的理论是与实际密切联系的理论，而不是空洞的教条。其次，可举出相应的实际例子，尽可能地说清楚理论在实践中的应用。但是，并不是所有的理论都可以在课堂讲授中讲清它的实用价值的。因此，不要太勉强，不要庸俗化，不能要求把那些高度抽象化的理论，一一说出它如何在实际中应用。许多数学原理、定理就很难甚至无法简单地说明它的实用性。

三、课堂讲授的若干方法问题

这里不可能系统地讲课堂讲授的方法，只是讲几个经常碰到的问题。

（一）系统性与重点突出的问题

科学有严格的体系，因此传授科学知识要注意系统性；但讲授又不应一字一句、一点不漏地照本宣科。讲授要重点突出，因此，处理好讲授的系统性与突出重点的关系就是一个课堂讲授的重要问题。

先讲突出重点。讲授的重点应包括教材的重点、学生的难点、教材内在的逻辑联系，特别是关键之处的内在逻辑联系。教材的重点比较容易确定，有的教科书用标题或黑体字标明了。教材重点大致就是教材的中心内容，影响全局的内容，基本原理、基本概念等。学生的难点比较难确定。学生的难点是指学生不易理解或易于误解的地方。有经验的教师往往能相当准确地估计学生的难点，但这对于新教师就不那么容易了。一般在讲课前要进行调查，要了解学生已学过的知识、学生现有水平、学生平时的思想方法等，然后才可能抓住学生的难点。在一般情况下，教材的重点往往也是学生的难点，重点和难点是一致的。例如讲商品的二重性，即价值和使用价值，其中价值是重点也是难点；劳动二重性，即抽象劳动和具体劳动，抽象劳动是重点也是难点；都是一致的，较易掌握。但并非所有的重点都是难点。例如讲授"画法几何"时，直线与立体相贯，求直线与立体表面的共点，是重点，但一般说学生较易理解。而求共点过程中要用过顶线法，却是较难理解的。求共点是重点，而难点却是过顶线法，二者并不一致。教师拿到教材后，要先找出重点和难点。围绕重点，组织讲授内容；分析难点，研究如何解说、论证、设喻、举例等，使学生较易理解。

这是不是说教学不必要求系统性呢？不是这个意思。讲授的系统性，总的来说，要受教材的系统性所制约，但这不等于教材的系统性。讲授的系统性只要求基本上按教材的体系来组织，但不一定每个细节都非按教材的系统性排列不可。教材的系统性是书面的系统，而讲授的系统性是刺激学生大脑皮层的系统。书面的系统性只要求比较全面而又条理分明就行，而讲授的系统性是要在学生头脑中建立知识与知识之间，思路与思路之间的联系。如果你没有建立这些联系，尽管是平铺直叙地讲出一条又一条，但学生还是不能在大脑皮层形成兴奋点和兴奋点之间的联系，教学效果就差。因此，我们就应该着重抓住重点与重点之间的内在联系，要善于讲清它们之间的逻辑联系，使学生脑子里形成理论体系。例如上面讲的商品二重性和劳动二重性就要通过讲授，把它们联系起来，着重点是使学生懂得价值与抽象劳动的内在联系。至于先讲价值后讲抽象劳动，以抽象劳动论证价值这种一般教科书的讲法也好；还是先讲抽象劳动后讲价值，由抽象劳动推出价值也好，只要你能把两者的内在联系说清楚，不应当规定教师非按教材的编排顺序讲不可。讲课的条理性与重点突出是统一的，教师处理得好，对传授知识有好处，更有利于学生思维能力的培养。

（二）讲授的深入与浅出问题

讲授要深入浅出，这是大家都会说的，但都是很难做到的。有的教师讲课是"深入深出"，有的则是"浅入深出"。为什么很难做到，第一是认识问题，第二是功夫问题。

深入，是对讲授的内容来说，理论要有深度，思想要深邃，思路要深刻；浅出，是对语言的表达来说的，要求明白浅显，也就是尽可能以明白浅显的语言来表达深度、深邃、深刻的理论、思想、思路。以上这是要下功夫的，但首先要解决的是认识问题。

为什么说这是认识问题？有的教师，认为大学是研究高深的学问的地方，而高深的学问，不可能用浅显的语言论述，因而不去在"浅出"上下功夫；有的教师，生怕学生说自己水平不高，学问不深，明明是浅近的道理，也要堆砌一些不必要的名词术语，搞一些烦琐的论证，弄得晦涩难懂，以示高深，因而不愿在"浅出"上下功夫。

其实，深奥的道理，大多是可以用比较明白浅显的语言来表述的（当然，这只是相对而言）；而有没有水平，学问深不深，不在语言上，而在内容的实质上。我曾听过许多课，也曾替学生改过许多文章，不止一次把他们晦涩难懂的语言文字，用浅显的语言文字表述，完全能够表达原意，而且表达得更为完整。所以解决"深入浅出"或"浅入深出"的问题，首先要解决的是认识问题，解决了，才肯在"浅出"上下功夫。

认识问题，还有更为深层的意义：讲授，是教师把自己所有的知识、思想以语言为媒介，转化为学生所有。如果转化的渠道不畅通，你学问再高，思想再深也没有用处。因此，教师在教学中，时时要心中有学生。心中有学生了，就会为学生而千方百计下功夫。

那么，应当如何下功夫呢？简单说：①自己要把理论消化了，弄透彻了，才有可能用自己的语言来表述，否则要以己之昏昏，使人昭昭，是不可能的。②要注意逻辑的严密性与清晰性。③要由博返约，要言不烦。话不在多，而要中肯。我曾听过一位学问高深的教授讲化学，三言两语，就把一个复杂深奥的理论问题说清楚了，连我这个不懂化学的门外汉，也能听懂一个大概，他的学生，并不因其语言浅易怀疑他的学问，而对他非常佩服。

当然，所谓深与浅，是相对的。所谓"浅出"，是以学生能够领会为度。总之，内容要有深度，语言务求浅显。这对矛盾，下功夫是能够解决的。

（三）启发式在讲授中的应用

常听到人们对课堂讲授的责难——"满堂灌"。这种责难有一定的事实根据，但却是不公正的。的确，我们许多教师在课堂讲授中照本宣科，令人厌烦。但课堂讲授同"满堂灌"并非必然有联系。课堂讲授同样可以做到启发式。

为了进行启发式教学，我们曾经提倡过课堂提问，为的是集中学生的注意力。课前提问，使学生搞好预习；课后提问，帮助学生进行复习。把中学提问的这一套搬过来，好不好呢？不能说完全不好，我不反对在课堂上适当地提问。但是，大学的启发式主要不表现在形式上，而表现在内容上。不是在课堂上多搞几种活动就叫作启发式，两节课一直讲下去，从头讲到底就叫"满堂灌"。不能这样看问题。主要看教师讲的内容实质。也就是说，判断一位大学教师是采用启发式，还是搞"满堂灌"，要看教师是否能够以自己的积极思维活动来引导学生的积极思维活动。简单地说，就是教师的讲授是否能够引起学生思维活动的共鸣。如果教师讲课时不是简单地讲这个原理是什么，应该怎样，而是把自己怎样思考这个原理，怎样论证这个原理的思维过程用语言表达出来，引起学生跟自己同步思维，这样双方都在积极思维之中，这一堂课一定上得很好。如果教师照念讲稿，讲的虽然条理分明，简单明白，但学生不用动脑筋，也不能认为是成功的，达不到训练他们思维能力的目的。

　　讲授之所以能引起学生的积极思维，是由于讲授过程本身就是教师内在的深刻的思维过程的外在表现。那么，怎样才能在课堂上用自己的积极思维去引起学生思维活动的共鸣呢？有两个必要的条件。一个是必须对教材熟练掌握，能掌握它的实质，能融会贯通，才能运用自如。这是讲好每堂课的前提。另一个是要有符合逻辑的推理，符合逻辑的表达。如果逻辑混乱，就无法引起学生的积极思维。所以，一定要把如何推理的逻辑弄清，要从这个论点有逻辑地过渡到另一个论点，这样，在讲课时，才能把学生的注意力集中起来。为了集中大家的注意力，跟着教师的思维过程同步前进，讲课时常用的一种方法是有意把问题引到矛盾的焦点，然后稍为停顿一下，让学生们动动脑筋。例如：讲形式逻辑的"零类概念"（"空类概念""虚假概念"），可以简单地为"零类概念"下个定义。说明"零类概念"是对客观事物的属性歪曲的反映，并举几个"零类概念"的例子。学生能听懂，但不能引起积极思维活动。换一个讲授方法，先提个问题：神、鬼、天堂、地狱等名词算不算概念？如果说它是概念，世界上却没有跟它们相对应的客观事物，也就是说，它没有外延，因为客观上既没有神、鬼，也没有天堂、地狱，如果说它们不是概念，可是它们有特定的内涵，可以作为思维的素材。讲课时，有意提出这样的矛盾，这样就必然引起学生的积极思维活动。当然，不是所有的地方都要这样。这里不过是说，为了引起学生的积极思维，可以用某些方法。有经验的教师，都有很好地引起学生积极思维的方法。当然更重要的是对教材的掌握和合乎逻辑的推理。顺便说一下，现在大家常常谈起美国式的课堂讲授方法。有些美籍教授来我国讲学，常常只讲几个要点，然后让听课者提问题，没有问题他就走了。一般给他三个小时，他大概只讲一个小时或一个半小时，剩下的时间让你提问题。这种讲授方法到底好不好？我们大学的课堂讲授这样做行不行？我说可以试一试，但最好在高年级的选修课中试一下，不宜在低年级课堂教学中铺开。运用这种讲授方法，应在课前周密考虑好重点，把重点简单扼要地讲出来，然后让学生思考，引导学生在思维过程中提出问题，再做解答，加深印象，这样做是好的。但如果对教材的掌握程度不够，不能很好地突出重点，而是不负责地信口开河讲几点，然后让大家随便提，就像脚踩西瓜皮，滑到哪里算哪里。往往所问的是皮毛的、重复的问题。教师未经深思熟虑，所作解答，十之七八质量不高。结果一堂课下来，究竟能解决什么问题，掌握了什么基本知识呢？这里牵涉到一个问题，即对苏联式的讲课、美国式的讲课、中国式的讲课的评价问题。我认为各有所长，各有所短。我们应当走自己的路，但不排斥学习人家的长处。对美国式教学方式，我赞成拿来试一试，但不赞成在低年级打基础的时候也用那种教学方法，更不赞成只学习人家的一点皮毛，学人家的短处，学习那种不经过周密考虑的、即兴式的所谓"启发"。

（四）指导学生听课记笔记的问题

这也是一个比较重要的问题。过去我们对这个问题注意得较少，教师、班主任有时也指导一下，但往往让学生自己去摸索。

边听课边记笔记，是大学的课堂讲授与中学的一个不同点。中学生，特别是高中生也记笔记，但往往是记教师在黑板上所写下来的，或是念给学生记下来的。大学的讲授则一般要求学生边听边记，有无教科书、讲义都要记笔记。为什么？因为这样做是有好处的。一个好处是可以记下教师所讲的重要内容。大学教师在课堂上是集中讲重点、难点和逻辑联系，还会讲教材所没有的最新的科学成就和自己的心得。学生把这些记下来，不仅可以获得一些知识，而且可以学会教师的思想方法，而这些思想方法往往是教科书和参考书中所没有的。记笔记还有个好处，能帮助学生集中注意听课，促进学生的积极思维活动。记笔记是个相当复杂的活动过程。首先学生要听进去，然后通过大脑弄懂词语的意思，并和自己已有的知识相结合，从而进行分析综合，这就是人们所谓的"理解"或"体会"。理解之后，把所理解的东西转化为适当的词语，这个转化过程并不比理解过程容易，因为既要建立在理解的基础上，又要思索适当的、能表达所理解的内容的词语，然后再由大脑发布命令指挥自己的手，把它记下来。这样一个复杂的活动，可以防止学生注意力分散。因为学生要积极思维，就要在大脑中形成一个很强的兴奋中心，其他活动就会受到抑制。如果不记笔记，思想就容易开小差。更重要的是，可以强化思维活动，强化对知识的理解，有利于知识的巩固，不易遗忘，同时还可以培养学生积极思维的能力和习惯。

刚才说过，记笔记时会在大脑中形成一个兴奋中心。这个兴奋中心要重复进行两次的思维活动。听进去以后要进行分析综合，这是第一次；理解后又要把它转化为书面表达的词语，这是第二次。两次活动就加强了条件反射，理解得比较深，也容易巩固。

大学生上课记笔记是件好事情，但不是什么样的记笔记方式都能收到好的效果，用得不当，有时还会起些消极作用。录音式地记笔记就不能收到好的效果。如果学生不能按照记笔记的正确要求，听课时不是先理解，然后再变成自己的词语记到笔记本上，只是照录，就没有两次积极的思维活动。我们常看到学生忙于记笔记，想把教师的每一句话都记下来，但无论怎样拼命记，也赶不上教师讲课的速度，结果就必然要丢三落四，就可能把不重要的东西录下来，而把重要的东西丢掉了，抓不住要点。因此，指导学生记笔记，第一要简略。低年级的学生可能要记得详细些，因为他的分析能力比较差，越到高年级，越要求他记得简单些，所记的东西应该是基本的，或是教科书之外需要补充的东西，不要听一句记一句。还可以用各种自己能看懂的简略符号来记。我从前在大学里听课，就是用半文半白的文字记笔记，因为文言文比语体文文字省得多。现在还保存着几本我认为较有价值的笔记。第二要用自己的语言记。要告诉学生，记笔记一定要经过自己的思维活动，用自己的语言记下来。哪怕用自己的语言记下来没有老师所表达的那样准确，也不要紧。只有定义式的东西，关键所在的地方，需要非常准确的地方，要求学生逐字逐句地记下来，这时，教师应该放慢速度，给学生思考的机会和逐字逐句记录的时间。在需要演示，要学生观察某一东西时，可以让学生停下笔记，观察完后，再停几分钟让他把要点记下来。第三要学会用标题并按要点分段记。笔记最好不要记得太密，留一定的空位，课后便于整理笔记，做补充、修改。要告诉学生，课后不要重抄笔记，如果那样做，负担会很重。还有一个问题，就是有教科书，而且教师基本上是按教科书讲的，还要不要学生记笔记？为了集中学生的思维活动，上课还是要求学生记笔记。如果学生上课不记笔记，东翻书，西翻书，思维反而不那么连贯。所以，教师讲课时，宁可让学生把书本合起来，按照教师的讲课内容，连贯地记笔记，不要去看教科书。只有在教师需要学生看书的时候，才让学生打开教科书来看，而且只看哪一页哪几行。不要把记笔记看作一件小事，它对大学生学习有重要的作用，教师要很好地指导学生记笔记，特别是对一年级新入学的学生，我们的系主任或者班主任，应该好好地给他们上一课，告诉他们如何记笔记。

总之，课堂讲授就是教师把自己所掌握的知识转化为学生所掌握的知识，这个转化过程可以采用许多方法技术。事实上不只是讲课的方法技术问题，还有讲课的艺术问题。教师讲课是技术的活动呢，还是艺术的活动？实际上二者皆有。所以，我认为，教师既是"教书匠"，也是"艺术家"。

（五）讲授的艺术性

我们说讲授要有艺术性，不是要求教师在讲台上要像演员在舞台上那样的艺术表演。有些教师为了追求生动，在讲台上谈笑风生，讲许多有趣的东西，手舞足蹈，走来走去，学生就看着他"演戏"，这不好。教师教学既要生动，又要严肃，要严肃的生动，而不是庸俗的生动。因此，语言、板书、动作、感情等都要讲究。语言要清晰，语调还要有高有低，有快有慢。究竟是快点好，还是慢点好？不能太快，也不能太慢，而是要有快有慢；不能太高，也不能太低，而是要有高有低。什么地方高，什么地方低，什么地方快，什么地方慢，要自己掌握。如果太快，像机关枪一样，学生的思维活动跟不上；如果太慢，不能很好连贯，学生精神容易涣散，教学任务也很难完成。太低当然不好，后排听不清。太高好不好呢？有的人讲课老是扯着喉咙大喊大叫，叫了两个小时之后，教师自己的喉咙哑了，不断的强刺激也引起学生的神经疲劳。有人认为，重要的地方讲课声音要提高，不一定。有的重要地方提高一些可以，有的反而要放低，低沉的音调有时更能引起学生集中注意力，这里面就有一个艺术性问题。讲课是教师的独白，一般来说，字与字、词与词之间不能间断，但句与句之间要适当地间断。如果句与句之间不间断的话，那就很难引导学生跟着思维。当然，更重要的是语言要清晰，而语言清晰与思维逻辑性是分不开的。只有逻辑条理分明，语言才能清晰，语言清晰是由思维清晰决定的。语言不仅要有逻辑性，而且要有感染力。当然并不是说，教师上课都要用宣传鼓动的语言，用戏剧性的语言。教师上课语言的感染力，是赋予教材内容表达的感情，就是说，当你对教材深刻地理解了，有所体会了，你讲的时候感情就会自然地表露出来，而不是在那里故意表现喜、怒、哀、乐。一个教师如果对教材熟悉，热爱自己从事的这门学科及教学工作，那他的课堂讲授，对他自己来说，是一种很好的劳动享受，这堂课如果能把他的思想传达出来，引起大家的共鸣，这堂课下来时，拍拍粉笔灰，有点疲乏，而心情是非常愉快的。但是，这种心情恐怕不是每个人都能体会得到的。如果你把讲课当成为了完成教学工作量而无法推托的负担，对这门课没有兴趣，对学生没有爱，你就享受不了这种快乐。其实听课也是一种很好的享受，可以在这里获得很多知识，分享师生思想交流的乐趣。应该充满感情来上课，而不是说当了教师，没有办法，只好来上课；当了领导，没有办法，只好来听几堂课。

　　板书虽然是个具体细节，也是要讲究的。板书要清晰，要有条理，但要灵活。中小学教师很讲究板书，写得端端正正的，一条一条的，当然，这对中小学生是必要的，但在大学里不能搞得那么呆板。那么，怎样才能做到有条理又灵活呢？要有条理就得有计划，所以事先要计划好。很多有经验的教师都知道，讲课的时候，如把章、节、要点要写在黑板上，大点、小点很有条理，当他讲完后，整堂课的提纲也就在那里了。黑板中间最好留一块地方不写提纲，作为写名词、公式或临时补充教材之用，也可以为加强语气之用。这一小块天地，可以灵活书写。有些教师常常在板书之后，就站在黑板的中间，自己的脑袋把板书遮住。这样，学生就不好抄记了。板书之后，教师要站在黑板左侧或右侧。挂图也是这样，必要的挂图可以挂在黑板的两侧，挂完后，教师不要站在图表前面，以免把图表挡住。这里有很多具体细节，往往教师不太注意。如：指示挂图内容不要背对着学生指，指右边用右手，指左边用左手。这些都是很细节的东西，但处理好了，可以增强教学效果。还有应用书写仪的，也有许多应注意的地方，这里就不一一说了。总之，如果教师在备课时能充分考虑这些问题，教学效果就能提高。所以，在课堂上的两课时内要取得最佳效果，必须充分备课。

四、备课

　　新教师要备课，老教师也有备课的问题，新、老教师都要备课。为什么老教师，包括多年教同一门课程的老教师也要备课呢？因为新的知识在不断地出现，我们不能备一次课用几年，这个道理很简单，不用多说。更重要的是，我们教师要把自己理解的东西转化为学生所能掌握的东西，这个转化必须先了解对象，根据不同的对象，组织好内容和采用适当的教学方法。如七七级、七八级的学生25岁以上、30岁以上的很多，社会经验较为丰富，七九级、八〇级以后的学生入学时平均年龄只有20岁左右，有一些是十六七岁的，还有"孩子气"。教30岁的学生与教十六七岁的学生，显然应根据不同年龄特点来组织教学。备课也要因对象不同而有别。讲课的深度也要有所不同，不能采用同一教学方案。而且讲课不仅只是讲出来就完事，还要有艺术性，要有情感，还要有演示，要有细节的安排。这个艺术性、情感以及演示、细节上的安排，不能不在上课前做好心理上、教具上的准备。有人说，第一次课讲不好，第二次课熟练一点就讲好了；新课讲不好，老课讲得好也可以嘛。我个人的体验是：不一定。新课当然有教材掌握得不深透的地方，但是新课刚钻进去以后，印象新而深，心理准备很充足。往往第一次课还讲得好些，有情感，有感染力。第二次讲课，如果不重新做好心理上的准备，把旧讲稿拿来匆匆忙忙看一下，就去上课，这堂课讲下来一定不满意。所以新教师要备课，教过多遍的老教师也还要备课。

　　备课最重要的是钻研教材。教师所教的课，一般来说，应该都是教师所专长的，就是新教师也是因为他在这方面有专长，才请他来教这门课的，不是从头学起。现在常听到有教师说，准备一门新课，要一个学期，甚至一年、两年，我不同意这种说法。教师不是从头学起嘛，如果是从头学起，就不该来教这门课了。当然，不是从头学起也要备课，因为教师过去是学，而现在是教。正如《学记》中所说的："学然后知不足，教然后知困。"我们都有这个体会，学得很好，却不一定教得好。学是一码事，教是另一码事，通过学，可以发现自己的不足之处，到教的时候才真正知道困难之所在。"知不足，然后能自反也；知困，然后能自强也。故曰：教学相长也。"这段话原来的意思是说，教然后知困，就要更认真刻苦地学习，教推动学，倒不一定说是学生来推动教师。现在常把"教学相长"理解为学生与教师之间的关系，当然这样解释也可以，但原意并不是这样。为了教，要重新钻研。那么如何钻研，钻研些什么呢？一是要把教材的理论、概念弄透彻，弄准确；二是要掌握教材的内在逻辑联系；三是要把需要推导的过程，需要演算的公式弄熟练。如果课堂上要进行演示，事先也要准备好，不要临时出差错。这一切准备好后，第二步就要编写讲稿或讲授提纲。这要看各人而定。我主张新教师要写详细的讲稿，老教师也要写比较详细的提纲。为什么？是不是要大家写好详细的讲稿，以便在课堂上念讲稿呢？不是这个意思。写讲稿的目的主要是为了深入、具体地组织教材内容，写讲稿的过程实际上是自己的思维活动具体化的过程，而不是为了拿着讲稿到课堂上照本宣科。如果熟练的话，不拿讲稿，不看讲稿，完全可以，但还得写讲稿，要有这样一个过程。正因为写讲稿是一个思维的具体化过程，所以，我不主张写讲稿东摘西抄，而主张教师自己想，想好后，用自己的语言文字表达出来。如果只是抄人家的东西，即使看懂了，表达的时候也可能会显得生硬。如果用自己的语言文字写出来，可能不像抄来的那样好，但那是自己消化了的东西，讲起来就比较顺畅。重要的定义、公式及重要的条文，还是要一字不漏地抄下来，然后用自己的语言加以解释。

如果又有教材，又有讲稿，那么教材与讲稿是一套好呢？还是各搞一套好呢？我的看法是，如果有现成的教材，讲稿与教材的关系应该是"不即不离，若即若离。"不能完全"即"，但一般上也不能完全"离"。低年级要"多即少离"，高年级应"少即多离"。在特殊情况下或高年级学生、研究生的课，完全另讲一套，让学生自己去读指定的教材，也没有什么不可以。这个问题，我们当领导的同志也要理解。因为学生往往向领导诉苦说："这个教师不好，教材是一套，讲课又是一套，以后考试我到底按哪一套呢？"如果领导不好好地考虑这个问题，就会不加分析地指责教师"加重了学生负担"，"搞得学生无所适从"。我认为，讲稿与教材写得完全一模一样的教师，肯定不是好教师，如果讲稿与教材写成两套的话，这个教师可能是一个很好的教师。为什么呢？只有讲稿与教材有所不同，才能加深、扩大学生的知识，培养学生的综合能力。但是，对低年级的学生要求不要过高，应当逐步培养学生这种能力。

许多教师认为，讲稿写完，备课的任务就完成了，只等上课。其实不然。还有第三个重要步骤，即教学法的准备工作。因为教师钻研了教材，写好了讲稿，只能说教师掌握了知识，同时把知识整理好了。但是，如何把自己所掌握的知识转化为学生的知识，如何在课堂上启发学生的思维活动，培养学生的智能，这些问题还未解决，而这些恰好是教师备课的重要任务。大学教师可以不必像中小学教师那样写教案，但是，在讲稿的适当地方应留空白作为自己写教学法的注意点。

那么教学法的准备应考虑什么呢？我认为应考虑这样一些问题。

首先，这堂课如何组织。开头怎么讲，上次讲的东西要不要重复，要不要和上次的东西联系起来；中间怎么讲，要分成几部分，这几部分如何衔接，每部分所讲的时间大体上要安排一下；结束时讲些什么，是否要小结，要布置参考书、作业等。一堂课怎么组织，这是教学法工作要考虑的第一点。

其次，在教学过程中如何引导学生积极思维。某些地方如何引导学生动脑筋，某些地方是否应有所停顿给学生思考一下，都要在讲稿上做必要的记号。还有，讲课时举什么例子，要在备课时做好准备，不要在课堂上临时凑合，那样容易出纰漏。如果有直观教具、模型，要当场演示的话，应该考虑如何摆，如何演示，哪些地方需要让学生观察。太小的模型怎样才能使几十个甚至上百个学生看清楚。这些都是教师应该事先考虑的教学法问题。板书也要考虑。板书有的有计划，有的似乎无计划，实际是有计划的。还有，要不要指定学生看参考书。现在我们不太习惯给学生指定参考书，应该在上完课后，至少每章结束后，指导学生看参考书。教学法的准备工作还有很多，以上举的几个例子，其目的是为了说明教师的备课必须包括教学法的准备工作，绝不能认为写完讲稿就完成了备课工作了。

那么，教学法的准备工作完成后，备课是否完了呢？可以说完了，也可以说还没有完。为什么说还没有完呢？因为临上课之前，教师还得重新看一遍，把主要的内容记一下，把自己备课时的思维活动重温一遍，这样，上课时才能做到有充分的心理准备，胸有成竹。我个人的经验是，如果没有最后这个备课工作，课堂讲授往往陷于被动。哪怕备课时已经弄得一清二楚的问题，到讲课的时候常常就会丢三落四。

上面只是举一些例子，每个人根据自己的经验，根据不同的习惯，备课可以有所不同。刚才所说的第一步、第二步……都是相对的。不一定都要按照一、二、三、四……这些要求来备课。同时，这里所谈的课堂讲授备课，只是自己的以及参考一些教师的经验。可能有些教师觉得太呆板，太烦琐。

只要理解教材内容，有学术水平，就能在课堂上灵活掌握，教师应当具有机敏性，随机应变，用不着写讲稿或提纲，用不着考虑得那样周到。机敏性是教师重要的品质。但是，绝不能因此而不刻苦备课，那种夸夸其谈，离题万里的课堂讲授同照本宣科的课堂讲授一样，都是不足取的。

由于课堂讲授在教学方法体系中至今仍处于主导地位，也由于它是高等学校几乎任何一门课程都要使用的教学基本形式，因而高等学校教学方法的改革，首先应当着重改革课堂讲授。我这里说的是"改革"而不是"改掉"。有人认为课堂讲授是古老的传统的教学形式，不利于发展学生智能。在信息量无限增加并迅速更新的今天，已不适用，应予取消，代之以学生自学和讨论等。这种把讲授和自学、讨论等对立起来，轻率地否定课堂讲授的看法，是不切实际的。我们曾经请一位外籍教授来讲他所提倡的"自我发现法"。他从学习心理的理论根据讲到具体的方法细则，个人独白式地讲了将近 3 个小时，而不是让我们去"自我发现"。也就是说，即使是在传授"自我发现法"，学习的对象又是比大学生水平还要高的教师和研究生，为了节约时间，也为了把这一教学方法说得清楚，还是不得不使用课堂讲授的方法。

持慎重态度的教育理论家和教师，一般都不轻率否定课堂讲授的重要性。他们的改革主张，大体集中于两个方面：一是改进讲授方法，提高讲授的教学法水平，使之符合学习心理，取得较佳的学习效益；一是把讲授与自学、讨论等教学形式结合起来，密切配合，也是为了取得较佳的学习效益。我读过两本关于教育学的书，一本是美国的，一本是苏联的。美国的那一本，介绍各种各样的教学改革观点与方法，很少自己坦率地表示赞成什么，反对什么。但也可以看到一些实际情况和作者的意向。抄录一段如下："虽然确实有几百种组织学生和教师活动的不同方法，其中最广泛讨论的方式之一，就是20 世纪 50 年代出现的，以一定的时间单位来安排课程表的概念——一种灵活的课程表。一个流行例子，是杰·劳埃德·杜鲁普提出的：大班上课，小组讨论，个人独立研究的设想……大班上课，可以有上百或更多的学生听课，约占总时间的40%，由一位特别有能力的教师主讲，需要给他或她有额外的备课时间。小组讨论，约占总时间的 20%，小组有 12～15 个学生，讨论的内容大部分和大班讲课有关。有位教师参加小组讨论，起着顾问的作用。个人独立研究，包括两三个学生在一起进行研究，或一人独自钻研，根据科研项目，在实验室、资料中心、图书馆和校外机构进行科研，占总时间的40%，教师和其他人员作为顾问，对学生们要负最大的责任。"① 这就是说，美国流行的仍是以课堂讲授为主，把讲授、讨论和自己研究结合起来。苏联那一本，叶留金的观点很明确："讲课是教学过程的一个极为重要的阶段，是概括地理解教材、对所研究对象形成初步概念的阶段。现代的教育学和心理学的研究表明，这个阶段恰是决定教学质量和效果，决定学生在教学过程中的自觉性和积极性的关键时刻。因此，从教学论角度看，讲课是教学工作的最重要形式。随着科学技术信息量的增多和培养专家任务的日趋复杂，讲课的作用不仅没有降低，反而显著提高了。"② 当然，叶留金的著作也指出讲课方法存在种种缺点，认为要提高讲课的教学法水平，应更好地把讲课、讨论和自学结合起来。叶留金认为："那些号召现代学校不要让学生多闻博识、通晓古今、学习各种知识的人，在这非常重要的一点上是错误的。正因如此，在这本书中不止一次谈到讲课的意义（也包括考试的意义），而且在一些人的轻率的批评面前，它仍然确定为高等学校的主导教学形式。"③《参考消息》曾登载法兰西学院撰写的《改革目前的教学方法》的报告，也提出把讲课和其他教学形式结合的建议："最好的教学方法是用一刻钟或半小时的时间讲课，留出记笔记、讨论和做练习的时间。这种教学法能使每堂课都讲授各科的精华部分，可以提高教学质量，缩小各学校教学质量的差异。" 也就是说，建议压缩讲授时间，并与其他学习活动配合。

总之，从课堂讲授改革的趋势看，课堂讲授的时间要压缩，教学法水平要提高，并尽可能与其他教学形式配合，以求取得最优化的教学效果。不但课堂讲授要改革，整个高等学校教学方法体系都要改革。下一讲我们将专门研究高等学校教学方法的改革问题。

---

① 奥恩斯坦. 美国教育学基础[M]. 刘付忱，姜文闵，陈泽川，等译. 北京：人民教育出版社，1984：223.
② 叶留金. 苏联高等学校 [M]. 张天恩，等译. 北京：教育科学出版社，1983：223.
③ 叶留金. 苏联高等学校 [M]. 张天恩，等译. 北京：教育科学出版社，1984：536.

高等学校教学方法的改革

在家中（2009年）

一、教学方法要改革

上一讲，简要介绍了高等学校教学方法体系，重点讲了课堂讲授方法。这个教学方法体系是现行的，也是传统的，既可以称之为现行教学方法体系，也可以称之为传统教学方法体系。说它是现行的，因为现在我们仍在用，也不能不用，是一些通用的教学方法；说它是传统的，因为它是前人长期的教学实践所形成的。每种教学方法，都凝聚着前人无数的成功经验与失败教训，是经过许多教育理论工作者整理、提炼的。对这样一个传统的教学方法体系及各种教学方法的具体要求、规定、内容、做法，应当如何评价？把它摆在什么地位？我认为：它是今天我们教学方法改革的对象，也是我们进行教学方法改革的基础。作为整个体系而言，它基本属于"苏联模式"，是我们20世纪50年代初向苏联学习时所形成的，但在向苏联学习之前，许多重要的教学方法，如课堂讲授、讨论课、实验课、参观、调查、实习、自学指导、复习、练习、毕业论文与毕业设计等，不但中国早已有之，西方也早已有之，再经过五六十年的教学实践，有改革，有发展，尤其是90年代以来向西方学习，有许多变化。大体说，基本体系没有发生根本性的变化，许多方法的名称也未变。但许多教学方法的内容、做法已不完全相同。我们在编写《高等教育学》时，之所以沿用这个体系，是出于下面的考虑。

首先，它是现行的，也就是说，它是现实的。写一篇论文，你可以只谈理想、构想、观点，作为一本教材，你不能不顾现实通行的实际。何况，传统的教学方法，在它的发展过程中，不断汲取优秀教师成功的实践经验，并不像有的人所说都是陈旧落后的东西。许多新的方法、新的经验，是对现行教学方法的补充、丰富、完善，而不是对整个教学方法体系推翻重来。如课堂讲授，从现时以及可见的未来看，只能对它进行改革，使之完善，而不能予以废弃。世界各国的大学课堂，也还是大班讲授，小班讨论，只是课讲得活些，中间可能插上一些提问或辅助性活动，再留下一些时间让学生发问、讨论；又如实验课，还是自然科学教学的必要形式，只是在实验中更重视学生自己的设计、动手。既然还得有课堂讲授，还得有实验课，那么，我们就必须研究如何把课讲好，如何把实验指导得好。否则只指出这个缺点、那个错误，提出这个理想、那个方案，而现实的课都讲不好，实验指导得不好，那就会脱离实际。

其次，这个教学方法体系比较全面。既有课堂的活动，又有与实践联系的现场教学；既有以教师为主的传授知识的方法，又有以学生活动为主的实验、实习、自学指导等方法；既有教学的方法，又有科研的训练；既有输入的方法，又有反馈、评价的方法；如此等等。经过整理，使之系统化，这对教师来说，尤其是从事教学工作或准备从事教学工作的青年教师来说，是有积极指导作用的。

但是，应当看到这个教学方法体系存在一些问题。

首先，在传统思想指导下所形成的传统的教学方法有一些消极因素。传统教学思想中有许多消极方面的因素，如人们所指责的重视知识传授而不重视能力培养；传递文化知识着重灌输，而对学生掌握知识的主动性、能动性重视不够；重视教学过程中智力因素的作用而忽视非智力因素在教学过程的作用；重视显性课程的作用而忽视隐性课程所起的作用；如此等等。当然，我这里所指的是传统教学思想中的消极方面的因素，而不是说传统教学思想的全部。传统教学思想也有许多积极方面的因素。

其次，这个教学方法体系从教的角度研究多，从学的角度考虑少。当然，教学方法所研究的是教师如何教，从教的角度着眼，无可厚非。但"教是为了学"，不能只问耕耘，不问收获。教师要根据学生的学习心理来教学生，要根据如何使学生学得好的要求来改进教学方法。而传统的教学方法，的确对此不够重视。例如：念讲稿、赶进度是大学里普遍存在的现象。这种现象的出现，往往就是由于教师只考虑"完成"教的任务——把该传授的知识都不折不扣地讲出来了，却很少或者没有考虑学生学的任务是否能完成。

上述传统教育思想消极方面的因素，大多数也是由于忽视从学的角度研究教学。近年来在我国兴起的"学习学"新学科，从学的角度来研究学习问题，对于促使教师重视学生的学习心理和学习方法，从而促进教学改革是有积极作用的。有的学习学的提倡者指责以往教学论只研究教师如何教，不研究学生如何学，教学方法只是教的方法而不管学的方法，从而主张把"教学论"改为"学习论"，把"教学方法"改为"学习方法"。但我不赞成，因为：第一，这不符合事实。教学是师生双方的活动，教学论所研究的教学方法，它内在地包含了教与学两个方面的活动。任何一本科学的"教学论"，都不是不研究学生的学习心理，不管学生如何学，不以使学生如何学得好来要求教师如何教的。"研究不足"不等于"不研究"。正是因为"研究不足"，所以应当对学习学的研究抱欢迎的态度，以学习学的研究成果来丰富、完善"教学论"，而不是以"学习论"取而代之。第二，教育学、教学论，是写给教师或准备当教师的师范生读的，它不但要研究学生如何学，还得研究教师如何教。知道如何学，不等于就知道如何教。"教然后知困"，学得很好的优秀学生，善于治学的专家，不一定就能当好教师，教好课。教学论、教学方法有许多内容不是学习论、学习方法所能代替的。我赞成多写一些"学习论""学习方略"一类的书给学生和自学者读，也可给教师参考；也赞成在大学里以至在中学里开"学习指导"的课程或讲座，以指导大学生、中学生学习，也可以提高教师的教学法水平，促进教学改革。厦门大学高等教育科学研究所多年来就一直为大学生开出这样的课程。

教学方法要改革。如何改革？要根据教学规律和教学原则，结合实际，去探索、创造、试验。也可以借鉴别人以往的经验。下面就简介国内外几种教学方法改革试验，以拓宽改革思路，提供改革参考。这些教学方法，有的不限于高校教学，中学的教学也适用；有的则只适用于高校或高校的高年级教学。

二、发现法

发现法，也叫作"自我发现法"。它的理论依据，就是前面第六讲"高等学校的教学过程"中所简介的布鲁纳的"发现说"。简单地说，就是学生在教师的引导下，可以按照学科的逻辑结构，通过自学和研究，自己去发现前所未知的知识。

发现法并没有规定具体的"发现教学"或"发现学习"的模式。国外运用这一教学方法，一般有如下几个步骤：教师选定要由学生自我发现的问题

（理论知识）→设置问题情境，使学生在情境中产生矛盾，提出所要解决的问题→学生通过学习、研究活动，提出假设→从理论或实践上检验假设，开展辩论→总结，提取一般概念、原理（发现新的理论知识）。

这样说很抽象，举个例子说，在社会主义政治学课程中，选择了什么是"有计划的商品经济"作为问题（要让学生通过自我发现掌握的理论知识）。计划经济要求国家宏观控制、指导，商品经济则是通过市场调节实现的，这一问题情境使学生产生矛盾、困惑，要求解决。为了解决这个问题，教师指定教材、参考书或报刊上的资料、文章让学生阅读，学生也可以自己搜集资料，必要时还可以进行社会调查。教师引导学生自己去分析研究，提出解决问题的假设。假设的验证本来应当通过实践进行，如到有关部门调查了解市场经济实际上的运行机制。但作为一次课，不大可能搞时间长、花大力气的实践检验，一般只要求通过集体的讨论、辩论进行理论论证，最后由学生自己，在教师指导下总结，得出结论，并上升到理论上来。这就是要由学生自我发现的新的理论知识。

发现教学的过程，有点像科学研究的过程。但它不是科学研究的发明发现。第一，它仍然是在教师的指导、引导之下进行的；第二，一般来说，学生的发现乃是"再发现"——对学生来说是发现未知的知识，而在社会上是已知的知识。当然，对于高年级学生或研究生的发现教学，也有可能发现某些社会上未知的理论知识。有这两个特点，所以学生的发现学习过程，可以避免许多曲折迂回，走快捷、简约的道路。即使如此，发现教学师生双方仍然要付出较多的时间和精力。

用发现法教学，据布鲁纳自己所说，有很多好处。主要好处有以下四点。

第一，能激发学生智慧的潜力。这一条可以说是最基本的。

第二，有利于学生把外部学习动机向内部学习动机转化。例如，从为了得到高分数以满足家长、教师的期望，转化为对学科自身的兴趣，对知识的追求。

第三，掌握发现的方法，形成学习迁移的能力。

第四，有助于保持记忆，因为是自己发现的，记忆牢固。

以上第一、第二、第四点简明，不需解释，第三点是布鲁纳的发现法所特别重视的，有必要略加说明：在第七讲中，我们已经谈过，学习迁移是指一种学习对另一种学习的影响。举一反三就是一种积极的学习迁移。布鲁纳认为，孤立地学习一项项的知识，对于学习迁移没有多大作用，学习基本原理，则可以用作认识后继问题的基础。发现教学注意让学生掌握基本概念、基本原理和学科的逻辑结构，有利于举一反三，从而使学生掌握发现方法。发现教学不但可以使学生获得知识，更可以让学生掌握方法，如搜集资料的方法、思考问题的方法、解决问题的方法等。如果教学经常运用发现法，学生对发现学习的经验积累得越多，他的迁移能力就越强，将来就能更好地独立解决各种问题。所以，布鲁纳认为用发现法进行教学，"关心学习过程的方法，甚于关心学习结果"。根据日本对发现法的试验，用发现法进行学习的试验组比对照组的学习迁移能力，一般要高出 20%~30%。[①]

但是，发现法的缺点也是明显的：第一，花时间多，据日本的试验，要多花 1.3~1.5 倍的时间。[②]第二，并不是一切学科、课程都能设置问题情境，产生矛盾，以激发学生去自我发现知识；也不是一切教材都能构成严密的逻辑程序，让学生一步一步地去推导，自我发现正确的结论的。具有严密的逻辑结构的数学和自然科学比较适用，而以形象思维、情感体验为基础的文学、音乐、美术等学科就很难应用。布鲁纳也承认，一个学生不能只凭发现法学习，发现法的推行并不排斥其他教学方法，如讲授、讨论、实验等。一方面，有些课程不能用发现法而应当使用其他方法；另一方面，在发现教学过程中，也要插用其他方法。

发现法起初是用于中小学教学的，其后才推广至大学。据说用在中小学教学上不太成功，主要是难度较大，教师也难以掌握。而在大学适当运用，可能是很好的。因为大学生的抽象思维、自学能力较强。但是也要有所选择。每门课程都用，会加重学生的负担。学生不可能对每门课程的知识都花很多时间，下很大力气去做自我发现学习，势必畸重畸轻，形成偏废。一门课程，恐怕也只能选择某些单元应用，全部教材都让学生去发现学习，恐怕也是行不通的。至于研究生课程，本来就应当把科研引进教学之中，让研究生自己

①② 钟启泉. "发现学习"的界说与评议 [J]. 教育研究，1981（5）：47-51.

去学习，自己去探索；同时，课程门数较少，每门课程可以多花时间精力，因此，多用发现法学习是可行的。

尽管发现法在实行上有缺点，但作为一种教学思想来说，发现教学、发现学习的思路，对于人们思考教学改革是有启发意义的。自从现代发现法问世之后，各国教学方法的改革，或多或少受到它的思想影响。

三、问题教学

问题教学，顾名思义，就是带着问题教学，或教学带有问题性。广义的问题教学，可以说古已有之。古希腊时代苏格拉底的"产婆术"就是运用问答方式，提出一个又一个的问题，引导学生自己去思索，自己得出结论的教学方法。近代杜威所提出的"五步法"：情境—问题—假设—推理—验证，更是把问题教学程序化、模式化了。我国古代的教育家，更不乏善于设问以启发学生学习的经验。但作为高等学校教学法改革重大措施的问题教学，则一般是指 20 世纪 60 年代来源于苏联流行的"问题—发现性教学"，即把问题教学和发展理论结合起来的教学方法。"它的最基本的含义是指教师根据教学的需要，从教材入手，提出一定的问题，引导学生对问题进行思考和分析，通过寻求问题的解决来激发学习积极性，从而掌握知识的一种教学方法。"① 具体来说，教师根据教材主要课题，在课堂讲授或其他形式的课堂上提出问题，指出解决问题的途径、方法，提供解决问题所必需的知识，激发学生的学习动机。教师建立问题情境之后，让学生独立思考，进行探索研究，得出结论，解决问题，这样也就掌握了知识。

试举一个例子说明：一般教育学教材，都要研究"教育与发展"这个课题。要解决的是遗传、环境、教育三者在人的发展中的作用及其相互关系，要得出的主要结论是"教育在人的发展过程中起主导作用"。按照传统的课堂讲授，一般是先讲遗传的定义和它在人的发展中所起的作用，其次，讲环境的定义和它在人的发展中所起的作用，再讲教育不同于遗传和一般环境的特

① 钱伯毅. 大学教学论［M］. 合肥：中国科学技术大学出版社，1991：155.

点及它在人的发展中所起的作用，最后有对三者的作用进行比较，论述三者在人的发展中的相互关系，得出上述结论。应该说，这种课堂讲授条理清楚，该讲的知识都讲了，最后有逻辑地导出了结论。但这种讲法平铺直叙，学生处于被动接受的地位，思维活跃不起来。如果用问题教学来讲同样的课程，改为向学生提出一连串的问题，如人有没有先天性的差别？高级的心理功能、道德品质能不能遗传？这些功能、品质是怎样形成的？环境同遗传有什么不同？教育同一般环境有什么不同？遗传、环境、教育三者在人的发展过程中各起什么作用？有什么联系？等等。这些问题一个接一个，形成了一定的问题系统，最后达到弄清教育和人的发展的关系，这样同样能得出上述的结论。但由于用的是问题教学法，学生要积极思维，自己从已有的知识中寻求解决一个又一个问题的理论或事实，自己得出结论。在学生探索研究的过程中，教师要根据课堂教学的实际，临时插进一些问题，或补充一些必要的知识，有时还会有不同意见的争论，课堂气氛活跃，虽然得到的结论是同样的，但这个结论是由学生自己经过积极的思维活动所获得的，有时必须由教师帮助，做适当加工，使结论以简洁、明确的文字表述出来。这样既发展了学生的思维能力，还能牢固地保持对知识的记忆。

问题教学成功的关键在于问题要提得好。第一，必须围绕教材的重点才能把学生的思考、探索集中到课程的主题上来。第二，所提问题要能揭露矛盾，并有一定的难度，而且又是学生根据已有的知识和经验所能解决的，才能调动学生思维的积极性，使学生置身于问题情境之中。第三，所提问题最好是一个接一个，有一定的逻辑顺序，能·步步启发学生深入下去，最后才能有逻辑地得到预期的结论。第四，问题最好是实际存在的，而不是教师凭空臆造的，才能使学生感到自己参与到解决实际问题的研究工作中，而不是单纯为了应付教师检查。

问题教学有点像发现教学，但不完全同于发现教学。发现教学在设置问题情境之后，由学生自己去学习、去探索，自由度较大，尤其是在社会科学方面，学生所获得的知识可以是这样的结论，也可以是那样的结论，只要不是明显错误的，都可以保留自己的观点。而问题教学则要求教师对学生的答案要明确表示肯定或否定，要把答案引导到预定的结论来。两者的区别，也可以说体现所谓"苏联模式"与"美国模式"在方法论上的不同。问题教学和杜威的"五步法"也很相像。但出发点不同，应用范围也不同。出发点不同，"五步法"是指从现实的生活中设置问题情境，提出问题的；而问题教学，并不打乱学科系统，一般是按学科系统，从教材内容中提出问题设置问题情境的。发现法一般也是这样。应用范围不同，"五步法"否定传统的教学系统，另成一套教学系统；而问题教学则是按学科系统传授知识，一般与课堂讲授结合使用，也与其他教学形式如讨论、实验、复习、练习等结合起来使用。它可以在课堂讲授中进行，边讲边问；也可以在课堂讲授之前提出问题，学生得出答案之后，教师再在这个基础上讲重点，讲难点，解释或补充；或在课堂讲授之后留下问题，让学生课外思考，下次上课时再解决。一般来说，比较简单的问题可以在讲授过程中解决；比较复杂的问题，要组织专门的课堂讨论；更为复杂的问题，或许要作为专题研究，让学生搜集资料，做专题报告，或作为学年论文的研究课题。根据苏联的教育文件，要求各门课程、各种教学形式和各个教学环节都要应用问题教学方法，并且以此来考核教师的教学法水平。

由此可见，问题教学不是一种单独的教学方法，有人认为它是一种教学法体系。苏联高等学校教学法专家阿尔汉格尔斯基认为，问题教学是总的教学系统的一个亚系统。它是现行教学方法体系的补充与发展，与现行教学方法体系结合起来，改变单纯传授知识的教学方法，使教学过程成为大学生学习、科研、实践和社会活动相结合的综合活动，从而更好地体现高等学校教学的特点，把科研引进教学之中，培养学生的研究能力、创造能力。①

问题教学虽然具有上述种种优点，并且曾经由苏联高教部明令推行，但我在苏联访问期间，了解到许多大学教师对此并不热心，他们仍然是按照传统的教学方法进行教学。这也说明教学方法的改革比教学内容的改革难度更大。教学内容的改革，可通过组织专人编制教学计划、教学大纲和编写教材而得到一定程度的实现，而教学方法的改革，则需要真正调动千百万教师的

---

① 阿尔汉格尔斯基. 高等学校教学过程［M］. 朱宝宸，施元芳，孙天正，等译. 北京：高等教育出版社，1987：405－407.

积极性，使他们自觉自愿采用新方法，单靠自上而下的行政命令不一定能行得通、做得好。

四、案例教学法

案例教学法，顾名思义，就是通过典型案例进行教学的方法。按照《教育大辞典》所下的定义是："通过组织学生讨论一系列案例，提出解决问题的方案，使学生掌握有关的专业技能、知识和理论。"这个定义很简明，用不着解释，只是"一系列"这三个字似乎可以删去。还有一点要说明的是：案例教学法，是高等学校的教学方法，不同于一般教育学书上介绍的德国根舍因等提倡的范例教学法，二者的内涵虽有某些相通之处，但具体做法很不相同，后者一般适用于中小学教学。

案例教学法作为一种大学的教学方法，是美国哈佛大学工商管理研究生院于1918年首创的。其实运用典型案例进行教学，中外早已有之，不过不像哈佛大学工商管理研究生院那样，坚持了几十年，编制了大量案例，总结出一套经验，作为一种重要的方法大力推广。

案例教学法一般适用于财经、管理科类的专业，也可用于法学、医学、教育等科类的专业。整门课程只用这一教学方法进行教学的不多，一般是结合理论讲授、课堂讨论、实习等教学方法进行的。教师根据课程进度或实习的需要，选择典型案例，编成案例资料，提出要解决的问题，让学生运用所学理论知识进行分析研究，写出解决方案，然后组织讨论，得出集体公认的方案。教师在这个过程中要做适当的指导与引导。最后，教师对案例的分析研究过程、讨论情况和方案进行评论。

案例教学，一般要在理论讲授之后进行，使学生能够运用所学理论来分析、讨论案例，并通过案例教学提高、加深所学理论的认识。但也不排斥在理论讲授之前进行，让学生先进行具体案例的分析研究。案例教学在理论讲授之前进行，它的好处是学生没有条条框框，可以只凭其已有知识、经验，独立思考，自由讨论，然后带着实际问题学理论，教师在理论讲授时，也可以随时举案例中的例子。但是，由于学生在分析研究之前，缺乏理论依据，往往只凭常识判断，在讨论时往往抓不住要领，缺乏共同认识基础，在一些非关键性、实质性的问题上争论不休。先理论、后案例或先案例、后理论，要看学科性质、教材内容以及学生已有知识、水平、能力如何而定。案例教学的本来意义是运用理论知识来解决实际问题，因此一般以先理论、后案例为宜。

案例教学法的运用，要掌握好三个关键环节：选好编好案例，组织好讨论，做好评论。下面就这三个环节分别谈一谈。

第一，选编案例。呈现于学生面前的书面案例，一般应包括案例描述、背景材料、要求解决的问题三个方面的内容。选编案例，要符合典型性、真实性、具有分析价值三个原则要求。

案例必须具备典型性，这是不言而喻的。但是，不能因为要求典型性而任意臆造案例，也不能将复杂的真实情况抽去次要的或无关的材料，只留下一些直接有关或关键性的材料改编成简单明了的案例。必须把案例的"真实面目"原原本本地呈现在学生面前，使学生产生强烈的现实感，觉得自己在处理的是实际问题。这样，在分析研究与参加讨论时，才能进入"角色"，置身"现场"。这一点，对于习惯于出作业题让学生做作业的教师来说，是很难做到的。作业题，即使是应用题，要求教师只把必要条件、必要数据简明扼要地提供给学生，不需要也不应当把非解题所需的无关材料摆进去。习惯于按教师命题做作业的学生，也都深知教师所提供的条件都是必要的，所提供的数据都是必用的。只有符合所有条件，用上所有数据，进行分析、推导，才可能得出正确的答案。如果有某一个条件不符，或某一个数据未用上，答案肯定是错误的。这种作业，在平时教学是必要的，但要看到，如果学生只会按教师命题做作业，一旦离开了教师，面临实际，就会茫然不知所措。案例教学的任务与作用不同于做作业。它要培养学生能够独立地分析现实情况，独立地解决实际问题。而实际存在的事物是复杂的，主要矛盾与次要矛盾，起作用的因素与无关的因素，必然性与偶然性交错在一起。案例必须充分反映这种真实情况，让学生学会独立判断，在复杂的现象中弄清起作用的因素，必然性的联系，把握主要矛盾。将来离开教师时，才能独立处理事务，独立"看病开方"，独立决策。同时，案例编写不要加入教师倾向性意见，或暗示解决问题的办法，以免影响学生的独立思考、独立判断。

案例还要有分析价值，要有一定的难度。太简单的案例，是非分明，一目了然，没有分析价值，学生不感兴趣，也没有培养学生能力的意义。当然也不应过于复杂，应是学生的知识和能力所能解决的难题。一般来说，要由易到难，由简到繁，逐步提高学生解决问题的能力。

案例既要典型，又要真实，还要有分析价值，所以选好案例、编好案例是一件繁重的准备工作。要着眼平时的搜集积累，最好要建立案例库。据说，哈佛大学工商管理研究生院每年都派人到全国各地搜集具有典型性、真实性、有分析价值的案例，充实和更新案例库。我国系统地运用案例教学法的时间还短，符合要求的案例不多，有时教师为了急用，或图方便，虚拟案例。在不得已情况下，虚拟案例无可厚非，但一定要在真实性上下功夫。

第二，组织讨论。案例讨论，一般应在学生做了充分准备、写好方案的基础上进行。在讨论时，可以各自摆出自己的方案，也可以指定一两位同学（学习较好的或问题较多的）报告自己的方案，这样进行讨论质量才较高。在课堂讨论中，学生应当是主角，教师只从旁指导，必要时可以做一些说明，或介绍一些不同的观点，或提醒他们曾经学过的某种理论，但不要为他们解决问题。"主持者应拒绝学生要他提供解决问题的办法的要求，但是，另一方面，他应提供必要的知识或建议。"① 对学生的不同观点、不同意见不要急于表态。但如果讨论偏离主题太远，陷于枝节烦琐的争论，要及时提醒他们回到主题来；如果学生各讲各的，对关键问题意见不同而又不交锋时，可以将不同意见挑明，使课堂活跃起来。如果意见分歧较大，争论不下，允许他们各自保留意见，鼓励他们继续研究，从而寻求最佳方案。不要急于当裁判员，断定谁是谁非。

第三，方案评论。最后，教师要对各个学生所拟方案和集体讨论后的方案进行评论，包括对研究过程和讨论情况的评论。应当特别指出，教师最后的讲话是"评论"，不是"结论"。我国试用案例教学法时，教师往往觉得非

---

① 胡佛. 大学实用教学法 [M].《大学实用教学法》翻译组，译. 福州：福建教育出版社，1990：197.

对学生的方案下肯定或否定的结论不可，而国外更重视的是对学生思考问题、解决问题的方法进行评论，而不给出一个标准答案。因为一个案例，可能有不止一个的解决方案。只要有事实依据，不违反理论原则，即有理有据，一般就可以成立。例如：一个病案，可以有多种治疗方案；一个决策，可供选择的方案往往也不止一个。只要不违背医学理论，没有原则性错误，可能都是可行的。至于各个方案的优缺点，效益如何，要通过实践检验，才能得出结论。如果非要给一个标准答案，往往是很困难的。其实，有无标准答案无关紧要。评论的着重点应当是决策过程是否科学化，这样才有利于培养学生的分析能力和决策能力。当然，如果方案所根据的事实有出入，所根据的理论有错误，必须严肃指出，并进行分析。即使如此，那也是属于方法上的问题，而不能对方案本身做简单否定。

从国内外的总结材料看来，应用案例教学法作为辅助教学法有许多好处。

（1）理论紧密联系实际，沟通学校和社会的联系，扩大学生的实际知识。

（2）培养学生分析和解决实际问题的能力，特别是决策的信心与能力。不管是领导干部、经理、医生、法律工作者，决策的信心与能力都是非常重要的。

（3）有利于加强学生的专业思想和责任心。案例教学的特点就是学生要以当事人的角色进入现场，以决策者的身份面对现实问题，负起责任，而不是旁观者。这样就能使学生尽早进入专业实际，从而产生专业的自豪感，热爱专业。

案例教学法只是高等学校一种特殊的教学方法，它的应用有很大的局限性。目前只在管理、教育、法律、临床医学等专业的课程应用，是否还可以更为广泛地应用于其他专业的课程的教学，尚未见到成功的经验报告。同时，案例教学法，比较适用于高年级学生和研究生的学习，低年级学生由于专业理论知识不足而难以适用。运用案例教学法时，师生都要花很多时间，虽然有时可以减少一些讲授时数，但教师课前要做大量的准备工作，学生分析、研究、讨论以及制订方案，也要花很多时间，因此不可能门门课程都采用。一门课程从头到尾都采用这种教学方法也有困难，一般只能选择最适合的课程、最适合的单元来使用。因此，它只能作为一种有价值的辅助性教学法，这也就是我为什么建议在案例教学法的定义中要删去"一系列"这三个字的理由。

五、自学指导的教学方法

上面介绍的几种高等学校教学方法改革试验，都是国外所创建和推行的，有的已经移植到中国来，如案例教学法，许多高等学校已在一些课程中推行，并收到较好的教学效果。那么，中国的教学方法的改革试验，是不是都是向外国学习来的？有没有自己创建的新的教学方法？当然有。20世纪80年代初以来，在教育改革的鼓舞下，我国高等学校广大教师提出并试验了不少新的教学方法，也有一些成功的经验。但是，由于近年来，高等教育改革的热点在领导管理体制和加强思想政治教育方面，学校的精力主要用于经商办企业以解决教育经费问题，因而教师的教学改革往往由于得不到重视与支持，难以坚持。虽然各级教育行政部门和学校，偶尔举办过一些优秀教学评奖，临时总结一些较好的经验，但缺乏系统的试验和整理提高，难以形成大家所公认的有科学性的教学方法。如果说，在普通教育方面，还可以举出自学辅导法、六步教学法、六课型教学法、八字教学法、快乐教学法，以及更早的三算结合，精讲多练，速成识字、集中识字、分散识字等成功的教学法，则在高等教育方面，只是一些零散的、未经认真整理提高的经验。这些经验，大多只是为了改变传统的以课堂讲授为主的教学方法，集中于如何在教师指导下，学生通过自学及其他活动，以获得知识，发展能力。这可以概括为自学指导的教学方法。其中，学导式教学法和尝试教学法是流行较广、影响较大的两种。

学导式教学法是从函授教育发展起来的，函授教学的特点是"自学为主，面授为辅"。函授生主要通过自学教材获得知识，面授的时间很短，这就要求教师一方面要编写出适合学生自学的教材，另一方面在面授时必须精讲，只能讲极其重要的重点、学生确难以自学理解的难点，指导学生学习自学的方法，从学生作业中出现的错误或书面提出的问题了解学生的疑难，进行辅导。这种面授方式，促使教师要在精讲教材、指导自学上下功夫。

黑龙江矿业学院胥长辰等几位教师，先是担任函授教学任务，后来担任课堂教学任务，把函授教学那一套办法和经验经过适当的改造，运用到课堂教学上，把自学、讲授、讨论、作业等结合起来，把课内课外打成一片，据说比那种只是教师讲、学生记的传统课堂讲授效果好。原因主要是学生学得主动，积极性高。教师虽然讲得少，学生课内课外所获得的知识量并不少，自学能力大大提高，学习成绩也不低。以后，他们总结出一套"学为主体，导为主线"的经验，提出了"学导式"这个名称。

"学为主体，导为主线"，原本的意思是要改变学生被动接受知识为主动学习知识，而学生的主动学习始终是在教师的主导之下。在运用上，他们根据不同的教材内容、不同的学生对象和不同的教学条件，把自学、讨论、讲授、练习等灵活机动地穿插进行，并没有固定的步骤或模式。它的主要环节有自学、解疑、精讲、演练等。一般在自学之前，教师要做简短的启发，说明教材主题与学习要求，引起学习动机，然后让学生自学。自学是学导式的重要环节，时间较长，课堂时间如果不够，还可以延长至课后，也可在课前，布置预习。自学要求学生边学习，边思考，理解教材内容，找出疑难问题。自学方式除了读教材、写笔记、做例题之外，如有必要，还可以用现场观察、调查、操作、实验等。学生课堂读教材时，教师巡回指导，及时了解学生疑难所在。解疑，主要是指学生之间相互"质疑问难"，可以个别交流，也可以分小组或全班讨论，教师只做必要的引导。通过交流、讨论，一般性的疑难多可解决，教师针对学生无力解决的问题，以及教材的重点与关键进行精讲。除讲重点之外，着重讲解决问题的思路。在精讲中，可以间插示范、演示、操作等。最后的环节叫演练，包括练习、作业、实验、改错、小结等。在整个教学过程中，除了学生自学和教师精讲之外，应特别注重学生之间的互帮互助，如相互质疑解疑、交换批改作业等。这种教学方法，有如上海育才中学所倡导的"学学，议议，讲讲，练练"，在改变当前普遍存在的课堂教学教师讲得太多的状况，学生自学时间和发表意见机会太少的弊病是有效的；对于提高学生学习积极性，培养学生自学能力和思维能力是有益的。因此，这种经验推广之后，很受各地欢迎，尤其是在成人高等学校中，不少学校或教师采用这一教学方法，取得了较好的教学效果。在推广中，各地还各自创造了许多灵活机动的模式，总结了不少成功的经验。开过几次全国的或地区的学导式教学研讨会，成立了专门的研究组织。应该说，这是一种既有创新意义又可行易行的教学方法，在教育改革中是很有发展前途的一种新的教学方法。

但是，这种教学方法的发展遇到了来自理论与实践两方面的困扰。在理论上，它不同于国外许多教学方法的改革试验。国外的教学方法特点是，先有某种教育理论，在理论指导下制订试验方案，付诸实践，在实践中逐渐修改完善。而国内的特点是，先有实践，行之有效之后，再进行理论解释与论证。作为一种新生事物，边实践，边总结，边提高，这本来无可非议，问题在于理论的总结提高不但未能及时跟上。而有些理论解释、论证不够严密，引起混乱；在实践上，试用的不少，系统的科学试验不足。学导式教学法作为课堂教学方法之一，对于当前教学方法改革，有它的现实意义，但要有系统的科学试验。

如果说，学导式教学法是从高等学校产生并逐渐推广到某些普通学校去；而尝试教学法却是从中学产生，由江苏省特级教师邱学华所倡导的，现在有的高等学校也开始试用。

尝试教学法同学导式教学法一样，都强调学生的自学，也对教师的主导作用有更高的要求。不同的是，尝试教学法不是一般的让学生自学，而是先出示尝试题，让学生带着问题学习，边读书边尝试解答问题。可能一部分学生的解题做对了，一部分学生做错了或没做出来，教师根据尝试解题情况，引导学生讨论，最后教师进行重点讲解，既评论学生的尝试答题，又加深学生的理解。整个过程的步骤大体是：①出示尝试题。②带着问题自学。③尝试解答问题。④对尝试问题讨论。⑤讲解，加深理论知识。第二、第三个步骤可以合并进行，也可以倒置进行，根据已有的知识尝试解答，然后再用书本对照检查。第四、第五个步骤也可以合并进行，学生边讨论，教师边讲解。这样就可以合成三个基本步骤：①出示尝试题。②边自学课本，边尝试解题。③学生讨论与教师评论、讲解结合进行。

尝试教学法同学导式教学法一样，都是我国自己创建的，在理论准备上比较充分，吸收了教育学、心理学以及系统科学的理论；同时也借鉴了国内外一些先进的教学理论与教学方法。如提示尝试题，就有点像发现法和问题教学的设置问题情境。它最初只是作为普通学校的一种数学教学方法，有的学校也推广应用于自然科学的教学，它的基本原理与方法，也可应用于高等学校有关课程的教学，例如西安石油学院的刘树信就将它和自己所试验的"单元目标反馈矫正教学法"结合起来，应用于"电路分析基础"课程的教学上，取得了较好的试验效果。

尝试教学法虽然比较适用于数学、自然科学、技术科学的教学，但是否能适用于更多的学科，还没有看到试验报告。某些难度大的教学内容，未经教师先行讲授，学生很难只凭自学尝试解题。同时，使用这种教学方法，对教师的知识水平和教学能力的要求较高，习惯于传统课堂讲授的教师很难胜任；全班学生不宜太多，否则教师照顾不过来，会影响学习质量。对比传统的课堂讲授，学生无疑可以学得较活，理解较深，而所花的时间也较多，因此，尝试教学法在高校教学中应当继续试验，待取得较多经验之后才逐步推广。

六、简短的结语

上面简介国内外几种行之有效的教学方法，还有更多的教学方法也是行之有效的，如程序教学法及计算机辅助教学、暗示教学法、模拟教学法、"纲要信号"图示教学法以及国内外以"自学辅导法"命名的各种教学方法，也各有其指导理论与成功经验，限于时间，未能一一介绍。从这些新的教学方法试用的情况看来，可以得出如下两点结论。

结论之一：现代高等学校教学方法改革试验，可以说都是为了调动学生学习的主动性、积极性，集中于研究如何更好地培养学生的能力，从传统的以教为重点的教学方法转移到教与学并重，从只重知识的传授到传授知识与发展智能并重。

我们不应像某些人所说的，要把"教法"改变为"学法"，要从"教师中心"转变为"学生中心"，要以"学生主体"否定"教师主导"；也不是像有些人所论证的知识过几年就"老化"了，要从以"传授知识为主"改变为以"发展能力为主"。实际上，包括发现法在内的各种新的教学方法，都不是实用主义的"从做中学"，或那种以学生为中心、否定教师主导作用的所谓"自学辅导法"。布鲁纳不是实用主义者，也不是传统教育学派的教育家。他所强调的是学生学习系统的学科知识，在学习系统的学科知识中发展他们的自学能力、思维能力、研究能力。他吸收实用主义与传统学派教学理论中的积极因素，在结构主义心理学和系统科学方法论的理论指导下，建构他的结构课程理论和自我发现教学法。我们不要望文生义，以为"自我发现""自学辅导"就是"学生中心论"，就不要教师的主导。恰恰相反，这些新的教学方法，对于教师主导作用的要求更高，都是强调要在教师的精心设计、安排、启发、引导之下，在更好地掌握知识的过程中，充分发挥学生的学习自觉性、主动性，培养学生的自学能力，发展学生的智能。不管是移植也好，借鉴也好，创建也好，对各种新的教学方法，主要是学习它们的理论实质、借鉴它们所设计的方案措施，而不是照搬照套，更不是回到早期的实用主义者或者重复历史上的实质教育论、形式教育论的形而上学之争。

在科技迅猛发展、生活五彩缤纷的今天，加强学生智能发展，是现代世界性的教学方法改革的主要趋势。除此之外，还有两个趋势，就是加强实践性教学与运用现代化教学手段以提高教学效果。有必要在此说一说。

在教学方法中，为了加强实践性，人们不满足于教学计划中的参观、调查、实习等教学形式，纷纷寻求新的加强实践性的教学形式与方法。英国、澳大利亚、印度等国家现行的"工读交替制"就是其中之一。这种教学制度规定，学生在校内学习一段时间之后，就得到校外有关的厂矿企业或其他部门工作一段时间，以接受实际训练。两者交替进行，像夹心面包一样，所以又叫作"三明治课程"。校外的实际工作，由学校和有关单位共同组织实施，尽可能与校内的学习相衔接。学习年限，比高等学校正规的年限一般要延长一些。如果教学计划只于第二或第三年集中安排全年的校外实际工作，称为"厚三明治课程"；如果安排多次校外实际工作，穿插进行，称为"薄三明治课程"。英国有一种很薄的多层的"三明治课程"，用以培训在职技术人员。在校时间，单科独进，五天或稍长时间学完一门课程，回厂实践一段时间，再学习另一门课程，再回厂实践，如此往复交替进行，对工厂生产没有太大的影响，两年可修完 16 门课程，结合生产实际写出论文或完成设计，可获相应的技术证书。

苏联的教学方法，一向是比较重视系统的课堂教学的，但在 1988 年前苏共中央所公布的"苏联高等及中等专业教育改革新方案"的十个要点中，其中第二点关于实现教学、生产、科研一体化，就要求把部分教学过程转移到生产中去，以提高学生的实践能力。我国在 1966 年前就提倡教学、科研、生产劳动三结合，把劳动作为一门课程列入教学计划中。1976 年后提倡建立教学、科研、生产联合体，还规定学生必须参加一定时间的社会实践。应该说，这是有利于加强教学的实践性的。但由于 1966 年前把生产劳动只作为改造世界观的手段，1976 年后对社会实践主要也是从思想政治教育方面提出来的，搞联合体则主要是为了增加办学经费和科研经费，因此不能够达到加强教学实践性的目的。连以往比较重视的生产实习，也因学校经费困难，以及其他主客观原因而有所削弱。我们在教学的实践性方面，实际上不如某些国家，而用人部门对大学毕业生的评价，大多也认为实践能力差。因此，如何加强教学的实践性，是我国高等教育当前所面临而又不得不尽快解决的难题。

运用现代教学手段以提高教学效果，是当前世界高等学校教学方法改革的另一趋势。广播、电视、录像、录音这些电化教学手段的广泛使用，对推广高等教育，提高教学效果，不论在发达国家或发展中国家都已取得良好效果。尤其是电子计算机的使用，为教学方法的改革开辟了宽阔的前景。举一个例子来说：程序教学的理论，是 20 世纪 50 年代提出来的，程序教学法是 60 年代被世界各国所重视与广泛试验使用的，但由于当时只能应用简单的教学机器，按直线式程序排列教学信息，信息量少，学习过程单一，很难适应灵活多变的学习活动，教学效果不佳，更无法应用到内容丰富、思维水平高的高等学校教学中，60 年代后期很少有人提及，能坚持试验的就更少。近几十年来，计算机的广泛使用，特别是微机的普及，由于它的高速度和大容量的信息存取，为程序教学法开辟了新的前景，不但程序教学法的研究使用又受到人们普遍重视，而且广泛用之于教育管理、模拟教学、教学实验等方面。计算机辅助教学，虽然还有种种技术问题需要解决，但无疑它将对教学方法的改革起重大的推动作用。

总之，加强智能发展、加强教学实践性、运用现代化教学手段，可以说是当前世界性的教学方法改革的三大趋势。

结论之二：任何一种行之有效的教学方法，都存在某些优点和缺点，都有一定的适用范围，有一定的局限性，万能的教学方法是没有的，我们没必要去追求创造一种"最佳的教学方法"来教任何课程。过去曾把课堂讲授作为高等学校的最佳教学方法，甚至是理论课程教学的唯一方法，这是传统的偏见。

程序教学法刚问世时，有人认为这是教学领域的大革命，按程序学习可以不要教师指导；现在程序教学法使用计算机，又有人预言将来可以坐在家里学习，取消课堂教学，取消学校，但恐怕不可能。因为教育除了智育之外，还有德育、体育，而智育除了智力因素在起作用之外，还有非智力因素的作用，这些都很难通过计算机教学来完成。发现法、问题教学法以及我国的一些教学方法，在提倡时，往往也有人言过其实，夸大了它们的意义与作用。如上所述，它们也都不是万能的，也都有其适用范围与局限性。因此，对于教学方法的改革，要综合研究、综合使用，才能产生最佳的教学效益。上述几种新的教学方法，也都是要与其他教学方法穿插使用，相互配合，才能取得成效。教无定法，教学方法要根据教学目标、教学内容、教学对象、教学条件来选择与配合。苏联教育家巴班斯基的教学过程最优化观点，可贵之处就在于他提出"选择教学方法的最优化结合方案"的原则，他认为："方法的最优配合这个概念是具体的，某种方法对某些情况来说是成功的、有效的，但对另一些情况、另一些专题、另一些学习形式来说，则可能根本不可行。"所以"问题不在于个别的最优化方法，而在于实施最优化的整个方法体系"。"教师必须从整体观点来考虑各种方法，使这些方法在教学过程中最优化地结合起来"。"在实际教学过程中，必须配合运用各种方法。运用多种多样的方法，能为学生认知能力的顺利发展创造良好条件"。"教师对方法多样性的认识越深刻，他所选择的各种方法的配合方法就越有实效。方法配合协调，就会使教学过程很有成效"。[①] 他把各种教学方法的协调配合，形象地比喻为用

---

① 巴班斯基. 教学教育过程最优化 [M]. 2 版. 吴文侃，译. 北京：教育科学出版社，2001：30，31，145，146，150.

多种颜色来调和色彩，将使教学过程这幅图画更加绚丽多姿。

　　教师，要多学会几种方法，以便灵活地配合使用，但更重要的是要根据教学原则和自己的实践经验，创造性地研究新课题的最好方案。教学方法要学习，但教无定法，只有积累自己的经验，才能在教学方法的改革上不断创新。教学管理干部也要多学几种教学方法，以便帮助教师改进教学方法，提高教学水平，但更重要的是要热心鼓励和支持教师的教学方法改革试验。

第十一讲

高等学校德育过程与原则

厦门理工学院调研（2017年10月）

德育是高等学校教育中重要的、经常性的工作。德育包括思想政治教育和道德品质教育两个方面。思想政治教育在我国大学对学生进行全面发展教育中具有方向作用，但道德品质教育也不是不重要。过去我们的大学往往只提对大学生进行思想政治教育，实际上进行的只是政治思想教育。只设了政治课，对道德品质教育，没有专门课程，只是在组织纪律方面提出一些守则和制度，规定应该怎样，不应该怎样。这种做法，是不够全面的。德育应该包括思想政治教育和道德品质教育，这才比较全面。现在，我们的高等学校增加了德育课，不仅有德育课，还组织"第二课堂"。当然，"第二课堂"不只是进行德育，也进行智育、体育、美育。过去把学生的政治思想看成是大德，这当然是对的，但把道德品质上的问题看成是小节，对学生往往只注意他们的大德而不注意其小节，这就不对了。应该说这些都是大德，都是重要的德育内容。社会主义高等学校的德育，内容是很丰富的。它包括思想教育（世界观、人生观、价值观教育）、政治教育（四项基本原则、国际主义与爱国主义教育）、道德教育（道德意识与行为教育），特别要重视职业道德与科学道德教育。因为我们都是干部和教师，而且这些都是大家所熟悉并正在做着的工作，所以这一讲只讲德育过程的规律和若干德育原则。

一、德育过程与学生思想政治观点、道德品质的形成过程

高等学校的德育任务是：用马克思列宁主义、毛泽东思想、邓小平理论和"三个代表"重要思想教育大学生，树立无产阶级的世界观、人生观、价值观、政治观，形成共产主义的道德品质。为了完成德育任务，学校必须确定一些有利于完成这个任务的德育内容，运用适当的德育办法，通过有效的德育途径，对学生开展德育工作。这就形成了一个德育过程。

德育过程正如教学过程一样，有它的客观规律性，不是由人们主观任意规定的。遵循德育过程的规律进行德育工作，德育效果就好；违反它的规律进行德育工作，德育效果就差，甚至无效。例如，在对大学生进行德育的时候，不讲道理，只讲禁止，不许这样，不许那样，这种做法不符合德育过程的规律。当然，不是说学校不能制定一些合理的制度，制定一些禁令，如果

确有必要，是应该做出规定、发布禁令的。不过，在这样做之前，一定要讲清道理，让学生懂得这些道理后，学生就能自觉遵守这些制度。如果不讲道理，只是发布禁令，禁止学生做什么，这就违反了德育过程的客观规律，做起来效果就差，或者是根本无效。又如，在德育过程中，虽然也讲了道理，但是方法不对，板起脸孔来训人，没有激发学生内在的情感，学生就不爱听，甚至产生反感，那么，德育效果也会很差。教师训学生，导致学生害怕教师，只得硬着头皮听下去，但思想感情未必跟教师一样，甚至跟教师的相反，这样的德育，收效就很成问题。如果教师进一步施加压力，要学生写一个书面检查，学生思想不通，只得服从，书面检查虽写了，但思想感情却是抵触的，这样的德育效果也很差。因此，进行德育要遵循德育过程的规律，才能取得好的德育效果。否则效果甚微，甚至无效或恰得其反。

德育过程的基本规律究竟是什么？可以这样表述：德育工作要遵循学生思想政治观点、道德品质的形成过程。所以要回答这个问题就必须先研究大学生思想政治观点、道德品质的形成过程。

学生思想政治观点、道德品质的形成，可以抽象为一个完整的过程，即"知—情—信—意—行"。"知"，就是知识，是对道德的认识和道德观念的形成；"情"，是在具有一定的道德知识基础上所产生的道德情感；"信"，就是信念，在知识和情感的基础上所形成的道德信念。当学生具有道德方面的"知""情""信"后，还要锻炼道德意志，直到形成学生的道德行为。最后，通过经常的道德行为的反复实践，形成学生的道德习惯。一般说来，行为和习惯是联系在一起的，反复的道德行为，就能逐渐形成学生的道德习惯。以上这些就构成了一个完整的过程。

这里需要说明的是，我们把大学生的思想政治观点、道德品质的形成过程抽象为五个因素，只是为了分析问题和说明问题。实际的道德行为，并不是这几种心理因素的依次排列和简单相加，而是这几种心理因素交错地起作用所形成的。下面就根据道德形成的过程，对这些交错起作用的心理因素进行一些剖析。

首先讲"知"。"知"就是道德知识，或政治认识、道德观念。道德知识如同其他科学文化知识一样，必须通过教育者（包括学校、家庭、社会的教育者）的传授，才能使受教育者获得。学生不可能自发地懂得道德知识，也不可能自发地形成正确的思想政治观点。道理很清楚，马列主义是要靠灌输的。

与智育教学过程有所不同的是，智育方面所说的知识，着重要求学生懂得"是什么""为什么"，即懂得"这个事物是什么"，"这个事物为什么是这个样子"；而道德知识所要求的是学生对于是非、善恶、美丑能够有所认识、做出判断，是对于"是与非""善与恶""美与丑"的认识和评价，而不只是"是什么""为什么"那样的一种认识。而且，道德知识和道德观念是着重于对人与人之间、人与集体之间、人与社会之间的关系的认识和对待这些关系的态度。因此，这个"知"，既是知识，又不完全等同于一般的知识。同时，智育上的科学文化知识，主要是由学校教师来传授的；而道德知识、道德观念的教育者，要广泛得多，家长、社会舆论都会对学生产生道德影响。

无产阶级的道德观念一定要建立在知识的基础之上，尤其是大学生的道德观念，一定要建立在他们已有的知识之上，因为大学生是能够独立思考的，是能够独立地做出判断的。如果你不传授给他必要的知识，只是要求他盲从，你说是就是，你说非就非，这个终究是行不通的。有些大学生之所以在思想道德方面存在这样或那样的错误看法和做法，往往与缺乏知识有关。譬如，有些大学生从西方的书刊上看到一些西方所宣扬的"自由""民主"，由于缺乏辨别力，感到"不错"，甚至认为"西方的自由、民主真好"。这种看法的产生，说明了我们有些大学生无知，他们只看到表面现象，不知道资产阶级"自由""民主"的本质是对无产阶级和劳动人民的欺骗和压迫。又如他们欣赏西方社会的"在金钱面前人人平等"，却不知道这种所谓"平等"，是建立在贫富不均的基础之上的。他们对这些现象的实质一知半解或根本不理解，往往就由此追求资产阶级自由化，走入歧途。青年人的许多错误，往往是由于知识的不足而导致的。大学生的思想政治及道德观念，要建立在他的道德知识基础上面，而正确的道德知识的传授，往往比科学知识的传授要困难得多。这是因为，道德知识是通过多渠道而来的，学校只是渠道之一，社会、家庭各种渠道都在给学生施加各种各样的影响，有社会主义的，也有资本主义的、封建主义的。这样，我们学校的德育任务就更为艰巨。学校必须有计划地向学生进行无产阶级的思想观点以及共产主义的道德规范的教育，要有分析地批判资产阶级和封建主义的思想观点，要采取有说服力的办法去批判不良的社会风气，要运用说理的方法抵制从不同渠道传入学生头脑的那些不良影响。这里，特别要强调采取说理的方法，要让学生具有必要的知识，懂得一定的道理，才能真正顶得住不良影响。不能把传授政治认识和道德知识都看成"说教"，好像是说空话。我们就是要进行有理论有分析的传授工作，不断地使学生获得正确的政治认识和道德知识。学生懂得了道理，也还仅仅是理论上的认识。

　　道德教育与智育的另一个不同点是，光有理论上的认识不行，还要结合道德情感。因此，我们还要对学生进行道德情感教育（简称"情感教育"）。过去我们对这方面不重视，认识上有片面性，似乎只有资产阶级才讲情感教育，难道无产阶级就不要情感吗？理论和实践都证明，无产阶级是最讲究道德情感的。道德理论和道德观念，如果没有情感作支柱，则力量不强，也不会持久。道德情感，就是关于道德问题的爱憎、好恶、追求或舍弃、赞成或反对等这样一些态度，我们把这些统称之为道德情感。例如，追求善的，舍弃不善的；赞成正确的，反对错误的，这些就叫作道德情感。路见不平，挺身而出；听到为非作歹的事，怒形于色，这就是道德情感的表现。一个人光有道德知识而无道德情感，理论上懂得，而情感上格格不入，或者情感上很冷漠，这种道德的理论认识，往往只能停留在口头上，而不能付诸实践，不能形成一股力量。例如，对于爱国主义，应该说大学生都懂得，一般的都有所认识，只是认识程度有深有浅；爱国情感各有不同，现在大学生的爱国情感，老实说，有不少人不如我们一些老一辈的同志，不如身处异国他乡的华人华侨。为什么呢？其中一个重要原因是，老一辈的同志亲身体验过我国过去处于半殖民地半封建社会的那些辛酸；不少老同志经历过抗日战争，与日本侵略者做过殊死的搏斗；有些老同志在沦陷区生活过，亲身受过帝国主义者的残害。由此也不难理解，为什么那些久居国外的老华人华侨，爱国主义情感特别强烈，因为他们受到异国统治者的种种歧视压迫，他们对祖国有情感。即使由于种种原因，加入了他所在的那个国家的国籍，但仍是少数民族，仍然受人歧视。因此，这些热爱祖国的老华人华侨对于祖国的向往，不仅仅是出于爱祖国的理智，在很大程度上出于爱祖国的情感。可见，一个人光有道德认识还不行，还得要有道德情感。对于责任感、职业道德感、事业感等，也应这样看待。例如，我们各种行业的服务员都是为社会主义服务的，是为人民服务的，应当认真为顾客服务。这些理论，应该说，大多数服务员都有所认识，为什么服务态度不好，就是对服务对象、对工作本身缺乏热情。他们的职业道德只是停留在口头上，不能转化为行为，这里就有一个认识和情感的结合问题。如果他既有认识，又有情感，他的服务工作就会做得好。可见，道德认识必须和道德情感结合起来，才能够发挥巨大的力量。那么，道德情感如何培养起来呢？对于大学生道德情感的培养，首先要通过传授道德知识，给他们讲道理，同时要通过各种方式方法，使他们动感情。艺术就是培养道德情感的一种好方法。通过各种艺术形式，如通过好的戏剧、电影、小说等，将我国近百年史，采用艺术形象重现，以进行爱国主义教育，这些是能够培养大学生的爱国主义情感的。此外，通过典型人物的教育，树立样板，这也是一种培养道德情感的方式。但是，在大学里，更多的要通过教师以身作则。如果在家庭中能够通过父母以身作则，那就更好。通过父母、教师以及大学生所敬仰的人物以身作则，道德情感能够更好地培养起来。

激发青年人的道德情感，相对来说，不是很困难的，因为青年人有时是容易激动的。过去思想政治工作中有这么一句话："听起来激动，做起来被动，过些时就不见行动。"所以，光有道德的知识和情感还不够，要把它变成为大学生自觉的、巩固的行为，还必须进而培养他们的道德信念。所谓道德信念，是指某些思想政治和道德观念已经成为人们真心诚意的信心，成为人生所追求的崇高理想。譬如，共产主义的理想与为共产主义事业奋斗终身的信念是在知识和情感的基础上形成的。我们许多革命的先烈，就是因为受到帝国主义和封建主义的压迫，接受了革命的教育，有了浓厚的革命情感，从而确立了共产主义的理想，懂得必须解放全人类，所以他才能够舍生忘死。道德信念，是一个人生活之中强有力的精神支柱。一个人有了精神支柱，才能奋发有为；没有信念，就会感到精神空虚。没有信念的人，即使生活过得再舒服，也不过是庸人。可见信念对于人生是多么重要。宗教是很讲究信仰的，但宗教的信仰是有情而无知的。因为宗教的教义是违反科学的，当然它无法用科学知识作为基础，而只能用种种办法进行宣传来树立教徒的宗教情感，因而，宗教信念建立的基础是有情而无知。教条主义者有没有信念？教条主义者也有信念，但他的信念基础是有知而无情的。为什么？因为他只会背诵一些教条，却不懂得人的道德理论一定要与人的情感结合起来。可见，我们必须让大学生懂得既要有道德知识，又要有道德情感，并把二者结合起来，形成自己强大的道德信念，而道德信念一旦形成之后，就会成为他生活上不可缺少的精神支柱。一个人有没有信念，有什么样的信念，其精神面貌是大不相同的。如果他有为祖国四化建设做贡献的信念，他的所作所为就必然是奋发上进的。一个科学家如果有为祖国、为人类的科学事业献身的信念，坚信他所从事的科学工作是造福于人类，有利于祖国的，他就必然会全力以赴、奋不顾身地去搞好这个科学研究。那些缺少共产主义的信念，缺少为科学献身的信念的人，常常把那些具有强烈的共产主义信念的人，具有为科学献身信念的人，看作是"傻瓜"。在这种人的心目中，只有个人的利害得失，才是最值得关心的。一个人如果没有信念，他的精神是空虚的，他是碌碌无为的庸人。作为一个人，尤其是作为一个新中国的大学生，宁愿当"傻瓜"，不要当庸人。应当把共产主义的信念作为我们的精神支柱，并为实现这一信念而"自找苦吃"。苦差事人家不干，自己去干，这不是"傻瓜"行为，是道德高尚的行为，这比那种终日精神空虚、碌碌无为的人，生活有意义得多；也比那些只相信金钱万能、只想赚钱、一切向钱看齐的人，生活有意义得多。

道德信念形成之后，还要把它变成实际的道德行为，而道德信念要外化成为道德行为，往往不是一帆风顺的，常常会遇到许多困难，这中间有外在的阻力，也有内在的阻力。比如，别人的议论、嘲讽，外界的腐蚀和引诱，社会的非难，庸人的指责，由于客观上某些条件的不具备而带来的困难等，都属于外在的阻力。又如，某件事情该不该做，应该怎么做，自己内心常产生矛盾，特别是在与个人利益发生冲突的时候。公心与私心、正确的思想与错误的思想，往往会发生矛盾冲突，这些都属于内在的阻力。因此，如何使得信念转化为行动，还需要培养学生的道德意志。

所谓道德意志，是把道德认识、道德情感、道德信念转化为道德行为时自觉地克服各种困难的心理品质。如勇敢、坚定等，都是属于这种心理品质。

有些意志薄弱的人，虽然他对道德有所认识，甚至有了道德情感和道德信念，这些认识、情感、信念在顺利的条件之下，转化为行动往往不成问题。但是，一遇到困难，就转化不了，不能见之于行动。这样的人遇见困难就害怕，遭到挫折就动摇。常常表现为道理懂得很多，但是不敢行动，怕苦，怕难。今天有不少人，不仅是怕苦怕难，还怕得罪人。明明知道对社会上存在的一些不正之风，应该进行抵制和斗争，这些人嘴上讲起来也是义愤填膺，也感觉非这样做不可，到真正要他做的时候，却不敢做，为什么？怕得罪人。只有意志坚强的人，才能够经受得起困难和挫折，以及失败的考验，始终不渝地努力实现自己的理想。我们知道，一个人任劳难，任怨更难，只有道德意志坚强的人才能够既任劳，又任怨，克服各种困难，把信念转化为行动。因此，道德意志是我们培养学生的道德过程中不可缺少的心理素质，也是一种可贵的心理品质。

一切道德认识、道德情感、道德信念、道德意志都是内在的，最终必须外化为道德行为。所谓道德行为，是指在道德认识、道德情感、道德信念、道德意志的支配之下所采取的行动。道德行为是衡量一个人的道德品质和思想觉悟的标志。考察一个人，不能只考察他的言，还要考察他的行，不能只看他讲的理论如何，最终还要看他的行动如何。一个言行不一的人，不管他对道德理论有多么高的认识，也绝不能被认为是一个道德完善的人。因此，我们也可以说，道德行为是道德培养过程最终的目标或最终的归宿。

道德行为如果经过反复的实践，成为一种自觉的行动，这就是道德习惯。一般说来，行为和习惯往往是联系在一起的。道德行为形成道德习惯之后，人们就可以不经过别人的监督，甚至也不需要自我监督，而能够成为自然而然的行为。具备这种道德行为和习惯的人，如果看到坏人坏事，他就会自然而然地挺身而出，与之做斗争；看到人家丢了的东西，他就会自然而然地把拾到的东西交还失主或交公处置。对这类事情，他不需考虑有没有人在场看到，也不需要经过自己的思想斗争，他的正义行为已经成为一种行为习惯，无须什么监督都能自觉行动。

如果道德从认识产生情感，进而形成了信念，有坚强的意志，最后已经自觉地成为行为习惯，我们就说，这个道德形成过程就是一个完满的过程。

关于这个过程，有几点需要加以说明。

（1）知、情、信、意、行是紧密联系、互相制约、互相渗透、互相促进的。道德情感要建立在道德认识的基础上；道德信念要建立在道德的认识、情感的基础之上；道德意志要建立在道德的认识、情感、信念的基础上；道德行为要建立在道德的认识、情感、信念、意志等基础之上，这是讲道德形成的一般顺序。但是反过来看，后位的心理品质，也对前位的心理品质起着强化的作用。譬如，培养了一个人的道德情感之后，对他的道德认识有强化作用；同样地，道德信念对道德情感和道德认识也有强化作用；道德行为对道德信念、道德情感都有强化作用。因此，构成道德的这些心理因素或心理品质是互相制约、互相促进的。换句话说，道德过程并不是一个机械的、简单的排列过程。

（2）上面所说的道德形成过程是一个抽象化了的过程，实际的过程要复杂得多，它并不是一次能够完成的。也就是说，人的思想政治观点和道德品质不是一次教育就能形成的。某个人一下子就变成完人了，这是不可能的。一个人的道德形成，是不断认识、不断实践的反复过程，它同人们认识客观事物一样，是由易到难，由简单到复杂，由低级到高级的一个螺旋式上升的过程。一个人在形成道德过程之中，不是直线的，也不都是上升的，有时因为受某些主客观条件的影响，而使得他的道德水平的提高发生了停顿，甚至下降，这是不足为奇的。例如，有些表现不好的学生，经过一段时间的教育后，好了一阵，过了一段时间，又变坏了，或者坏了一阵又变好一些了，好好坏坏，坏坏好好，常常出现反复。对于这样的学生，如果不用德育过程的规律来考察，就可能认为是"屡教不改，不可救药"。事实上，不是不可救药，这是客观规律。学生的道德形成过程，客观上就是有这样一个反复上升下降的过程，不要因为这样，就觉得我们的教育工作失败了，无效了，灰心了。教师、政工干部道德教育的任务，就是要不断地排除外界对学生的道德思想的不利影响，引导学生天天向上。

以上谈了道德形成的过程，而道德的形成过程，也就是道德教育所应遵循的过程。道德教育，就是要根据学生道德形成的过程来进行教育。所以有的教育学教材干脆把学生的道德形成过程就叫作德育过程，这样的叫法不够确切，但是没有大错。因为德育过程就是要根据学生道德形成过程的客观规律进行工作。不够确切的地方是，道德形成过程往往是自发的，德育过程是指有目的、有计划地运用这个形成过程的规律。从这方面看，德育过程与学生道德形成的过程又是不同的。青年学生在道德形成过程中，可能受教师的影响，也可能受父母、朋友以及社会上各种人的影响，可以接受好的东西，也可以接受坏的东西。他身上存在的一些坏的道德品质也不是一天就形成的，也是受社会影响的。什么"人生应该及时行乐"，为了"致富"，可以不择手段；朋友之间只讲义气或相互利用，不讲原则，不辨是非；如此等等，都是从外界慢慢灌输到他头脑里来的。

总之，青年人的道德形成过程是自发的，教育工作者的任务就是要根据这个形成过程的规律，有组织、有计划地引导青年学生向着有理想、有道德、有文化、守纪律的方向发展，这就是二者的联系与区别。以上所说的是德育过程的一般规律，下面再谈谈大学生德育的特点。

二、大学生德育过程的特点

第一个特点：要据大学生的认识能力来提高大学生的道德知识水平。大学生在接受知识的时候有独立性、批判性和创造性，对他们要讲道理。道德认识也是这样，要根据大学生的认识能力来提高大学生的道德认识水平。对于儿童和少年来说，道德认识往往是靠直观，靠模仿，靠看表面现象，靠老师、父母的权威。对大学生道德认识的教育，要更多地建立在理性认识的基础上，他们的道德认识要比靠直观、靠模仿、靠看表面现象所形成的道德观念深刻。所以我们要有效地组织政治课、德育课，还要通过各种课程、各项活动对大学生进行多层次的道德知识教育。

第二个特点：大学生正处在情感丰富的时期，因此，要很好地激发大学生的道德情感，形成大学生的道德信念，锻炼大学生的道德意志。如果能够很好地利用这些东西，那么，共产主义道德就会逐步变成学生自己内在的品质。教师只能把道德知识灌输给学生，用自己的模范行动影响学生，逐步引导他们进行道德实践。情感、意志、信念这些内在的心理因素，只能通过教师引导，然后依靠学生自己形成起来。青年人，特别是大学生，自我意识发展很快。自我意识包括：自我认识、自我评价、自我监督、自我调节的能力。人在青年时期这个能力发展很快。一般来说，在十六七岁以前，自我认识、自我评价、自我监督、自我调节的能力比较弱；到十八九岁以后，成年了，又受了教育，自我意识就发展得很快。因此，对大学生的道德教育，应当更多地调动他们自我意识的积极方面，要运用他们这方面的有利因素，更多地通过他们的自我教育和自我修养。也就是说，对大学生的道德教育应当更多地把教师教育与学生的自我教育结合起来。教师的教育当然是不可少的，但是更要重视学生的自我教育，只有通过学生的自我教育，才能把以上所说的那些心理因素的积极性充分发挥起来。因此，大学教师应该是大学生的导师。导师的一个重要责任，就是指导和帮助学生发展自我教育和自我修养的能力。有人主张在大学搞导师制，搞导师制确有很多好处，导师与学生接触较多，对学生的情况了解较深，他对学生的德育就不仅可以寓于知识的灌输之中，而且可以寓于情感的交融之中。导师与学生相处日久，情感日深，既有知识的传授，又有情感的交融。一个治学严谨的导师带出来的学生，也会是治学严谨的。学生的举止言行，常常不自觉地模仿导师，甚至连走路的方式，讲话的口气，什么都学导师的。这些情况说明，导师对学生的潜移默化作用是巨大的。但是，不论是实行导师制或其他的教育方式，从对学生的德育来看，终归要把教育和自我教育很好地结合起来。

　　第三个特点：一般来说，大学生已能对自己的道德行为独立负责。因此，不需要过多的"监护"，切忌唠唠叨叨的叮嘱，而应为他们创造一些必要的道德实践的条件，使学生能够更好地把他的道德认识转化为道德行为，形成道德习惯。为了让学生能够有相互帮助的机会，学校应当把学生组织起来，通过一定的形式，互相帮助，互相关心，例如，让学生参加一些公益劳动，参加必要的社会活动。大学生最好能够轮流当班干部、团干部，使他们有这方面的实践机会。当然，实践机会不仅仅是这些，还可以组织很多有意义的课外活动，像当前许多高等学校开展的"第二课堂"的活动，就是学生进行道德实践的很好的机会和场所。近年来，大学生中还出现了一种新倾向，要求独立，特别是经济独立，自己赚钱读书，少向父母伸手。这个倾向，多少受西方尤其是美国大学生的某些影响。这一影响倒是有积极意义的，它可以促使学生走向社会，增长生活知识，提高办事能力。应该因势利导，做引导与帮助的工作。引导，把他们的思想引导到以社会服务为主上来，不要以赚钱为主甚至是唯一的目的。当然，"按劳取酬"的钱还是要赚的，但要防止因此而形成"向钱看齐"的思想。帮助，就是要为他们找正当的社会服务门路，或者帮助他们组织起来，尽可能承担与其所学专业有关的服务工作。

三、德育的若干原则

德育的原则，也同教学原则一样，在高等学校和中小学有许多是共同的，只是提法上有某些差异，内容有某些不同。这里，根据若干教育学书刊方面的一些提法，结合高等教育的具体情况，提出下面一些原则。

（一）目的性原则

德育的目的性原则，指的是学校的一切工作，教学的、政工的、管理的、课内的、课外的，都要符合教育目的，有利于学生朝着正确的方向健康成长。如果发现偏离这个目的的一些思想或活动，就应当及时予以纠正，把他们引导到正确的道路上来。例如，发现了有些不利于"四项基本原则"的思想、言论，不利于爱国主义的思想、言论，违反组织纪律的行为，就应该及时加以纠正。目的性原则也就是方向性原则，这是大家所容易理解的。

（二）针对性原则

进行德育要针对大学生的身心发展特征，要针对大学生的思想实际，还要针对学生的个别差异。这个针对性原则十分重要。

首先，要针对大学生身心发展的特征。例如，大学生的思维特点是具有独立性、批判性。因此，我们进行德育的时候，要针对他们思维方面的这些特点，多启发他们自己讨论，自己判断，运用这些特点来达到德育的效果。许多大学生希望探索人生的意义，而且喜爱独立思考，这是好的，教师就应引导他们发挥思考的独立性，并加以正确的指导，让他们自己讨论，自己争辩，从而得出正确的结论。教师还应针对青年人喜欢探求未来的愿望和特点，对他们进行理想教育、人生观教育。大学生常常喜欢谈论对未来的展望，他们与老年人并不相同。老年人常常喜欢讲过去如何，但是展现在大学生面前的是广阔的前途。因此，要根据年轻人的这一特点进行教育。过去当然要讲，忘记过去就意味着背叛，但回忆过去是为了向前看，要鼓励青年脚踏实地地奔向美好的前程。还有，大学生已经跨进成人的行列，尽管他们并没有真正成人，但他们总以为自己已经是成人，自尊心很强。自尊心好不好呢？自尊心主要是好的，不能因为某学生自尊心较强而去批评他，这样做是不对的。人都应该有自尊心，对大学生的自尊心应当保护。教师在教育学生的时候，应当积极利用学生的自尊心，千万不要损害他们的自尊心，应当在保护学生的自尊心的情况下，对他们提出严格的要求。此外，大学生已经具有自我监督、自我控制的能力，教师就应当更好地通过他们的自我控制、自我监督，引导他们调节自己的行为。当然，大学生的社会经验毕竟是有限的，他们正处在感情很丰富的年岁，但他们的感情又常常是脆弱的，经不起失败和挫折，遇到一次失败就往往悲观消极。这时，教师就应针对他们这一缺点，不断地给他们进行道德意志的教育，克服困难的教育。

其次，要针对大学生的思想实际。大学生的思想同社会的一般思想有联系的一面，但是，也有不同的一面。一个有经验的教师、班主任、系主任，对大学生的思想脉络应当是十分了解的。大学生刚入学的时候有哪些思想活动呢？一般来说，他们绝大多数人有理想、有抱负，但也存在着一些问题。首先是初进大学，感到各方面都不适应。从中学到大学，学习内容和方法变化很大，不适应；从家庭生活到集体生活，生活习惯发生了很大变化，不适应；从原来生活在都是讲家乡话的那些同学中到与来自五湖四海的同学（你是讲四川话，他是讲上海话）的这么一个集体中生活，这个变化是很大的，不适应。新同学经常产生的许多思想问题往往就是从这里来的。此外，不少新生存在娇气。为什么会产生娇气呢？其原因是，不少新大学生在中学时，学习成绩是佼佼者，考上大学，说不定是本乡本村的第一个大学生；在社会上、家庭里，都因这个孩子考上了大学而另眼看待，对他百般照顾，自然而然地养成了他的娇气。有了娇气就容易松劲，认为考进了大学，已经大功告成，可以喘一口气了，可以玩一玩了。再加上现在大学跟中学功课衔接得不好，中学念的一些东西，大学重复念，当然念得深一些，但是大体上概念、范围差不多，学生以为没有什么了不起，不愿下功夫去钻研。其实是似懂非懂，经过一段时间，通过考试才发现，原来自以为不错的却错了。考试成绩很差，甚至不及格，班级里比自己强的同学多得很。于是，娇气变成泄气。还有的新生不安心专业，坐此山，望彼山，想调换专业，存在专业思想问题。这样一些思想问题，尽管各地、各校、各人的情况不完全相同，但在新生中几乎是带规律性的。学生到了二、三年级，思想一般比较稳定。因为开始进校时的思想混乱已成过去，而毕业后的去向问题还不是那么紧迫。这个时候，学生的思想似乎不那么复杂，问题不那么尖锐。但是，这样的平稳时期正是思想深化时期。好的方面是，对于专业知识的学习逐渐感兴趣，同时对于人生问题、社会问题也逐渐感兴趣，并进行探索。但是，也有不好的一面，原来学生在一年级时还比较认真谨慎，初进大学一切都感到新鲜，不知道大学生活怎样度过，有点紧张。到二、三年级时，各方面慢慢地习惯了，随之也有点满不在乎了，变"老油条"了。还有些学生对西方资产阶级的一些哲学、政治书籍接触多了，对资产阶级的"自由""民主"的宣传听得多了，对一些资产阶级的"时髦"理论产生了强烈的好奇心，对社会上存在的一些不良现象也听多了，产生了某种思想混乱。所以这个时期，不能认为就是大学生思想完全平稳时期，学生中没有什么思想问题。对于这个时期大学生的思想教育仍然要抓紧，不能放松。由于这是一个思想深化时期，它不一定有很多外在表现，所以思想工作要有一定的深度。要引导他们探讨人生，向好的方面发展，同时对出现的问题，要有针对性地进行教育，使他们保持好的方面，努力学习知识。要更好地对他们进行人生观教育，有针对性地进行恋爱观教育。到了毕业班，又是对学生进行品德教育的另一个紧张时期。这个时候，有些学生正抓紧时间想多获得一些有用的知识，但较多的学生经常在考虑毕业后的去向问题。有的考虑要不要考研究生，继续学习；有的千方百计找门路出国，准备"托福"考试；更多的是考虑如何找到一个满意的职业，忙于打听有关就业信息，写信或托人联系。还有的学生面临毕业时，急于确定恋爱对象，以便将来同爱人就业在一起等。由于这样一些问题的干扰，往往使许多高年级大学生心绪不宁，精力分散。总之，对大学生做思想工作，一定要先了解大学生的思想实际，然后针对他们的思想实际，有目的地做工作，进行理想教育、前途教育，同时要正确处理有关青年人的切身利益问题，这才可能把工作做好。如果一般化地、泛泛地做思想工作，是很难解决问题的。

再次，要针对大学生的个性特点。大学生有各种不同类型，有各种不同的性格特征和智能水平。我们应针对不同类型的学生进行不同方式、方法的思想教育和道德教育。前面在讲因材施教的教学原则时已经讲过，对于个性不同的大学生，在道德教育上也必须因材施教。

多年来，我们高等学校的思想政治教育工作是有成效的，但同时也应该承认，我们的思想教育往往针对性不强，不是针对大学生的思想实际来进行思想政治工作，而是根据社会上面临什么政治形势，我们就在学校里搞什么政治教育，不管学生有没有这个思想，问题严重不严重，实际情况如何，大体上总是这样做，这样的做法恐怕要改革。政治教育、形势教育要不要搞？当然要搞，因为我们的大学生必须紧跟当前的形势与任务。但是，从解决大学生的思想问题来说，只是按照社会上的形势与任务做一般的安排是不够的，也是难以奏效的。必须从大学生的实际出发，有针对性地进行认真细致的工作，思想教育才有可能收到实效。

（三）理论与实践结合的原则

德育过程必须实行理论与实践结合的原则，也就是说，道德理论认识与道德行为要一致，要使认识转化为行动。我们的教育不能满足于口头上讲道理，而行动上是另一回事。即使是讲道理，也要讲得有根有据，恰如其分，不能讲过头话，更不能讲得不符合实际。凡是不符合实际的"道理"，对大学生来说都是难以接受的，勉强接受下来，也是无效的。为什么至今许多年轻人对报纸上的正面宣传有怀疑，甚至有反感，就是因为以前的宣传常常说了过头话，与实际情况不符。这种"后遗症"看来还得经过一个相当长的时期才能消除。这是我们应该吸取的教训。

（四）情理相融的原则

这个原则是根据上面所说的道德形成过程的特点，既要有道德知识，也要有道德情感而制定的。根据这条原则，对大学生做思想教育工作，既要晓之以理，又要动之以情。要用教师深厚的情感来激发学生的情感。也就是我们常说的，寓理于情，以理激情，这样才能够强化德育的效果。要做到情理相融，很重要的一条，就是教育者要全面关心受教育者的思想、学习和生活，直至关心学生的切身利益。不要认为学生的一些切身利益问题是生活小事，殊不知对于学生来说，这些往往是个人大事。我国早期马克思主义教育家、青年运动领导人杨贤江在大革命时期指导青年运动时就曾经写过文章，专门批驳所谓"小事论"。当时有些人把青年参加革命与恋爱、婚姻、职业对立起来，认为青年人只应该考虑参加革命，这是大事，不应该考虑恋爱、婚姻、职业，认为这是小事。主张只管大事，不要管小事。大概这也是当时"左"的思潮吧。杨贤江就专门写文章，阐明了自己的看法。他认为，恋爱、婚姻、职业这些问题对于革命来说，的确是小事，但对一个青年人来说，却是关系他切身利益的大事。大家知道，我国历来都把男婚女嫁叫作终身大事，可见婚姻恋爱这些个人小事，对青年人却是事关重大。作为领导者和教育者，在革命高潮时期，当然要鼓励和引导青年投身革命，但是与此同时，完全不关心青年的切身利益是不行的，有些合理要求长期不予满足，是会影响青年的革命积极性的。

我们在整理杨贤江同志的教育论述的过程中，发现他的许多论述是合情合理的，他的许多教育经验都是可取的。例如，我们现在开展的"第二课堂"，组织学生参加各种课外活动等，在杨贤江同志的教育著述和实践中早已谈到或做到了。在他的引导和影响之下，许多学生参加了革命，至今有些健在的革命老同志是他的学生。我举这个事例的目的，无非是要求教师关心学生的生活，关心学生的切身利益，不要只是看作小事。例如，发现学生谈恋爱，我们就不能只是板起面孔把学生找来训斥一顿："不许谈恋爱！""你写一个书面检查来！"那样做的效果是不好的。正确的做法应当是把学生找来谈心，倾听他有些什么想法和苦闷，然后加以正确的引导，劝说他不要急于谈恋爱，不要由于谈恋爱而荒废学业。年轻人情感很丰富，又很脆弱，如果年轻人失恋以后，又缺乏正确的疏导，就可能发生意外的事故，应当尽量避免这种事故发生。又如，学生快毕业了，就业问题是他们的大事，叫他们不想是不可能的。这就应当了解他们是怎样想的，有什么实际困难。设身处地地同他们一起研究如何正确地解决认识上的问题和合情合理地解决实际困难问题。

总之，要全面地关心他们，大道理要反复讲，也要关心他们的切身利益，采取切实可行的办法，逐步地引导他们解决思想问题和实际问题。学生有了错误，是不是都要写检查，开批判会？值得慎重研究，一定要考虑教育的效果如何。检查当然不是不能写，但是学生如果是奉命写检查，事实证明，收效甚微。因为当学生还没有觉得需要写检查时，你强令他写检查，其结果当然只能是"官样文章"，从教育的角度来看，这样做作用不大，甚至可能引起学生的反感。如果轻易地开批评会或变相的批评会是不可取的。开批评会当然要进行严肃的说理，哪怕你的道理说得完全对，但是有理而无情，从教育效果来说也是不好的。不如把学生找来个别谈心，看他有些什么实际困难，思想苦恼在什么地方，问题出在什么地方，合情合理地跟他谈，比板起脸孔跟他讲道理效果要好，因为这是有情有理的。因此，开批评会要慎重，写检查也应具有一定的思想基础再写，不要用强迫方式，用强迫方式是形式主义的，教育效果是不会好的。

（五）正面教育原则

正面教育是各级各类学校进行德育的一条普遍适用的原则。对中小学生应着重正面教育，对大学生更应当着重正面教育，应当相信大多数的大学生是积极向上的，应当尊重大学生，因为他们都有自尊心，而且已经有自我认识、自我评价、自我监督、自我控制的能力。所以，在进行德育的过程中，应该多启发大学生自己教育自己，发现了问题也应当重在疏导。所谓疏导，实际上也就是正面教育原则的具体实施。对于大学生，不能单纯地采取批评、禁止、处分、惩罚等办法，而应重在正面教育，重在疏导。那么，批评、禁止、处分、惩罚是否可以不要呢？当然不能不要，对学生中出现的某些严重问题，进行必要的批评、禁止、处分、惩罚都是应该的，无可非议的。但是在采取这些办法时，一是要处理公正，二是要恰如其分，三是要取得群众的支持。处理公正和恰如其分就不必多解释了，更值得注意的是要取得群众的支持，有些时候，学校行政做出对某一个学生的处分决定，结果，多数学生不以为然，甚至是站在被处分者一边。如果出现这样的情况，学校的这个处分决定就不可能收到预期的教育效果。之所以出现这样的情况，其原因可能是由于处理不公正或不够恰如其分，也可能是没有向群众讲清楚。只有当多数学生支持学校的这个处分决定，觉得它是公平合理的，恰如其分的，那么这个处分决定的效果才好。因此，在处分一个学生的时候，要十分注意上述的这几个方面。总之，对大学生进行德育，应当以正面教育为主，辅之以必要的纪律处分。但学校处分一个学生，绝不是为处分而处分，目的在于教育犯错误者本人，也是为了教育广大的学生。因此，只有取得群众的支持，才能产生积极的教育效果。

（六）示范性原则

教育者要以身作则，言传身教，特别是教师，更要以身示范。所谓示范，就是要为人师表，要让学生以师为范。教师不仅在业务上是学生的导师，在思想品德上也应是学生的表率。只有这样，教师在学生中才有真正的威信，才能有效地对学生进行教学和思想教育工作。

（七）一致性与持续性原则

一致性与持续性原则是一条重要的德育原则。前面已经讲过，学生的思想政治观点和道德品质的形成，受到家庭、社会、学校等各方面的影响。单就学校影响来看，也是多方面的：有这个教师、那个教师，有班主任、辅导员、团支部书记，还有群众的舆论。所以，对学生思想的影响是多方面的。多方面如何保持一致，互相配合，而不是互相抵消，就是一个重大问题。其次，前面也讲过，学生的思想政治观点和道德品质的形成过程，是一个复杂的过程，它受多种因素的影响，而且是一个反复的过程，不是一次能够完成的。既然不是一次能够完成的，那么，德育的持续性就特别重要。在我们的实际工作中，对学生进行思想政治、道德品质教育，有没有不一致的地方呢？有，多着呢。教师对学生讲，你应当"见义勇为"，可是家里的人对学生讲，你应当"明哲保身"，这两种教育就不一致了。教师与政工人员对学生的要求，有时也不一致；学校行政的决议与学生的舆论，有时也不一致。不一致的结果，就会抵消教育的效果。因此，学校在对学生进行德育时，一定要使各方面取得一致，校外现在可能还不大容易做到，但至少校内应该保持一致。实际工作中有没有不连贯的地方呢？有。譬如，学生高中毕业之后未考上大学，又未参加工作，待业时间长了，不仅是学业方面中断了，而且精神面貌、思想状态往往也会产生变化。过去在中学时期所受到的良好道德教育，到待业期间往往受到很大损害。因此，如何组织社会和家庭对待业青年进行继续教育，已经成为社会上一个很重要的问题。至于贯彻德育的持续性的一些具体的做法，这属于德育的具体方法问题，就不可能多谈了。

总的来说，上述这些德育的原则，都要通过德育的内容、组织、方法来实现。德育的原则正如教学的原则一样，并不是一些具体的方法。我们掌握这些原则，为的是有利于我们更好地去组织具体的德育工作，使我们的大学生能够通过我们的德育工作，从积极方面说，培养成"四有"的专门人才；从消极方面说，不受资本主义腐朽思想的侵害，并能排除种种不良的影响。由于安排的讲课时间较紧，不可能全面论述整个德育问题，只能谈一些最基本的德育过程的规律，讲一些高等学校德育的基本特点，德育的原则也没有展开讲，只能说是开了头，至于更多的问题，希望大家研究讨论。

现在，把所讲过的十一讲简单地回顾一下：

第一讲，"高等教育学的研究对象和任务"。主要论述为什么要学习和研究高等教育理论。同时，把高等教育的基本特点、基本内容做一些介绍，并有针对性地谈几个研究方法的问题。这一讲是引论的性质，目的在于说明学习高等教育理论的必要性，并对高等教育学描述了一个基本轮廓，便于读者进一步学习《高等教育学》或找适当的参考书、参考资料自学。

第二讲，"教育的基本规律及其对高等教育的作用"。这是教育学最基本的理论，教育的外部关系规律和内部关系基本规律，着重说明两者的关系及其在高等学校教育上的体现与运用。当然，都只是简要地谈，抓主要点或有争论的问题谈。如果要系统地理解这两条基本规律的来龙去脉，可阅读《高等教育学》第一章、第二章。

第三讲和第四讲，分别论述"高等学校的社会职能"与"高等教育结构"。高等学校社会职能，是教育外部关系规律在高等学校的体现。第三讲"高等学校的社会职能"对高等学校三个主要职能——培养人才、发展科学和直接为社会服务，从历史演变与现实问题上，进行了深入的剖析，最后针对现实问题，写了简短的结语。高等教育结构问题，是高等教育体制改革中的中心问题，多年来对此有较多的研究和较深入的认识。第四讲"高等教育结构"着重研究了宏观结构中的层次结构、科类—专业结构、形式结构。在当前教育改革中，许多具体问题，如果从职能与结构上进行考察就比较清楚。这两讲对于当前高等教育的体制改革，在方向性与可能性上有现实意义。

第五讲至第八讲，"高等教育专业培养目标和教学计划""高等学校的教学过程""高等学校教学原则"讲的都是教学的原理、原则。因为学校以教学为主，教学是学校的中心任务，是教育的基本途径。"教学论"，理当是教育学的主要组成部分。但是，作为几次讲座，不可能一一阐述教学的内容、形式、方法、手段等问题，只能讲原理、原则，在讲原理、原则时适当提及有关问题。在几次讲座中，特别详细讲教学原则，比《高等教育学》所写的还详细，就是由于教学原则处于承上启下的地位，既然不可能分别阐述下面那些具体问题，就有必要把原则说得具体些，以便同志们掌握了原则之后自己运用去解决具体问题。教学内容有教学计划、教学大纲、教科书及其他教学资料（包括视听资料）等，第五讲只谈教学计划，从作为制订专业教育计划根据的专业培养目标讲起，并着重介绍大家所关心的学分制教学计划。至于教学方法，那就更多了。除我国高等学校教学方法体系中所列举的各种常用的教学形式与方法外，在教学改革中，中外又提出许多新的教学方法。

第九讲和第十讲所论述的都是教学方法。首先简略地评介了高等学校教学方法体系，由于高等学校的教学方法很多，不可能一一讲述。第九讲只选讲了"课堂讲授"，因为课堂讲授既是最基本、最通用的教学方法，又是每个教师都必须掌握的方法；第十讲"高等学校教学方法的改革"评介了国内外几种行之有效的新方法，供大家作为教学方法改革的参考。

第十一讲"高等学校德育过程与原则"阐明德育也是教育学的重要组成部分，也是学校教育的重要任务与经常工作。但由于篇幅关系，这里只就学生思想政治观点、道德品质的形成过程来看德育过程的规律和若干重要的德育原则。对德育的内容、途径、方法等均未谈及。

高等教育的内容是很丰富的，绝不是几次报告所能讲得了的。许多重要的问题，如高等学校的体育与美育，高等教育的领导、管理与评估，大学教师的职责任务与培养提高等都未讲到。即使是讲得最多的教学论，基本上也只谈一些原理、原则。同时，高等教育包括全日制普通学校的专科、本科和研究生教育，成人高等教育的各种形式，本书所讲的内容，主要是以本科教育为对象，因为它是高等教育中的基本层次，具有典型性。其他层次与形式，只在有关部分（如第四讲"高等教育结构"）中涉及，未能一一叙述，无非是整理一个头绪，谈一些问题，以引起大家的学习兴趣而已。

百 岁 感 言

我即将进入百岁高龄，但仍耳聪目明，思维清晰，可以授课、指导研究生、作报告、写文章。许多人问我有什么长寿秘诀。

说是遗传：我的祖父母在我出生之前，均已辞世；我的父亲虽高寿达八十一岁，但我的母亲五十岁就去世了；我有兄弟姐妹共十人，除大姐、四弟和我高寿外，余均夭折；对我影响最大的二兄潘载和，也只活到二十一岁就染肺病去世。

说是健康：我一生身体多病。我的最早记忆（约三岁或四岁），就是在病榻上母亲的擦摩；其后的记忆是少年时经常得感冒和胃病，青年期经常患恶性疟疾（打摆子）。一生还生过几场大病：十七岁时患伤寒；五十二岁时患急性黄疸肝炎；六十四岁时胆结石急性发炎，两次手术，切除了胆囊；如今是肝癌经放疗在养病中。疾病的磨难使我后半生腰弯背驼。

说是运动：身体运动，有利于健康，的确如此。但我只在青年时喜欢翻双杠，其后坚持做掌上压，现在只是每天做十五分钟的简式太极拳而已。

我的理解：身体的运动很重要，大脑的运动更重要。大脑是全身的"司令部"，指挥全身活动。"心之官则思，思则得之，不思则不得也。"人应当保持大脑有足够的运动量。例证：选择做官员，在位时忙于开会、作报告、处理种种复杂问题，精神焕发，身体健康。退休之后，"门庭冷落车马稀"，很快显得老态龙钟；选择做生意人，在谈生意时，跑市场、陪客户，酒酣茶热，满面红光，生意做完，"人一走，茶就凉"，也容易催人衰老；而从事教学与科研工作的人，可以退而不休，继续从事脑力活动。如果说有什么长寿秘诀的话，这就是我所体会的秘诀——大脑的运动比身体的运动更有利于长寿！因此，身体从职位上退下，但大脑不要"退休"。人要退而不休，发挥余热。西方有一种更有意义的说法："迎接人生的第二个青春！"

潘懋元

2019 年 10 月 28 日于厦门

编　后　记

传承是根，创新是魂。

编纂整理《潘懋元文集》具有极其重要的理论意义、历史意义和现实意义。在潘先生百岁华诞暨从教85周年来临之际，编纂整理《潘懋元文集》（第二版），其意义更为重要。

世纪老人潘懋元先生是中国高等教育学科的奠基者和创始人，是学术上的"老人与海"。潘先生人生经历丰富，内蕴深刻，富于传奇。他的学术成果丰硕，富有创见。早年作品涵盖诗歌、散文、杂文和小说等，很有文学功力，如果在这条路上走下去，说不定会成为文学大家。然而，潘先生志向不在于成为文学家，而是矢志从教和教育研究，他甚至说："如果有来生，我还愿意当教师！"他不是一般的教师，而是具有学术创见和学术生命力的教师。作为我国高等教育学的创始人，他创造了一种存在！他的学术生涯开创和见证了我国高等教育研究的发展历程，他的学术成果反映了我国高等教育学科建设和高等教育研究的理论创新。他的学术事业不仅为我国高等教育事业的发展做出了重大贡献，而且对世界高等教育研究做出了创造性贡献。这些贡献体现了中国学者的文化自信、责任担当、精神风貌和卓越成就。

编纂整理《潘懋元文集》（以下简称"文集"）是一项宏大的工程，聚集了不少人的智慧和努力。这里有必要简介文集的构想和编辑过程，同时表达最真诚的谢意。

首先，需要说明的是，《潘懋元文集》（第二版）是在2010年出版的第一版文集的基础上重新整理而成的，主要是加进2010年以后的内容，也有少量2009年以前的内容。

　　最初提出编纂文集设想的，是广东高等教育出版社原社长张耀荣先生。2008 年 5 月，厦门大学教育研究院在院庆 30 周年之际举办"大学教育质量的理论与实践研究"国际学术研讨会，参加会议的张耀荣先生向潘先生提出，希望出版《潘懋元文集》，以及出版厦门大学教育研究院承担的"国家 985 工程中国特色高等教育体系研究"系列成果。这一想法得到潘先生的同意和厦门大学教育研究院的支持。潘先生便将整理文集的任务交给了我。我想一个重要原因是，在跟随潘先生做博士后期间，我整理过《潘懋元教育口述史》，以及协助潘先生在广东高等教育出版社出版"高等教育大众化研究丛书"（如《现代高等教育思想的演变——从 20 世纪到 21 世纪初期》《中国高等教育大众化的理论与政策》《中国高等教育大众化的结构与体系》等），任务完成得还不错。我深感责任重大，使命光荣，欣然受命。很快，我们组织了一支精干的团队：除我之外，还包括韩延明教授（临沂大学，当时是校长）、李均教授（深圳大学）、向春博士（深圳大学）、刘志文教授（华南师范大学）、李枭鹰教授（广西民族大学，现大连理工大学）等。经过两年多认认真真、踏踏实实的埋头苦干，文集终于在 2010 年庆祝"潘懋元先生九十华诞暨从教七十五周年"研讨会之际首发，受到高度评价。

　　光阴似箭，一晃又是十年。青山不老，绿水长流，潘先生的学术生命力依旧生机勃勃。潘先生虽已百岁高龄，仍耳聪目明，思维清晰，继续指导研究生、讲课、做报告、写文章，活跃在教学第一线，而且是老当益壮，益见其高远的智慧。

　　2018 年底，广东高等教育出版社领导提出进一步修订出版《潘懋元文集》。广东高等教育出版社副社长钟凌翊女士与我通电话讲到修订文集事宜，我立即打电话向潘先生汇报此事，潘先生欣然同意。而且，潘先生电话中的反应敏锐让人惊叹不已。听我讲了重新修订文集的事宜后，潘先生接口就说："好啊，辛苦你出力、出版社出钱，辛苦啦，谢谢哈！"我一听也笑了，老爷子青松不老，太厉害了！跟着潘先生干活，再辛苦也是幸福的，何况我能借此机会再次认真而系统地品读潘先生的作品，从中受益。

广东高等教育出版社的领导真是能干事的人，其出版眼光和务实精神让人很生敬佩。通过电话不久，钟凌翊副社长从广州来到深圳，与我面谈修订文集的具体设想和准备工作，虽然在电话中我一再说这事我一定会重新干起来，不用亲自过来，电话沟通就好。总编辑黄红丽女士更是积极，她当时正在福州组稿，又电话约请钟凌翊副社长立即奔赴厦门，她们一起登门拜访潘先生，商谈再版文集事宜。其诚可鉴！

不久之后，黄红丽总编辑、钟凌翊副社长和我一起去厦门拜访潘先生，讨论文集修订方案。印象深刻的是，黄总编、钟副社长一行先从广州到深圳，在深圳高铁站与我会合，一起去厦门。我一到深圳高铁站，大吃一惊，这么多人！我原以为只是我和黄总编、钟副社长三人行，结果发现她们几乎整个编辑团队都出动了。有些是我认识的，她们原来就参与过文集（第一版）或"高等教育大众化研究丛书"的编辑工作；也有新面孔，她们都是认真干事的人。

在修订文集的方案中，我们确立了"框架不变，分类整理，依照时序，加进新鲜"的原则，以及"人员到位，统筹兼顾，分工合作，各负其责"的原则。接下来，我们立即全身心投入，认认真真干起来。具体分工情况及体系如下：

肖海涛：卷一·高等教育学讲座

肖海涛：卷二·理论研究（上、下）

李　均：卷三·问题研究（上、下）

肖海涛：卷四·历史与比较研究

刘志文：卷五·序文

朱乐平：卷六·讲课录

向　春：卷七·昔年作品及其他

韩延明：卷八·潘懋元教授纪事年表

肖海涛：卷九·潘懋元教育口述史

这里特别要对编辑工作做些说明。

卷一，在保持原貌的基础上，少量地方由于时代发展加进了注释。卷二、卷三、卷四，包括潘先生有关高等教育理论研究、问题研究、历史研究、比较研究等内容，分别由我和李均教授负责。这部分内容繁多，工作量大，搜集资料，按主题进行分类和进一步再分类，是一件很细致的工作。好在我和李均教授是同事，同事合作的好处是非常便利和默契。在文章分类上，我们根据材料，逐一整理，共同协商，分工合作。在这个过程中，包括在平时的工作中，李均教授都给了我很多帮助。

卷五，由华南师范大学的刘志文教授负责整理。当初人手不够，我打电话给刘教授，请他负责序文卷，他毫不犹豫，满口答应，工作认真，高效负责。而每当我给他打电话道谢时，他总说是应该的。

卷六，是潘先生最新版的讲课内容，由厦门大学的博士生、潘先生的学术助手朱乐平负责。我们都知道，潘先生虽已百岁高龄，但仍活跃在教学第一线，而且一讲课就是整个上午。这卷讲课录就是潘先生给 2019 级博士生讲授"高等教育学专题研究"课程内容的讲课实录。

卷七，包括潘先生早年的学士学位论文、文学作品、人物回忆、杂文、散论等，由向春博士负责整理。这卷新加进了一些有趣的篇章。韩延明教授在整理纪事年表及诸位院友在查阅资料的过程中，一旦发现潘先生早期的作品，就在院友微信群中发布，我们如获至宝，赶紧收录在文集中。潘先生 15 岁开始从教，实际上他在 15 岁之前的中学时代就开始了创作和发表，文集收录的最早作品是从他 16 岁时开始的。这里也特别要感谢刘海峰教授，他在浩如烟海的厦门大学图书馆馆藏中查到了潘先生 1945 年的本科毕业论文；还要特别感谢刘志文教授，10 年前他带领学生去广东省图书馆查阅潘先生 1949 年以前的作品，搜集到不少珍贵史料，其中不少作品是潘先生自己并没有保存的。

卷八，包括潘先生各个时期个人生活、学术活动等内容的照片和教学、科研及学术活动纪事，由韩延明教授负责。这部分涉及日常生活，时间跨度大，内容细致而繁多，韩延明教授作为校长亲力亲为，真是了不起，他以极大的兴致和求真务实的精神，很早就开始做这些耗时耗力的细致工作。在编纂文集过程中，我们多次通电话，相互讨论，相互鼓励。

卷九，由潘先生口述，我和殷小平博士整理，2007 年北京师范大学出版社出版。在潘先生温馨的家中，听着潘先生口述其丰富的教育人生经历，是我们珍贵而难忘的回忆。这次将《潘懋元教育口述史》补充进文集之中，稍加修改，并加进一些新的照片，生动地反映潘先生的教育人生，有助于加深对潘先生作品的理解，也使得文集更为完整。遗憾的是，潘先生的另一本侧重谈高等教育改革的口述史《实践—理论—应用：潘懋元口述史》（2019 年华中科技大学出版社出版），由于未满合同期，不能收入文集中。

再者，要特别感谢潘先生的家人、厦门大学教育研究院的领导及师生、众多院友对文集的支持。虽然在工作过程中我们一直踏踏实实地埋头苦干，没做刻意宣传，但仍收到不少关心和问候。厦门大学教育研究院院长别敦荣教授、华中科技大学教育科学研究院原院长张应强教授等多次表达关心和问候。还要感谢为文集搜集资料的潘先生的博士生朱乐平、刘明维等，以及为第一版文集搜集资料的葛喜艳博士、冯晓玲博士等。

当然，最需要特别真诚感谢潘先生对我们的信任，将出版文集这一重大事情交予我们，能够参与其中是我们的荣幸。

有时候，对一个人，你越走近他，就越崇敬他。我们对潘先生的感觉就是这样的。在研究潘先生的过程中，我常情不自禁地感叹："我越来越崇拜潘先生了！""高山仰止！"于我而言，能做潘先生的学生是幸福的，能整理潘先生的教育口述史是幸福的，能一再整理潘先生文集更是幸福中的幸福！

潘懋元先生是一个传奇。研究潘先生丰富而传奇的教育人生，可以发现，他的学术人格、生命意蕴和人生哲学有两个鲜明的特征：一曰"诚"，二曰"闯"。

"诚"是中国文化的核心概念，是潘先生立身处世的生命哲学。他赤诚向学，忠诚教育，精诚开拓，如《中庸》所言："诚之者，择善而固执之者也"，"诚则明矣，明则诚矣"，"唯天下至诚为能化"。

"闯"是潘先生的英雄本色，是他大丈夫立德、立功、立言的本体功夫。他性格乐观坚强，敢闯，善闯，能闯，敢于创新，敢为天下先，闯出了一条建设和发展中国特色高等教育学之路。

两者合起来，潘先生是诚中有闯，闯中有诚；因诚而闯，由闯见诚；二者的和谐统一，成就了他的教育事业，也为国家的教育事业做出了贡献。

概言之，潘先生是一名优秀的教师，他忠诚国家和人民的教育事业，真诚地热爱教师职业；潘先生是爱国的人民教育家，他"板凳敢坐十年冷，文章不写半句空"，"精诚所至，金石为开"，开创出高等教育学这门"中国创造"的新兴学科。

今天，我们无限自豪、满怀欣喜地看到，中国高等教育学学科体系日益成熟，研究队伍日益壮大，科研成就硕果累累，对不同层面的教育政策和实践产生了积极而有效的影响……这一切，潘先生功不可没，真可谓：

由诚而成懋业，

敢闯而创新元。

最后还需要说明的是，文集涉及的研究成果内容丰富，时间跨度大，编辑加工难度大，难免有不当、错漏之处，敬请批评指正。

肖海涛

2019 年 10 月 30 日初稿

2020 年 4 月 23 日修改于深圳半塘斋